英語教育学大系

■英語教育学大系　全13巻

第 1 巻　　大学英語教育学
　　　　　　——その方向性と諸分野
第 2 巻　　英語教育政策
　　　　　　——世界の言語教育政策論をめぐって
第 3 巻　　英語教育と文化
　　　　　　——異文化間コミュニケーション能力の養成
第 4 巻　　21世紀のESP
　　　　　　——新しいESP理論の構築と実践
第 5 巻　　第二言語習得
　　　　　　——言語習得理論から見た第二言語習得
第 6 巻　　成長する英語学習者
　　　　　　——学習者要因と自律学習
第 7 巻　　英語教師の成長
　　　　　　——求められる専門性
第 8 巻　　英語研究と英語教育
　　　　　　——ことばの研究を教育に活かす
第 9 巻　　リスニングとスピーキングの理論と実践
　　　　　　——効果的な授業を目指して
第10巻　　リーディングとライティングの理論と実践
　　　　　　——英語を主体的に「読む」・「書く」
第11巻　　英語授業デザイン
　　　　　　——学習空間づくりの教授法と実践
第12巻　　英語教育におけるメディア利用
　　　　　　——CALLからNBLTまで
第13巻　　テスティングと評価
　　　　　　——4技能の測定から大学入試まで

英語教育学大系　第1巻

大学英語教育学
——その方向性と諸分野——

［監修］
大学英語教育学会

［編集］
森住　衛
神保尚武
岡田伸夫
寺内　一

大修館書店

A Series of Studies on English Education
(13 Volumes)

Edited by The Japan Association of College English Teachers

Volume 1
A Study on University English Education
—Its Perspectives and Areas

[Editors]
Morizumi Mamoru
Jimbo Hisatake
Okada Nobuo
Terauchi Hajime

Copyright © The Japan Association of College English Teachers, *2010*

TAISHUKAN PUBLISHING COMPANY, Tokyo

「英語教育学大系」刊行にあたって

　21世紀に入り，早くも10年を経過しようとしていますが，我が国の教育をめぐる情勢はめまぐるしく変化し，必ずしも明確な方向が定まっていません。たとえば，初等・中等教育では，ゆとり教育の見直し，児童や生徒の基礎学力の低下，テレビゲームや携帯電話普及による人間関係の変化，格差社会による学業機会の差などの問題が山積しています。同じように，大学など高等教育も問題を抱えています。周知のように，1991年の大学設置基準の大綱化などを経て，大学の自由化・個性化が始まりましたが，この傾向に，急速な国際化や情報化が加わり，さらには，少子化，高学歴化などの影響を受けて，大学教育の内実が大きく変化し，多様化してきています。

　このような「変動」の時代に，社団法人大学英語教育学会（JACET）は2012年に創立50周年を迎えますが，この機会に，大学英語教育をはじめとする内外の英語教育の来し方50年を総括し，行く末50年を展望するために，本「英語教育学大系全13巻」を刊行することになりました。この企画は，学会の全会員に，大学英語教育学には，あるいはもっと広く，英語教育学には，どのような分野・領域があるかを問うことから始めましたが，最終的には，大小合わせて135項目が集まりました。これらをほぼ包み込むように整理・統合して，また，大系としての規模を考慮して，13巻に集約したのが本大系です。

　本大系の特徴は3つあります。1つ目は，「英語教育学大系」の名の元に内外の英語教育に関係することを取り上げていますが，各巻が必ず何らかの形で日本の大学英語教育との関係に触れていることです。英語教育学が大学教育の実際にどのように関係しているかを，この規模の刊行物で取り上げているのは希有と言えます。2つ目は，本大系の各巻が理論と実践の融合を目指していることです。これまでにも，単発では理論と実践を取り上げた英語教育関係の研究書はありました。また，理論や理念を中心にした大系の類もありました。あるいは，授業や指導法を中心に据えた講座の類もありました。しかし，本大系のように，各巻がそれぞれ理論と実践を取り上げ，これを融合させる試みをしている大系は寡聞にして知りません。3つ目は，英語教育の「不易」と「流行」の均衡を試みている

ことです。いつの時代でも常に斬新な理論や実践は必要です。伝統に執着していると時代の趨勢に遅れます。しかし，新規な傾向や理論に目を奪われるあまり，過去の遺産を忘れてはいけません。残すべき「不易」は何か，取り込むべき「流行」は何か。本大系は，この両者の均衡を試みています。

　このような特徴が，今後の大学英語教育をはじめとする日本の英語教育の水先案内人になってくれればと願っていますが，その内容については，私たちの思い違いや調査・研究の不足があるかもしれません。読者諸氏の忌憚ないご意見をお寄せいただければ幸いです。

　本大系は，いろいろな方の支援や協力により刊行することが可能となりました。まず，この大系の実現自体が大学英語教育学会半世紀の歴史の産物であることです。つまり，研究会などの活動をはじめとして学会のこれまでの活動の集積そのものなのです。この点で，梶木隆一名誉会長，小池生夫特別顧問をはじめ，多くの先輩諸氏に感謝申し上げます。また，この企画に賛同し，当初の分野・領域の決定や執筆者の推薦などの意見を寄せてくれました会員のみなさんに感謝いたします。さらに，200名に上る執筆者のみなさん，連絡や調整の労をとってくれました40余名の各巻の編集のみなさんに御礼申し上げます。最後になりますが，大修館書店編集第二部の米山順一氏には，企画の当初から関与していただき，構想から内容面に至るまで数々のご助言をいただきました。ここに厚く御礼申し上げます。

　2010年1月

大学英語教育学会

まえがき

　「英語教育学大系」全13巻の第1巻『大学英語教育学 —— その方向性と諸分野』をお届けいたします。第1巻は，他の12巻がそれぞれの分野・領域を取り上げる「各論」であるのに対して，「総論」の位置づけになります。言い換えますと，それぞれの12巻がいわば英語教育学全体の扇の1本1本の「骨組み」であるのに対して，本巻はこれらを束ねる「要」のような役割を果たしています。

　本巻の全体を大別しますと，第Ⅰ部「大学英語教育学の諸相と方向性」と第Ⅱ部「大学英語教育と諸分野」になります。第Ⅰ部は11章構成ですが，大きく3つに分かれます。第1～4章は，大学英語教育学の定義や内実からはじまって，小・中・高など段階別に見た諸分野との縦の関係や，他の外国語や関連諸科学などの横の連絡を概観し，さらには，内外の言語政策から見た大学英語教育の位置づけを論じています。次の第5～8章は，国際化・情報化・産学協同化（産学連携）・大衆化など，現代社会が直面している諸相と大学英語教育との関係を取り上げています。小・中・高などの英語教育と比べて，特に大学の英語教育が抱える問題を取り上げているとも言えます。第9～11章では，改めて大学英語教育の目的論，言語文化観，リベラルアーツを取り上げ，大学英語教育学会が出した刊行物や教材，さらには実際のカリキュラムや授業科目などの概観を通して，大学英語教育の現状を報告するとともに，今後のあり方を論じています。

　第Ⅱ部は13章で構成されています。この13という数字が本大系13巻の13と一致していることに表れていますように，それぞれの章は各巻のダイジェスト版と考えてください。あるいは，これから刊行される巻の予告編と捉えてくださっても結構です。つまり，この第Ⅱ部にざっと目を通しますと，大系13巻の概要がつかめるということになります。各章が取り上げているテーマを列挙しますと第1章「大学英語教育学の方向性」，第2章「英語教育政策」，第3章「英語教育と文化」，第4章「ESPの理論と実践」，第5章「第二言語習得研究」，第6章「英語学習者論」，第7章「英語教員養成・研修」，第8章「英語研究と英語教育」，第9章「リスニングとスピーキング」，第10章「リーディングとライティング」，第11章「英語授業デザイン」，第12章「英語教育とメディア」，第13章「テスティン

グと評価」です。

　その他，付録として，「Abstract in English」「引用文献」「索引」をつけています。「Abstract in English」は第Ⅰ部の11章，第Ⅱ部の13章の簡単な紹介となっています。「引用文献」は日本語と英語の混在でアルファベット順に，「索引」は日本語の見出しで必要に応じて英訳をつけて五十音順に並べたものです。この付録も含めて，本巻が大学英語教育学の概要の把握に役立つことを願っています。また，読者のみなさまのご意見等をいただければと願っています。

　　2010年1月

　　　　　　　　　　　　　　　　　　　　編者　森　住　　衛
　　　　　　　　　　　　　　　　　　　　　　　神　保　尚　武
　　　　　　　　　　　　　　　　　　　　　　　岡　田　伸　夫
　　　　　　　　　　　　　　　　　　　　　　　寺　内　　　一

目　次

「英語教育学大系」刊行にあたって……… v
まえがき………vii

第Ⅰ部　大学英語教育の諸相と方向性……… 1

第1章　大学英語教育学の考え方……… 3
1．英語教育学を支える3つの視点……… 4
　　1.1　目的と理念／4　　1.2　目標／5　　1.3　方法／6
2．大学英語教育学の方向性……… 8
　　2.1　総論的な視点／8　　2.2　各論的な視点／9
　　2.3　刊行物・教材・授業などの例／10

第2章　大学英語教育と初等・中等教育との連携………12
1．小・中・高・大の連携………12
　　1.1　連携の状況／13　　1.2　小・中・高の英語教育と大学英語教育との接続／14
2．小・中・高の学習指導要領………14
　　2.1　小学校学習指導要領／15　　2.2　中学校学習指導要領／15
　　2.3　高等学校学習指導要領／15
3．小・中・高・大の連携── 文法指導の場合……16
　　3.1　連携の現状／16　　3.2　文法指導のレベル間連携の具体例／17
4．克服すべき3つの課題………18
　　4.1　小・中の連携の強化／18　　4.2　公立の中高一貫校が抱える課題／19
　　4.3　コミュニケーション能力の育成とメタ言語能力の育成のバランス／20

第3章　大学英語教育と関連領域との連携………21
1．関連分野（応用言語学）の領域………21
　　1.1　応用言語学と英語教育学／21　　1.2　応用言語学の研究分野／22
　　1.3　大学英語教育学会と応用言語学／23
2．国内の関連諸団体とのつながりと協働の展望………25
　　2.1　政府関係機関／25　　2.2　関連諸団体／26

第4章　言語政策と大学英語教育………31
　1．世界の言語政策………31
　　　1.1　シンガポールの言語政策 ── 1言語主義／32
　　　1.2　ヨーロッパの言語政策 ── 複言語主義／32
　2．日本の言語政策………36
　　　2.1　英語教育政策／36　　2.2　バイリンガル教育／37
　　　2.3　英語教育の目的／37　　2.4　大学英語教育／38　　2.5　大学英語教員像／38

第5章　大学英語教育の国際化………40
　1．大学英語教育の国際化………41
　　　1.1　海外関連学会との交流／41　　1.2　教員の交流／42
　　　1.3　海外の大学との合同遠隔授業／43　　1.4　学生の交流／44
　2．国際語としての英語………45
　　　2.1　英語の時間的・空間的変化／45　　2.2　英語の国際語化／45
　　　2.3　英語の非母語話者共通語化／46　　2.4　日本人の「母語話者症候群」／47

第6章　大学英語教育の情報化と課題………49
　1．外国語教育と教育の情報化………49
　　　1.1　情報環境整備と初等・中等教育／49　　1.2　情報環境整備と高等教育／50
　2．英語教授法と情報技能………51
　　　2.1　外国語教育へのメディア教育導入／51　　2.2　CALLと授業機能の進展／52
　3．大学英語教育における情報化………54
　4．大学英語教育の課題と展望 ── CALLからNBLTへ………55
　　　4.1　グローバル・インターラクションと大学英語教育の課題／55
　　　4.2　グローバル化の展望／56

第7章　大学英語教育と産学連携………58
　1．歴史的背景………58
　　　1.1　「大学基準」と「大学設置基準」の中の外国語／59
　　　1.2　経済界から出された「英語（外国語）」教育への要望・提言／59
　　　1.3　多様な大学英語の現状／61
　2．大学英語教育と産学連携………61
　　　2.1　外注単位制度の導入／61　　2.2　様々な連携／62
　3．国際化推進と産学連携………63
　　　3.1　国際化推進と大学の英語問題／63　　3.2　英語による授業と産学連携／64

第8章　高等教育の大衆化と大学英語教育………66
　1．大学教育の大衆化………67

1.1　基礎学力の低下／67　　1.2　考えられる要因／67　　1.3　対策／69
　　2．大学英語教育の大衆化………71
　　　2.1　英語の学力低下／71　　2.2　考えられる要因／72　　2.3　対策／73

第9章　JACETにおける大学英語教育の目的論の系譜………75
　　1．『JACET通信』における目的の誌上討論………76
　　　1.1　「討論」の概要／76　　1.2　「討論」の中間総括／76
　　　1.3　「討論」の中間総括後／77
　　2．『JACET実態調査』に見られる目的観………78
　　　2.1　1983年報告書／78　　2.2　2003年報告書／79
　　3．『JACETハンドブック』における目的………79
　　　3.1　目的に関する改善基準／80
　　4．目的論の扱い方………80
　　　4.1　『通信』における誌上討論の復活／80
　　　4.2　『実態調査』の調査項目の改善／81
　　　4.3　『ハンドブック』における目的の再検討／82

第10章　大学英語リーディング教材に見る言語文化観………84
　　1．リーディング教科書の方向性………85
　　2．リーディング教科書の選定と実際………86
　　　2.1　「言語文化」を書名にした教科書の選定／86
　　　2.2　各教科書の概略と題材分析／87

第11章　リベラルアーツと大学英語教育………93
　　1．リベラルアーツとは………93
　　　1.1　リベラルアーツの起源／93　　1.2　日本におけるリベラルアーツ／94
　　2．リベラルアーツの定義………94
　　　2.1　リベラルアーツのカリキュラム／95　　2.2　リベラルアーツの理念／95
　　3．リベラルアーツと英語教育の一実践例………97
　　　3.1　多様性・解放性／97　　3.2　考える力／99　　3.3　責任性／100

第Ⅱ部　大学英語教育と諸分野………103

第1章　「英語教育学大系」の概要………105
　　1．大学英語教育学の方向性………105
　　2．英語教育政策………106
　　3．英語教育と文化………106

4. 21世紀のESP………107
5. 第二言語習得研究………107
6. 成長する英語学習者………108
7. 大学英語教育と教員養成・現職教員研修………108
8. 英語研究と英語教育………109
9. リスニングとスピーキングの理論と実践………109
10. リーディングとライティングの理論と実践………110
11. 英語授業デザイン………110
12. 大学英語教育におけるメディア利用………111
13. テスティングと評価………111

第2章　英語教育政策………113
1. 「内円圏」の概要………114
　　1.1　イギリス／116　　1.2　アメリカ／116　　1.3　オーストラリア／116
2. 「外円圏」の概要………116
　　2.1　インド／118　　2.2　シンガポール／118　　2.3　マレーシア／118
3. 「拡張圏」の概要………118
　　3.1　欧州（EU）／119　　3.2　東アジア：中国／120　　3.3　東アジア：韓国／120
　　3.4　東南アジア：タイ／120　　3.5　中東：イラン／120
　　3.6　中東：トルコ／121　　3.7　南アメリカ：ブラジル／121
4. 日本──一貫制英語教育への道………121

第3章　英語教育と文化………124
1. 異文化と英語教育………125
　　1.1　言語と文化／125　　1.2　異文化理解と英語教育／126
　　1.3　異文化間コミュニケーションと英語教育／127
　　1.4　国際理解と英語教育／128　　1.5　文化と意味／129
2. 民族・国家と英語教育………130
　　2.1　言語と民族・国家／130　　2.2　言語政策と英語教育／131
　　2.3　日本人と英語／132　　2.4　言語と社会階層／134
3. 文化と教授法………135

第4章　21世紀のESP………137
1. ESPプロフェッショナルへの道………137
　　1.1　ESPの多面性／139　　1.2　第4巻の構成／139　　1.3　ジャンル分析／140
　　1.4　ESPプロフェッショナルの分野の種類／141
2. ESPの歴史………142
　　2.1　ESP第1期／142　　2.2　ESP第2期／145

第5章　第二言語習得研究………150
1. 第二言語習得論とその関連理論………150
    1.1　第二言語習得の諸相／151　　1.2　母語獲得／153
    1.3　バイリンガリズム／154
2. 学習者言語を通した第二言語知識の解明………155
    2.1　学習者言語の特徴／155　　2.2　学習の個人差をもたらす要因／156
3. 大学生と第二言語習得………157
    3.1　教室における第二言語習得の促進／157
    3.2　英語教育学への取り入れ／160

第6章　成長する英語学習者………162
1. 大学英語教育のパラダイム・シフト………163
    1.1　「学び中心」の教育／163　　1.2　英語教育の新パラダイム／164
2. 自律を育む学習者………165
    2.1　優れた言語学習者／165　　2.2　学習者要因に基づく支援指導／166
    2.3　自律学習への新アプローチ／170　　2.4　共に学び続ける指導者／172

第7章　大学英語教育と教員養成・現職教員研修………174
1. 日本の教師教育改革………174
    1.1　英語教育改革の動向／175　　1.2　教員養成課程の改編／175
    1.3　教職大学院の設立／176　　1.4　教員免許更新制の導入／176
    1.5　教員評価制度の導入／176
2. 海外諸国の教師教育改革………177
    2.1　教師教育の管轄組織／177
    2.2　教師教育のスタンダード（専門性基準）／178　　2.3　教員養成課程／178
    2.4　EUの語学教員養成のためのポートフォリオ（EPOSTL）／179
3. 英語教員の養成と現職研修の課題………179
    3.1　中・高の英語教員の養成／180　　3.2　中・高の現職英語教員の研修／180
    3.3　中・高の英語教員の専門性と研修・評価の枠組み／184
    3.4　大学の英語教員の養成と研修／185

第8章　英語研究と英語教育………187
1. 研究と教育の関係………187
    1.1　英語教育の目的／188　　1.2　言語研究と言語教育の関係／189
2. 理論的英語諸研究とその成果の英語教育への応用………191
    2.1　文法研究／191　　2.2　語彙・辞書研究／194　　2.3　文学研究／196
3. 大学の文法指導における文法研究の成果の活かし方………197

第9章　リスニングとスピーキングの理論と実践………200
1. 音声の習得と指導………201
    1.1　音声習得とは何か／201　　1.2　音声習得に影響を与える要因／202
    1.3　発音の指導／203　　1.4　発音テストの作成とその評価／204
2. リスニングの習得と指導………205
    2.1　リスニングとは何か／206　　2.2　リスニングに影響を与える要因／206
    2.3　リスニングの指導／207　　2.4　リスニングテストの作成とその評価／208
3. スピーキングの習得と指導………208
    3.1　スピーキングとは何か／209　　3.2　スピーキングに影響を与える要因／210
    3.3　スピーキングの指導／210　　3.4　スピーキングテスト作成とその評価／211
4. 大学におけるリスニングとスピーキングの授業………212

第10章　リーディングとライティングの理論と実践………213
1. リーディング ―― 英語を主体的に「読む」／214
    1.1　リーディングの意義／214　　1.2　リーディング指導／216
    1.3　リーディング研究／217
2. ライティング ―― 英語を主体的に「書く」／218
    2.1　ライティングの意義／219　　2.2　ライティング指導／219
    2.3　ライティング研究／220

第11章　英語授業デザイン………226
1. 授業学研究………227
    1.1　日本における授業研究の歩み／227
    1.2　高等教育における英語授業学研究／228
    1.3　授業学研究を生み出した社会的背景／230
2. 学力と学習の発展プロセス………232
    2.1　人間の持つ知的能力の諸相 ―― 学力論争と学力の視点／232
    2.2　学習の発展プロセス／233
    2.3　外国語（英語）教育における学習プロセスと人間形成モデル／233
3. 大学英語教育改善につながる授業学の視点………235
    3.1　コミュニケーションに関わる指導法の視点／235
    3.2　個々の学習者を把握する指導法の視点／236
    3.3　協同学習のための指導法の視点／237

第12章　大学英語教育におけるメディア利用………239
1. 情報メディアの教育理論………239
    1.1　基本的理論・問題・展望／240　　1.2　セキュリティ／240
    1.3　著作権／241　　1.4　ICT 教育者と ICT 教育研究者／241

1.5　教育研究補助としてのデータ処理／243
　2．コンピュータとシステム開発………244
　　2.1　学習管理システム／244　　2.2　LMSの機能／244
　　2.3　LMSの管理と運用／246
　3．CALLと教授法………246
　　3.1　CALL機器／246　　3.2　CALL授業と管理／247
　4．情報ネットワークと教育………248
　　4.1　ネットワーク／248　　4.2　遠隔教育／249　　4.3　新技術と教育拡大／250

第13章　テスティングと評価………252
　1．変わりゆく大学での評価………252
　　1.1　評価の重み／253　　1.2　外部テストの導入／253
　2．テストの概念・種類とテストの開発………255
　　2.1　テストの概念・種類／255　　2.2　テスト開発／256
　　2.3　英語能力・検定テスト／256
　3．英語学力の評価論と測定論………257
　　3.1　英語学力評価論／257　　3.2　英語学力測定論／258
　4．英語教育評価論………258
　　4.1　観点別評価／258　　4.2　英語学力の評価と教育評価／259
　5．英語入学試験………259
　　5.1　難易度の問題／260　　5.2　入試におけるリスニング／260
　6．英語技能と語彙力の測定・評価………260
　　6.1　リスニングとスピーキングの測定と評価／261
　　6.2　ライティングとリーディングの測定と評価／261
　　6.3　語彙力の測定と評価／262

Abstract in English………263
引用文献………………271
索　　引………………283
執筆者一覧……………287

第Ⅰ部

大学英語教育の諸相と方向性

第1章

大学英語教育学の考え方

はじめに

　世の中には「〜学」と呼ばれる学問研究の分野がある。伝統的なものでは，哲学・社会学・物理学・工学・医学などである。また，近年になって出てきた領域には，国際学・言語文化学・人間科学などがある。本巻では大学など高等教育機関で行う英語教育（以下，大学の英語教育，あるいは大学英語教育と略称）をあえて「大学英語教育学」と銘打っている。これは，大学英語教育学を，これらの伝統的な分野や最近台頭している分野と伍して並べるという意味ではない。大学をはじめとする高等教育で行われている英語教育を多少とも本格的・体系的に捉えるという姿勢を示したいがためである。実際，大学英語教育を支えている裾野は広いし，その内実は深い。言うならば「大学英語教育学」という1つの宇宙を作っているとも言える。

　本章では，この大学英語教育学が内包している複雑にして無限とも言える内容を概観する。この目的のために，論を大きく2つに分けて取り上げたい。まず，前半で大学英語教育学の直接の上位区分である「英語教育学」の概要を把握する。その理由は，大学英語教育学は，小・中・高など初等・中等教育をも含む広い領域の英語教育学に拠って立っているからである。本稿ではこれをJACET授業学研究委員会（2007: 16-19）をもとにしながら，目的・目標・方法の3点から概観する。次に，大学英語教育学において特に問題になる領域や分野を取り上げる。当然ながら，大学の英語教育には他の英語教育とは異なる特徴がある。この部分を「縦」と「横」などの関係から見た総論的な視点，国際化・情報化などの各論的な視点，そして，学会の機関誌・調査・教材・授業など具体的な議論や実践の視点から論じて，大学英語教育学の方向性を探りたい。

1. 英語教育学を支える3つの視点

　英語教育学とは，もっとも簡潔に定義すれば，「英語教育の目的・目標・方法を研究する学問分野」である。目的とはなぜ英語教育を行うかである。いわば，英語教育の理念であり，英語教育は何のために行われているかを問題にしている。換言すれば，英語教育の理念論になる。目的を押さえたら，何を教えるべきかという目標を定める必要がある。これが目標論である。具体的には，言語材料や言語活動がその主な範疇となる。題材などの教材論もこの部分に入る。目標を定めたら，どのように教えるべきかを考える必要がある。この方法論は，一般に教授法・指導法と言われるものである。ここでは特に4技能が対象になる (Morizumi, 2006)。

1.1　目的と理念
　目的と目標はしばしば混同されて使われ，実際に重複するところもあるが，ここでは，目的を「なぜ英語教育を行うか」という Why に関すること，目標は「何を教えるか」という What に関することとしておきたい。

(1)　教育の目的
　英語教育に限らず，学校教育のあらゆる科目領域の目的は，最終的には教育全体の目的と合致すべきである。その目的とは，人格形成と人類の恒久平和である（教育基本法／日本国憲法）。この究極の目的を直接的に扱えるか，あるいは論じられるかは別として，英語教育の最終目的も，この人格形成と恒久平和にあることをまず押さえておきたい（森住，2006: 46）。

(2)　外国語教育・英語教育の目的
　外国語教育・英語教育という特定性から，その目的を考えてみると，とりあえず，教養と実用に大別される。これは，ユネスコ (UNESCO) の国際教育局 (IBE: International Bureau of Education) が外国語教育の目的として言及している内容のうち 'educational phases' と 'practical phases' に相当する。両者は重なる部分もあるし，相補的な部分もある。すなわち，実用がなければ教養は根無し草になるし，教養がなければ実用にも供しない。
① 教養的側面 (Educational Phases)

- 言語や文化に対する観点や視点の育成 —— 英語の授業を通してどのような言語観・文化観が育成されているかという問題である（森住，2002: 382-384）。公平な言語観や文化観を育てることが英語教育の重要な目的の1つになる。
- 外国語（異言語）を学ぶことによる複眼思考の育成 —— 広い意味での知識の獲得であるが，英語を学ぶことによって，ものの見方や受け取り方，考え方がより複眼的になる。換言すれば，英語の学習を通して，いろいろな発想や思考を知り，メタ言語能力を高めることになる。
- 自分の座標軸の再認識 —— ゲーテの「外国語を知らない者は，自分自身のことばが分からない」(Wer fremde Sprachen nicht kenn, weiss nichts von seiner eignen.) を引くまでもないが，外国語の授業は母語や自己・自文化を再確認・再構築する機会でもある。このいわば自分の座標軸を見直すことは，英語教育など外国語教育の「偉大な副産物」と言える。

② 実用的側面 (Practical Phases)

- 受信と発信のコミュニケーション —— この目的は，最近の英語教育で，内外を問わず，もっとも話題になっているテーマである。周知のように，日本の中・高の学習指導要領（外国語）にも，1989年版以来，「コミュニケーション」という文言そのものが取り上げられている。
- 自分の生活の物理的な向上 —— 実用的な目的の1つに「入学試験や資格試験のため」がある。この直接的な目的は，しばしば生徒や学生にとって「死活問題」にもなる。近年の大学英語教育でも，既成の資格試験の合格を掲げる授業名が出るほどに広まっている。分かりやすい目的であるが，これだけが英語教育の目的ということはあり得ない。
- 職業や学問研究の達成 —— 専門分野別の目的 (ESP: English for specific purposes) や学問研究の目的 (EAP: English for academic purposes) を持つ英語教育の領域である。この分野は近年大きな発展と普及を遂げてきている。特に，大学英語教育においては，学生がそれぞれの専門領域の学部や学科に属しているだけに，この需要も増え，必要性も高くなっている。

1.2 目標

目標とは目的を達するために教えるべき内容や取り上げる活動である。大別すると，言語材料（知識），言語活動（技能），言語観（観点）の3つになる。

① 言語材料

言語材料は，音・文字・語彙・文法・（慣用）表現・談話の6つになる。中・

高の一般の授業でこの6つは総合的に取り上げられる場合が多いが,「発音をやり直す授業」「語彙力増強のための授業」「文法中心の授業」など,個々の目標に焦点を当てる場合もある。この6つのうち,近年,基礎力という点で問題になっているのは,語彙と文法である。また,Englishes の台頭によって,発音などはどの程度まで厳密に教えるかという問題も出てきている。(Morizumi, 2009: 124-139)。

② 言語活動

言語活動は,一般に4技能に分かれるが,これに「考える (Thinking)」を加えて,「5技能」とすることもある。この4技能ないし5技能は一般の英語教育では単独で取り上げることはきわめて少ない。また,近年の傾向としては,Listening と Speaking が強調されがちであるが,Web-site や e-mail 上での速読や「速書」の能力もますます重要になってきている。

③ 言語観

知識や技能があっても,観点すなわち言語観を間違うと「反国際的」になったり,「反人間的」になったりする。言語観の育成は,言語と社会,言語と人間の関係をどのように捉えるかに関係してくる。英語に関して言えば,たとえば,ある種の英語を劣った英語と考えることなどは言語観の問題となる。この言語観はしばしば教材の題材内容に関係することがある。価値観を伴うことにもなるので,扱いには慎重を要するが,言語教育の中でも中心にきてしかるべき課題である。

1.3 方法

方法とは,教授法や指導法である。シラバスや授業過程と直接に結びつくために,「英語教育」という用語がこの教授法と結びつけられることも多い。

(1) 教授法概観

これまでの主な教授法を,鳥居次好他 (1975: 170-197) を参考に,伝統的な分け方で列挙すると,以下のようになる。それぞれ単独で使われていることは少なく,Eclectic Method (折衷法) が一般的と言える。

a. Classical Methods

Grammar Translation Method, Grammar Method, Translation Method

b. Modern Methods / Direct Method

Berlitz Method (Natural Method), Gouin Method (Natural Method), Audio-lingual Method, Reading Method, GDM (Graded Direct Method),

Oral Method, Army Method (ASTP — Armed Specialized Training Program), Oral Approach, TPR (Total Physical Response)
c. Present-day Methods / Humanistic Method
Cognitive Method, Silent Way, Community Language Learning, Suggestopedia, Notional-Functional Syllabus, Communicative Approach

(2) 二元法による分析
以上の教授法や指導法を二元法で分析すると，以下のような項目に分かれる。
 a. Written Centered / Spoken Centered
 b. Structure Based / Topic Based
 c. Task Oriented / Explanation Oriented
 d. S-R (Stimulus-Response) Theory Oriented / Cognition Oriented
 e. Grammar Based / Function Based
 f. Learner Centered / Teacher Centered
 g. Analysis Oriented / Memorization Oriented
 h. Knowledge Centered / Use Centered
 i. EFL Oriented / ESL Oriented

(3) 授業の構成要素・授業計画・評価
授業や教授法論の構成要素は次の3つに大別できる。
① 学習者・教師・教材
授業を構成する主要な要素は学習者・教師・教材である。教授法論からみると，学習者論・教師論・教材論になる。以下は留意点を略述したものである。
・学習者 —— 第Ⅰ部第9章で多少とも詳しく言及しているが，大学教育の大衆化によって学習者が多様化してきた。端的に言えば，意欲や基礎能力が低い学習者が多くなった。つまり，多様化は「とっくり型」の二極化に移行しているとも言える。「底辺」にいる学習者の自律性の育成が今まで以上に重要なテーマになっている。
・教師 —— 上記の学習者の変容を受けて，教師は学習者の支援者 (facilitator) という考え方がますます必要になってきている。また，教授法などの研究と実践が大学教員にとって必須条件となり，採用面接の時には指導の実演をしてみせるなどのことも一般的になっている。さらに，学生による教員評価も近年増えてきている。

- 教材 —— 本書の第Ⅰ部第6章でも触れているが，教材は，教科書をはじめとする紙ベースだけでなく，音声，映像，あるいはこれらの混合，さらには，外国にいる学生とのテレビ会議などもあり，そのありようも大きく変わってきている。いずれを使うにしても，「教科書で教える」と「教科書を教える」の2つを適宜使い分けたい。

② 教授法を支える条件と授業計画

- 授業時数・授業時間はそれぞれの大学によって異なるが，このような教育課程の条件によって，シラバスや授業計画が決まる。一般に，授業時数が多ければ，また，授業時間が長ければ，それだけ授業内容も潤沢になる。さらに，学級規模（クラスサイズ），教員数，教室の設備などによって，授業の効果や効率が異なってくる。極論すると，個々の教員の努力よりもこのような教育行政を堅固にすることの方が第一義とする考え方もある。

2. 大学英語教育学の方向性

本書第2章以降では，大学英語教育学の方向性を3点に分けて取り上げる。1つ目は，中・高・大などの縦の関係（第2章），他の学問分野・学会などとの横の関係（第3章），言語政策との関係（第4章）などの総論的な視点である。2つ目は，国際化（第5章），情報化（第6章），産学協同化（産学連携）（第7章），大衆化（第8章）などの各論的な視点である。そして，3つ目は，JACETが取り上げてきた目的論の系譜（第9章），教材に表れた言語文化観（第10章），リベラルアーツと大学英語教育（第11章）というように，英語教育の「不易」の部分の議論や実践という視点である。

2.1 総論的な視点

(1) 初等・中等教育との連携

大学英語教育は，大学以前の英語教育を受けて成り立っている。そのために高校でどのようなことを学んでいるかを知らなければいけない。高校の教育は中学の影響を受ける。中学の下には小学校がある。小学校の教育が中学の教育を左右する。第2章では，このような大学英語教育とそれまでの英語教育との「縦」の関係を取り上げ，この連携として，学習指導要領（外国語）の目標（言語材料や言語活動）を概観し，文法教育の例から，高・大のつながりの例を取り上げる。

(2) 関連領域との連携

　第3章は，関連領域との「横」のつながりに言及したものである。前半は応用言語学の2つの分類から関連諸科学を列挙して，JACET がこれにどのように関与し，研究会活動を行ってきたかを取り上げている。後半は，政府機関と学会とに分けて具体的に関連諸機関，諸団体を取り上げている。全体として，大学英語教育学を支えている，あるいは影響を受けている学問分野の広さ・深さを，そして，それぞれの研究教育を進めている機関・学会・団体を確認することになる。

(3) 言語政策と大学英語教育

　第4章では，アジアやヨーロッパの言語政策を参考にしながら，日本の英語教育は何を目指すべきかを論じている。大筋としては，諸外国の言語政策は日本にはそのまま当てはまらないこと，そして，JACET 教育問題研究会の成果や JACET 実態調査委員会の調査をもとに，日本の大学英語教育は，基本的には ESP や EAP を目標としながらも，もっと幅を広げて議論することを提唱している。また，大学英語教員が求められる英語力，授業力などを提案している。

2.2　各論的な視点

(1) 大学英語教育の国際化

　第5章は大別すると2つに分かれる。まず，グローバル化の時代にあって，大学の英語教育が果たす役割を，国際的な情報の交換・共同研究，海外での研究と海外からの研修者招聘，遠隔授業などの協働授業，学生の海外派遣や招致の4点から論じている。次に，いまや国際共通語としてますます重要度を増している Englishes の視点から，英語の持つ多様性は，民族語としての母語話者英語にない普遍性を備えつつあることも視野に入れなければならないとしている。

(2) 大学英語教育の情報化

　第6章は，まず，情報化の問題を教育一般との関係で取り上げ，21世紀の教育がそれ以前の教育と質的に異なり，開放された「学びの場」となっているとしている。次に，英語教育との関係に入り，CALL 技術と英語授業・学習の対応関係を一覧にしてまとめている。さらに，JACET 授業学研究委員会（2007）の授業例から，大学英語教育での情報化の一端を明らかにしている。最後は，「大学英語教育の課題と展望」で，CALL 授業は閉鎖型から開放型へ，すなわち，NBLT (Network-based Language Teaching) へ移行しているとしている。

（3） 産学連携

第7章は、産学連携の歴史的背景と、大学英語教育と産学連携の2つに分けて論じている。前者では、大学英語教育基準や経済界からの要望・提言の変遷史から、1997年に日経連が英語能力向上を要望したこと、この延長上に2000年以降の「『英語が使える日本人』の育成のための戦略構想」があったことなどに触れている。後者では、外注単位制度の導入、TOEFL, TOEIC の活用問題、国際化推進と産学連携、科学・技術英語の講義の実際例などを出して、英語力強化策を明確にしないと、効率性の高い産学連携教育は生まれないとしている。

（4） 大学教育の大衆化

大学教育の大衆化とは、大学進学率が上昇して、大学生になることが珍しいことではないこと、したがって、意欲や学力において不十分な大学生が多くなってきたということを指す。第8章では、この現象が大学英語教育学を考えていく上でどのような影響があるかを、実態・要因・対策の3点から論じている。議論は、大きく2つに大別される。1つは、大学教育全体のレベルダウンに大学としてどのように対処するかである。もう1つは、英語力がどの程度に落ちているか、その原因は何かなど、英語教育に特定する問題への対処である。

2.3　刊行物・教材・授業などの例
（1）　大学英語教育の目的論

第9章では、大学英語教育の目的論を大学英語教育学会がこの約半世紀の間に、どのように取り上げてきたかを「JACET 通信」「JACET 実態調査」「JACET ハンドブック」の3つの活動から見ていく。「通信」などを見ると、創設10年目くらいの早いうちに、大学英語教育の目的に関してこれだけ提示されてきたのかということも分かる。「実態調査」も「ハンドブック」も、それぞれ目的論にも言及している。このようなこれまでの議論の総括を試みることは、次の50年を占う意味でも意義深いことである。

（2）　教材に表れた言語文化観

大学英語教育学は当然ながら、その根底に言語文化観の育成・検討という目標を持っている。この部分はいわば不易流行の不易部分と言える。第10章は、この言語文化観が大学の英語教材で実際にどのように出ているかを、JACET の教材委員会が1980年と1987年に出版した *Language and Culture* (Book One, Book

Two) をはじめ，言語文化を取り上げたいくつかの教材を分析しながら論じる。分析の視点は，言語文化観の扱いについて，精神論 vs 道具論，教養 vs 実用，多元的 vs 一元的という3つである。

(3) リベラルアーツと大学英語教育

　大学英語教育は他の外国語教育とともに長い間，リベラルアーツの科目としても取り上げられてきた。これは，共通教育科目の人文，社会，自然の3分野と一対になって位置づけられていたことからも明白である。第11章では，リベラルアーツとしての英語教育がどのように行われるか，その理念だけでなく，実際のカリキュラムや授業の面から取り上げる。ある意味では，リベラルアーツ自体が大学教育における不易と捉えられるし，教養と実用の議論の狭間にある概念とも考えられる。

おわりに

　大学英語教育学も，他のあらゆる教育研究分野や社会現象と同じように，不易と流行の間にある。古い部分と新しい部分が混合している。不易の部分は何か。それは大学教育あるいは教育全体の持つ理念・目的である。大学教育や教育全体が抱えている大目的は，日本国憲法や教育基本法に規定されている人間形成や恒久平和である。換言すれば，「より良き市民の育成，より良き共同社会の構築」である。
　この「不易」に対して「流行」も必要である。流行は，「はやりもの」と受け取られがちであるが，そうではない。「流行」とは，人間や人間社会の変容や進歩の行き着く最先端としてのニーズである。いわば，「社会進歩」の当然の帰結である。ここを押さえないと，「乗り遅れる」「時代に合わない」となる。大学英語教育学が直接に関係している「流行」の領域・分野は，国際化，情報化，産学共同化（産学連携），大学大衆化である。この4つはいずれも，「陽」と「陰」，「頼もしさ」と「危うさ」の両面を持っているが，できれば，「陽」や「頼もしさ」と捉えて大学英語教育の中に取り込んでいきたい。不易が勝ると旧態依然で懐古趣味に陥る危険性がある。流行が勝ると根無し草か本来の軌道逸脱の危険性がある。両者のバランスこそが大学英語教育の目指す方向である。

第2章

大学英語教育と初等・中等教育との連携

はじめに

　教育の究極の目的は，教育基本法（2006年12月22日法律第120号）第一章「教育の目的及び理念」の第1条（教育の目的）に明記されているように，「人格の完成を目指し，平和で民主的な国家及び社会の形成者として必要な資質を備えた心身ともに健康な国民の育成」である。この目的を達成するために，小学・中学・高校・大学という発達段階（年齢）に応じて，初等教育（小学校などにおける教育），中等教育（中学校の段階の教育を指す前期中等教育と高等学校の段階の教育を指す後期中等教育），高等教育（大学（短期大学および大学院を含む）や高等専門学校（専攻科を含む）における教育）という3つの段階が用意されている。木に竹を接ぐようなことにならないようそれぞれの段階の内容を円滑に接続することが肝要である。

　本章では，第1節で小・中・高・大の連携について，第2節で小・中・高の学習指導要領について，第3節で小・中・高・大の文法指導の連携について，第4節で小・中・高・大の連携が抱えている課題について，それぞれ論じることにする。

1. 小・中・高・大の連携

　文部科学省は，2003年「『英語が使える日本人』の育成のための行動計画」を発表し，小・中・高・大の英語のカリキュラムの改善，指導方法の改善，教員の指導力の向上，入学者選抜の改善など，小・中・高・大の英語教育に関わる様々な行動計画を提示した（文部科学省，2003）。

この行動計画には重要な施策が数多く盛り込まれているが，日本人に求められる英語力を数値で示したという点も特筆すべきことの1つである。中学校卒業段階では，卒業者の平均が実用英語技能検定（英検）3級程度，高等学校卒業段階では，卒業者の平均が英検準2級～2級程度という数値目標を掲げた。大学卒業段階の英語力として一定の数値目標は掲げられていないが，各大学が，仕事で英語が使える人材を育成する観点から独自の達成目標を設定することが求められている。このような行動計画が成果を上げるためには，小・中・高・大が他の段階の学校の英語教育の状況を正確に把握し，各学校段階を通した一貫性のある指導が行われる必要がある。

1.1 連携の状況

文部科学省は，1976年から研究開発学校制度を設けている。この制度は，教育実践の過程の中で出てくる諸課題や学校教育に対する多様な要請に対応したカリキュラムや指導方法を開発するために，学習指導要領等の国の基準によらない教育課程の編成・実施を認める制度である。幼・小・中・高で連携し，英語教育に取り組んでいるところもある。

たとえば，千葉県成田市立の成田小学校と成田中学校（2006年度延長指定校）では，小学校において英語科（年間70～80時間）を導入，小・中学校9年間の発達段階に応じて「聞く・話す・読む・書く」活動をバランスよく取り入れ，英語の力の定着が自覚できる効果的な英語科学習を進める，としている（文部科学省，n.d.）。

高・大連携も全国で行われている。大学教員による高等学校での学校紹介や講義等を実施している学校は，2006年度には，47都道府県16市の2,471校にのぼっている（文部科学省，2007）。京都府立嵯峨野高等学校と大阪大学大学院言語文化研究科の高・大連携では，嵯峨野高校国際文化系統の「英語特修RW」という「読む」「書く」能力を発展的に身につけることを目指す専門科目で使用される教材の中で取り上げられるいくつかのテーマの中から，大学教員が自分の専門に近いテーマを選び，高校に出かけて講義をするという形をとっている。

中高一貫教育も各地で行われている。「学校教育法等の一部を改正する法律」（1998年6月成立）により，1999年4月以降，公立の中高一貫教育が可能になった。文部科学省（2008f）によれば，中高一貫校は，2008年4月現在，334校あり，2007年度の280校から54校増加した。内訳は，中等教育学校36校，併設型219校，連携型79校である。また，公立中高一貫校が設置されている県は43都道府県

にのぼり，そのうちの39都道府県には複数校が設置されている。

1.2 小・中・高の英語教育と大学英語教育との接続

　大学英語教育は小・中・高の英語教育の土台の上に築かれる。したがって，大学英語教育を考えるに当たっては，小・中・高の英語教育の実情を正確に把握しておくことが不可欠である。また，大学英語教育を考えるに当たっては，国際社会が大学卒業生に期待する英語力が何であるかも正確に把握しておかなければならない。大学新入生の英語力と国際社会が大学卒業生に期待する英語力のギャップをどのようにして埋めるかが，大学英語教育のカリキュラムと授業シラバスを考える上での重要な検討事項になる。

　近年，高校における履修状況や入試方法の多様化等の影響により，大学入学者が変容し，学習意欲の低下や目的意識の希薄化が顕著になってきている。大学教員を対象とする調査で，6割を超える教員が学生の論理的思考力や表現力，主体性等の能力が低下していると指摘し，また，大学1年生を対象とした調査でも，大学の授業に「ついていけない」，大学で「やりたいことが見つからない」等の回答が相当数を占めていることが明らかになった（中央教育審議会，2008）。

　この実態を踏まえ，多くの大学は，高校の履修状況を踏まえた取り組みを行うようになってきている。とりわけ，近年は，補習・補完教育（リメディアル教育）が広がりつつあり，文部科学省の調査（2006年度）によれば，約3割の大学で補習・補完授業が実施されている（中央教育審議会，2008）。高校が学習指導要領等に基づき，高校卒業生にふさわしい学力を保障して卒業生を送り出し，大学が自らの入学者受け入れ方針に基づき，大学の教育を受けるに足る能力・適性を備えた志望者を合格させるという前提に立つと，大学が必要に応じて，補習・補完授業の開講などの対策を講じることは当然のことと言えよう。

2. 小・中・高の学習指導要領

　2008年3月に新小学校学習指導要領（文部科学省，2008d）と新中学校学習指導要領（文部科学省，2008a）が，また，2009年3月に新高等学校学習指導要領（文部科学省，2009）が告示された。以下，小学校学習指導要領の「外国語活動」と中学校・高等学校学習指導要領の「外国語」の顕著な特徴をいくつか取り上げる。

第2章　大学英語教育と初等・中等教育との連携　15

2.1　小学校学習指導要領

今回の学習指導要領改訂により，小学校第5学年および第6学年に外国語活動が新設され，2011年度から全面実施されることになった。時間数は年間35単位時間，週1コマである。2007年度には全国の小学校の約97％が「総合的な学習の時間」「特別活動（クラブ活動や学校行事など）」等の中で何らかの形で英語活動を実施している（文部科学省，2008c）。しかし，各学校における取り組みにばらつきがあるため，教育の機会均等の確保や中学校との円滑な接続等の観点から，国として早急に各学校において共通に指導する内容を示すことが必要になったが，小学校における外国語活動の目標や内容を踏まえれば教科のような数値による評価にはなじまないと考えられるため，通常の教科としてではなく，一定のまとまりをもった活動として位置づけられることになった。文部科学省は，全国一定の教育水準を確保するために，新しい学習指導要領に規定された外国語活動の趣旨・目的を踏まえ，補助教材『英語ノート』（1，2の2冊）を作成し，2009年春には全国の小学校に約250万冊を配布した。

2.2　中学校学習指導要領

中学校は，3学年とも，時間数は年間140単位時間，週4コマである。改訂における顕著な変化を2つあげよう。1つは指導する語の数である。中学校3学年間に指導する語は，改訂前は「900語程度までの語」であったが，改訂後は，授業時数が105時間から140時間に増加されたことに伴い，「1200語程度の語」となった。もう1つは文法構文である。たとえば，改訂前は，受け身については「現在形及び過去形だけを指導する」という制限があったが，その制限は削除された。また，改訂前は，「主語＋動詞＋whatなどで始まる節」「主語＋動詞＋間接目的語＋how（など）to不定詞」「関係代名詞のうち，主格のthat, which, who及び目的格のthat, whichの制限的用法の基本的なもの」については，「理解の段階にとどめること」と定められていたが，今回の改訂ではこの「はどめ規定」は取り払われた。

2.3　高等学校学習指導要領

新学習指導要領の大きな特徴を5点ばかり取り上げる。第一点は，科目構成の変更である。改訂前は，オーラル・コミュニケーションⅠ，オーラル・コミュニケーションⅡ，英語Ⅰ，英語Ⅱ，リーディング，ライティングの6科目であったが，改訂後は，コミュニケーション英語基礎，コミュニケーション英語Ⅰ，コミ

ュニケーション英語II，コミュニケーション英語III，英語表現I，英語表現II，英語会話の7科目になった。ただし，すべての科目の標準単位数の合計は，今まで通りで，21単位である。

　第二点は，第3款「英語に関する各科目に共通する内容等」のところで，「授業は英語で行うことを基本とする」と明記されたことである。生徒が英語を使う場面を作るために教員が英語で話すことは自然である。もちろん，生徒の理解の程度に応じた英語を用いることが前提になっており，難しい文法の講義を英語で行うようなことが想定されているわけではない。

　第三点は，4技能が「コミュニケーション英語」という科目の中で統合的に教えられることになったということである。この方法は基本的には正しい。

　第四点は，リーディングという科目がなくなったということである。改訂後は，リーディングも「コミュニケーション英語」の中で他の3技能と統合して教えられることになる。しかし，1978年告示の高等学校学習指導要領の実施に合わせて，1982年4月から検定英文法教科書がなくなり，それ以降，英文法の扱いが手薄になってきたという歴史がある。リーディングという科目がなくなってもリーディングを軽視することのないよう注意しなければならない。

　第五点は，必修科目である「コミュニケーション英語I」において，仮定法を含むすべての文法事項を取り扱うことになったことである。

3. 小・中・高・大の連携 —— 文法指導の場合

　学習者の知的発達や経験や興味に基づき，教育をいくつかの段階に分け，各段階ごとに学習者にふさわしい内容をふさわしい方法で教育するという理念を実現するには，各段階の内容の円滑な接続が保証されていることが前提になる。

3.1　連携の現状

　中・高で教えるべき文法の内容は学習指導要領により規定され，両者の円滑な接続が担保されているが，高・大の文法内容の接続に関しては何の規定もない。実は中・高の接続に関しても，その具体的な内容はほとんど規定されていない。中・高の学習指導要領の言語材料の規定は，教えるべき文法構文や文法事項の名称のリストであり，肝心の文法構文や文法事項の持つ意味はどこにも書かれていない。

たとえば二重目的語構文に関しては，新中学校学習指導要領の言語材料にある文構造dでは次の(ⅰ)を提示している。

(ⅰ) ［主語＋動詞＋間接目的語＋直接目的語］のうち，

(a) 主語＋動詞＋間接目的語＋ $\left\{\begin{array}{l}名詞\\代名詞\end{array}\right\}$

(b) 主語＋動詞＋間接目的語＋how（など）to 不定詞

新中学校学習指導要領が示しているのは，二重目的語構文を構成する要素の表面的な順序だけであり，この構文の意味は一切示されていない。

どのような構文であれ，それをしかるべき場面で適切に使うには，まず，その意味を正確に知らなければならない。Mary sent John to the doctor. はメアリーが風邪をひいた子どもを医院に行かせたことを表現するのに使えるが，Mary sent the doctor John. は使えない。後者の文は，メアリーが医者に奴隷のジョンを与えたというような時代錯誤的な状況でなら使うことができる。ジョンが犬とかロボットであってもよい。二重目的語構文が所有変化を表す構文であることは，①動詞直後の目的語が動詞の力を直接的，全面的に受けるということと，②動詞直後に現れるものが物ではなく，所有者であるということに着目すれば，高校生でも容易に理解することができる。しかし，そのように説明するか否か，どのレベルで説明するかに関する判断は，中・高・大の個々の教員に委ねられている。

3.2 文法指導のレベル間連携の具体例

中・高の文法指導の連携の具体例として結果構文（resultative construction）を使って具体的に考察してみよう（岡田，2007）。次の(ⅱ)の前半の文は，彼が彼女を部屋に押し込んだということを表し，後半の文は，彼がドアを押した結果，ドアが閉まったということを表す。

(ⅱ) He pushed her into the room and pushed the door shut.

中学では，「主語＋動詞＋目的語＋補語」のうち，補語が名詞と形容詞で実現される構文を学習することになっている。この構文の具体例として(ⅱ)の後半の He pushed the door shut. のような結果構文を学習しているが，これを He pushed her into the room. のような移動構文から導く説明法は使われていない

だろう。というのは，従来，伝統的な5文型に基づく説明が使われており，5文型に基づく説明では He pushed her into the room. と He pushed the door shut. には異なる分析が与えられるからである。He pushed her into the room. は，「主語＋動詞＋目的語＋修飾語」の型（第3文型）に嵌められる。それに対して，He pushed the door shut. は，「主語＋動詞＋目的語＋補語」の型（第5文型）に嵌められる。これら2つの構文は別物と見なされているために両者を結びつけようとはしない。

　高校で，まず，He pushed her into the room. の into the room が her が移動していく終着点を表しているということに気づかせ，次に，He pushed the door shut. の shut が the door が最終的に到達する状態を表しているということに気づかせれば，結果を表す He pushed the door shut. が移動を表す He pushed her into the room. のバリエーションであるということが無理なく理解できる。

　中学で「主語＋tell, want など＋目的語＋to 不定詞」を教えるが，次の（ⅲ）のような使役構文にまで踏み込むことはないだろう。

　　　（ⅲ）　He pushed his daughter to marry the mayor.

（ⅲ）のような使役構文は高校で教えることになるが，次の（ⅳ）→（ⅴ）のステップを踏んで，into X が意味的には to [in X] となることに触れながら，（ⅲ）に進めば，高校生は移動構文が使役構文に移行する様をみてとることができる。

　　　（ⅳ）　He pushed his daughter into the room.
　　　（ⅴ）　He pushed his daughter into marrying the mayor.

4. 克服すべき3つの課題

　本節では，小・中の連携の実態，公立の中高一貫校が抱える課題，コミュニケーション能力の育成とメタ言語能力の育成のバランスという3つの課題を取り上げる。

4.1　小・中の連携の強化

　Benesse 教育研究開発センターは，2009年4月3日，全国の公立中学校の英語

教員3643名を対象にした「第1回中学校英語に関する基本調査（教員調査）」の結果を発表した（Benesse教育研究開発センター，2009）。調査の時期は2008年7月〜8月であった。調査によると，「校区内の小学校で行われている英語教育（活動）について知っている」に対して「知っている」と回答した教員は48.5%と半数だった。また，「小学校の英語活動担当の先生と中学校の英語の先生とで集まる機会がある」に対して「ある」と回答した教員は28.6%，「小学校の英語教育（活動）の授業見学に行く」に対して「行く」と回答した教員は25.5%，「中学校での英語の授業の導入ややり方を小学校に合わせて変えている」と回答したのはわずか13.5%だった。これらの数字は，小・中の連携が声高に叫ばれている一方で，教員個人のレベルで小・中の連携に取り組むことが容易ではないということを示している。「外国語活動」はすでに始まっている。行政サイドが小・中連携の機会を提供してもよいし，学会が小・中連携を支援してもよいが，関係者が知恵を絞って，早急に小・中の円滑な連携を実現することが望まれる。

4.2　公立の中高一貫校が抱える課題

　公立の中高一貫校は1999年4月施行の「学校教育法等の一部を改正する法律」で認められ，2008年4月時点で158校を数えるが，制度開始から10年が経過し，その目的・理念，教育内容，成果を検証する時期が来ている。公立中高一貫制は，生徒を6年間でゆとりをもって教育し，生徒の個性を伸ばすための制度として設計された経緯がある。実際，法案の国会議決に際しては，「受験準備に偏したいわゆる『受験エリート校』化など，偏差値による学校間格差を助長することのないように十分に配慮すること」「入学者の選抜に当たって学力試験は行わないこととし，学校の個性や特色に応じて多様で柔軟な方法を適切に組み合わせて入学選抜方法を検討し，受験競争の低年齢化を招くことのないように十分配慮すること」という付帯決議が盛り込まれた。

　2008年末，規制改革会議（議長＝草刈隆郎・日本郵船前会長）は，答申の中で，現在，「適性検査」と称して学力検査に類似した検査が実施されたり，一部の公立の中高一貫校が高い進学実績を誇る都道府県立高校に併設されたりするなど，上記の国会付帯決議を逸脱していると思われる学校が散見されると指摘し，「学力検査又は結果として学力を問うこととなる適性検査を行わない」「抽選を必須とし，その倍率を3倍程度以上とする」「いわゆるエリート進学校への併設等を見直す」と提言している（規制改革会議，2008）。

　保護者の間に「私立のように学費をかけないでも大学進学に望みが持てる」と

いう期待が強いことは事実であるが、一方で、「難関化し、通常の小学校の勉強では合格できなくなっており、公教育として問題である」と批判する向きもある。今後、中高一貫校の目標・理念と教育内容と成果を検証する作業が進んでいくと思われるが、どのような方向に進もうと、中・高の英語教育の円滑な接続を図ることが重要であることは論を俟たない。

4.3 コミュニケーション能力の育成とメタ言語能力の育成のバランス

小・中・高の英語教育と大学英語教育との接続と言う時には、コミュニケーション能力の育成という目的だけでなく、メタ言語能力 (metalinguistic abilities) の育成という目的も忘れてはならない。現在、「小・中・高・大の英語教育の主たる目的は何か」と問われたら、コミュニケーション能力の育成と答える人が大多数であろう。しかし、ことばを観察し、省察する力（メタ言語能力）を育成することも英語教育の重要な目的の1つである。メタ言語能力は母語と異なる言語を学習する時（目標言語に対して抵抗感を持つ時）に活性化する。日本のようなEFL (English as a Foreign Language) 環境は、メタ言語能力の育成には好都合である。将来は、国語教育と英語（外国語）教育を言語教育として有機的に統合し、両者をより活性化する方向も考えていかなければならない。

おわりに

グローバル化が急速に進展しつつある今日、国際的な理解と協調が不可欠になりつつある。英語は国際共通語としてもっとも中心的な役割を担っており、英語コミュニケーション能力を身につけることが焦眉の急となっている。

この状況に的確に、また、効率的に対処していくには、小・中・高のみならず、幼稚園から大学、大学院に至るすべての学校段階を通して、一貫性のある英語教育を行う必要がある。幼稚園から大学院に至る各学校が、一貫性のある英語教育という旗印のもとに連携を図ることは至極当然である。しかし、学校間の連携が制度化されていなくても、一人一人の教員が、隣接する学校段階におけるカリキュラムや指導方法等を知ることにより、学校間の円滑な接続を意図した授業を展開することができる。すべての大学教員が、高校の英語の授業を観察したり、高校の教員と情報交換したりする機会に恵まれているわけではないが、高校の教科書に目を通すくらいのことは是非しておきたいものである。

第3章

大学英語教育と関連領域との連携

はじめに

　本章では，英語教育学で読み替えられる応用言語学が及ぶ関連諸科学を明確にし，英語教育学が大学英語教育学会の研究活動においてどのように浸透してきたかを明らかにする。次に，政府機関と学会に区分して，国内の英語教育をはじめとした言語教育関連諸団体の活動を列挙する。最後に，結びとして，このような組織や団体が今後どのような活動を目指すべきなのかその将来像を提示する。

1. 関連分野（応用言語学）の領域

　第1節では英語教育学，応用言語学，外国語教育学の関係を説明し，さらに，応用言語学および英語教育学の領域を列挙する。

1.1 応用言語学と英語教育学
（1） 理論言語学と応用言語学
　言語学を大きく分類すると，理論言語学と応用言語学に分かれる。小池(2003) は，前者の理論言語学を，言語構造をコントロールする本質的な原理・規則を構築する学問とし，これに対して，応用言語学を言語と人間の言語行動を多角的に探る研究分野の総称であるとする。

（2） 外国語教育学と応用言語学
　外国語教育学は応用言語学の読み替えとして使われることが多い。その理由として，1948年にアメリカのミシガン大学で発刊された学術ジャーナルの *Lan-*

guage Learning の副題に 'A Quarterly Journal of Applied Linguistics' という用語が使用されていたからだと言われている。

(3) 外国語教育学と英語教育学

小池（2003）によれば，外国語教育学を英語教育に当てはめると英語教育学となり，「英語教育に関する関連諸科学研究」をおおまかに示唆する研究領域を指すという。そうした言語に関連する関連諸科学が応用言語学であるから，英語教育学はその範疇に入れても差し支えはない。

すなわち，英語教育学は，英語教育に関する教授法を説明し，より効果的な教授法を編み出す方法論の研究のみならず，それに関連した科学研究であり，仮説，実験，検証という一連の科学的考察を経て成立するものである。1979年に『英語教育学ハンドブック』をまとめた垣田も，英語教育学を「英語教育という現象・活動を研究の対象とする科学」と捉え，次の7つの分野で原理的，歴史的，比較教育的，実証的，実践的な研究方法により成果を追及するものだと言う。

(1) 目的論にかかわる領域
(2) 言語材料にかかわる領域
(3) 習得にかかわる領域
(4) 教授・学習にかかわる領域
(5) 評論にかかわる領域
(6) 教師教育にかかわる領域
(7) 研究方法にかかわる領域

このように，今日では応用言語学の研究の発達に伴い，英語教育学の定義も変化し，より広い意味で捉えるようになってきている。

1.2 応用言語学の研究分野

では，英語教育学がその範疇に入るという応用言語学の研究分野はどういったものなのであろうか。人によって分類の方法も異なるので，定まった分野は存在しないし，応用言語学という学問自体が，発展と衰亡，統合と分離を繰り返しているので把握するのは簡単ではない。

しかし，次に，それらの分野を便宜上10に分けた分類例を紹介する。

第 3 章　大学英語教育と関連領域との連携　23

表 1　応用言語学の分野　　　　　　小池（2003 : xxxiii）

［母語・第二言語・外国語の教育に関する分野］母語・第二言語・外国語の教授法理論，指導法，誤り分析，言語テスト，外国人への日本語教育など
［言語獲得・言語習得，言語理論に関する分野］母語の獲得，第二言語習得，言語喪失，中間言語，構造言語学，生成文法など。
［言語と社会・文化に関連する分野］社会言語学，語用論，言語人類学など
［言語と言語の接触，多言語使用，グローバル化などに関連する分野］対照言語学，ピジン，クレオール，2言語使用（bilingualism），国際語としての英語（English as international language），ダイグロシア（diglossia）など
［言語と人間のコミュニケーション行動に関連する分野］異文化間コミュニケーション，ノンバーバル・コミュニケーション，スピーチ・コミュニケーション，通訳・翻訳研究など
［言語と人間の心理に関連する分野］心理言語学，認知言語学など
［言語と脳に関連する分野］脳神経科学，言語障害など
［言語とコンピュータ，教育機器などに関連する分野］コーパス言語学，計算言語学（コンピュータ言語学），機械翻訳，教育工学など
［辞書や語彙の研究に関連する分野］辞書学，語彙論など
［言語と政治，経済，社会などに関連する分野］言語政策，言語計画など

1.3　大学英語教育学会と応用言語学

　我が国の応用言語学研究は英国，米国，カナダ，ドイツ，フランスなどと比較すると遅れていると言わざるを得ない。しかし，その日本でも明治時代の西欧近代化に呼応して，英和・和英辞典と訳読の技術開発は著しいものがあり，英語と日本語との対照研究が盛んに行われ，これが現在の辞書学の基礎につながっていることは周知の通りである。
　小池（2003）によれば，世界の流れに遅れていた日本においても，大学での外国語教育の必要性が認められ，同時に応用言語学という学問分野を対象とした研究組織を立ち上げるという目的で，1962年に大学英語教育学会（現在は社団法人

大学英語教育学会（JACET: The Japan Association of College English Teachers））が創設された。創設当初は120名だった会員数も，現在は国公私立の大学，短大，高専で英語教育に従事する教員約2800名へと増えている。

現在の主な活動としては，年に1回の全国大会と夏期・春期セミナー，大学英語に関する各種の調査研究，JACET賞の授与，紀要・学会誌の発刊，国外の学術団体との交流等がある。特に，国際交流活動については，30を超える国々の団体と各分野の個人からなる国際応用言語学会（AILA）に，日本代表として1992年に加盟し，1999年には第12回国際応用言語学会が東京の早稲田大学で開催され

表2　第12回国際応用言語学会トピック別テーマ（50音順）

田部（1999：16-17；英語の原文を著者が翻訳）

異文化コミュニケーション；解釈と翻訳；外国語教育；外国語としての日本語教育；教育工学；言語，力，職業；言語エコロジー；言語試験と評価；言語政策；言語と国際経済；言語と哲学；言語と脳；言語と文化に根ざす漢字の諸問題；言語とメディア；言語理論；国際語；コーパス言語学；語用論；コンピュータ言語学；辞書学；社会言語学；少数派言語と文化；人工知能；第一言語学習と教育；対照言語学と誤り；第二言語習得；談話分析；特別な目的のための言語；二言語使用・多言語使用；認知・心理言語学；ノンバーバル・コミュニケーションと記号論；文学・レトリック・文体；文化人類学；リテラシー；その他

表3　2008年度JACET研究会一覧（全国組織）

［北海道支部］CALL, CCR, 談話分析，ESP ［東北支部］語彙指導，自律学習 ［関東支部］教育問題，文学，SLA，テスト，言語接触，談話行動，英語辞書，オーラル・コミュニケーション，語法，国際理解教育，バイリンガリズム，ESP, Critical Thinking, 英語語彙，言語教師認知，授業学，教材 ［中部支部］待遇表現，ESP，ライティング，異文化理解，CPHとSLA，言語アセスメント ［関西支部］教材開発，海外の外国語教育，学習英文法，文学教育，リスニング，リーディング，ライティング指導，ESP，英語力指標，英語教育総合 ［中国・四国支部］アジア大学英語教育 ［九州・沖縄支部］東アジア英語教育，ESP

た。参加61か国2地域，大会参加登録者2352名，この他に大会準備委員400名，発表分野35，シンポジウム102，招待講演37，個人発表817，ポスター発表124，3年ごとに開催される国際応用言語学会世界大会のうち最大の大会となった。その第12回国際応用言語学会で発表されたトピック別テーマは表2の通りである。

この第12回国際応用言語学会に合わせ，日本独自の応用言語学研究を推進させるため，JACETは学会の研究会組織を1994年に改編し，研究会を立ち上げ，日本の研究者を質量ともに高めていくように努力した。その研究会は15年経過して，2009年度現在，以下の42団体となり，学会の性格上，日本語教育や脳科学など存在しないものはまだあるものの，現在の応用言語学のほとんどの領域を網羅するに至ったのである（表3）。

2. 国内の関連諸団体とのつながりと協働の展望

第2節では，英語教育学または応用言語学という領域を対象にして，日本国内の関係諸団体との関連と協働の必要性という観点でまとめてみたい。現実にJACETは，毎年の全国大会やセミナーに文部科学省の後援を得ており，さらに，2009年度の全国大会では北海道教育委員会の後援も得ることができた。2007年度は九州沖縄支部大会がAsia TEFLと，2008年度は中部支部大会が全国語学教育学会（JALT）と，研究レベルでは外国語教育メディア学会（LET）と共同研究を行っている。なお，テスト関連団体は第Ⅱ部第13章で触れることにする。

2.1 政府関係機関

まずは，国レベルでは文部科学省を中心にした機関が，都道府県レベルでは各地の教育委員会がある。さらに，その役割を果たすと解散する期限を決められて設立された機関がある。

表4　主な政府関係機関（50音順）

［学習指導要領作成協力者会議］指導要領改訂ごとに開催されその内容を決める。教科調査官，中・高・大などの教員，英語母語話者，事務官など15人から20人で構成。
［教育課程審議会（教課審）］1950年に設置された文部大臣の諮問機関。60人以内の委員で組織され，幼稚園から高校までの教育課程に関する事項を審議し，文部大臣に建

議する。学習指導要領の改訂と同じサイクルでほぼ10年ごとに活動してきた。

［教育再生会議］2006年に設置された内閣総理大臣の諮問機関。21世紀の日本にふさわしい教育体制を構築し，教育の再生を図っていくため，教育の基本にさかのぼった改革を推進する必要があるために設置され，2009年の教育再生懇談会に引き継がれた。

［教育再生懇談会］2009年に教育再生会議のフォローアップを行うために設置された内閣総理大臣の諮問機関。内容は教育再生会議を継承する。

［教育職員養成審議会］新たな時代に向けた教員養成の改善方策についてなどの答申を得るために，1996年に文部省に設置された文部大臣の諮問機関。

［中央教育審議会（中教審）］1952年に，文部省に設置された文部大臣の諮問機関。文部大臣の任命する20人以内の委員で組織され，教育・学術・文化に関する重要施策について調査・審議し，文部大臣に建議する。

［「21世紀日本の構想」懇談会］21世紀における日本のあるべき姿を検討することを目的に，1999年に内閣総理大臣のもとに設けられた懇談会である。

［日本外国語教育改善懇談会（改善懇）］1972年に始まり，多くの問題を抱える外国語教育に何らかの提言をするために活躍してきた懇談会である。

［臨時教育審議会（臨教審）］文部大臣の諮問機関として長期的展望に立って教育改革に取り組むため1987年に設置された。

2.2 関連諸団体

民間の関連諸団体を英語教育関係，言語教育関係，その他の関係に分けて50音順に列挙し，日本語名と主な活動内容を紹介する。

（1） 英語教育関係団体

表5　英語教育関係団体（50音順）

［アイリス英語教育学会］年1回「年次大会」・「講演会」開催，年4回 *IRICE Newsletter*・年1回 *IRICE PLAZA* 発行

［映画英語教育学会］年1回「全国大会」開催，年数回「支部活動」と「研究会」による研究活動，年2回『ニューズレター』・年1回『映画英語教育研究』発行

［英語教育協議会］年3回「（夏期・冬期・春期）講習会」・教育委員会と文部科学省主催の英語教員向け研修と英語運用能力向上研修の開催，「ELEC賞」表彰，年1回『英語展望』発行
［英語授業学研究会］年1回「夏期特別セッション」・毎月「例会」開催，年1回『紀要』・毎月 PIGATE Newsletter 発行
［英語授業研究会］年6回「授業研究」開催
［英語授業研究学会］年1回「全国大会」・年2回「支部大会」・毎月「支部例会」・年1回「英語授業セミナー」開催，年1回『紀要』・年4回『会報』発行
［英語発音・表記学会］年1回「年次大会」開催，毎月「月例発音資格講座」参画，隔年『英語の発音と表記（EPTA Biennial Papers）』発行
［音読指導研究会］年1回「研究会」・年数回「例会」開催，年1回 RARA Journal 発行
［外国語教育学会］年1回「研究報告大会」・「講演会とシンポジウム」開催，年1回『ニューズレター』・年1回『外国語教育研究』発行
［外国語教育メディア学会］年1回「全国研究大会」・各「支部研究大会」開催，支部研究活動，年1回 Language Education & Technology・年2～3回 Newsletter 発行
［グローバル英語教育研究会］年1回「研究会」・年数回「ワークショップ」開催
［国際教育研究所］毎月「月例研究会」・随時「座談会」開催，年1回『紀要』・年1回『ニュースレター』発行
［コミュニカティブ・ティーチング研究会］年1回「合宿研修」・年1回「授業公開」・毎月「月例会」開催，年1回『コミュニカティブ・ティーチング研究会紀要』・毎月『CT研究会月例会報告』発行
［財団法人語学教育研究所］年1回「研究大会」・年3回「（夏期・冬期・春期）講習会」・「特別講座」と「オープンセミナー」等開催，「パーマー賞」「市川賞」「外国語教育研究賞」表彰，研究グループによる研究活動，毎月『語研だより』・年1回『語研ジャーナル』・『語学教育研究所紀要』発行
［GDM英語教授法研究会］年1回「公開講演会」・「教育セミナー」・「講習会」開催，各地で「月例研究会」・「ワークショップ」実施，年1回『英語教授法通信』・毎月『会員用ニューズレター』発行

［社団法人大学英語教育学会］年1回「全国大会」・年1～2回各「支部大会」・「サマーセミナー」・「春季英語教育セミナー」開催，研究会や支部での研究活動，年4回『JACET通信』・年2回 JACET Bulletin・不定期に各『支部紀要』・不定期に各『支部ニューズレター』発行

［小学校英語教育学会］年1回「全国大会」・随時支部で「セミナー・ワークショップ」開催，年1回『小学校英語教育学会紀要』発行

［新英語教育研究会（新英研）］年1回「全国大会」・毎年3月「3月合宿研究会」・年1～2回「ブロックごとの研究集会」開催，日本民間教育研究団体連絡会および日本外国語教育改善協議会に参加，毎月『新英語教育』発行

［全国英語教育研究団体連合会（全英連）］年1回「全国大会」開催，「英語教師のための海外研修」・「全国高校生英作文コンテスト」と「全国高等学校スピーチコンテスト」実施，年1回『全英連会誌』・『大会紀要』・『全英連通信』・『英作文優秀作品集』・『全英連オーラル・コミュニケーション・テスト』発行

［全国高等専門学校英語教育学会］年1回「全国大会」・年1回「全国高等専門学校英語プレゼンテーションコンテスト」開催，年1回『研究論叢』発行

［全国語学教育学会］年1回「年次国際大会」開催，各支部の研究会活動・分野別研究グループ（SIG）での活動，毎月 The Language Teacher・年2回 JALT Journal 発行

［日英・英語教育学会］年1回「研究大会」・年2回「研究会」開催，年1回 JABAET Journal 発行

［日英言語文化学会］年1回「年次大会」・年6回「例会」開催，年6回 AJELC Newsletter 発行

［日本英語教育史学会］年1回「全国大会」・年9回「研究例会」開催，年1回『日本英語教育史研究』・毎月『日本英語教育史月報』発行

［日本言語テスト学会］年1回「全国研究大会」・年数回「言語テストに関する研究会」と「ワークショップ」開催，随時 JLTA Newsletter・年1回『研究紀要』発行

［日本児童英語教育学会］年1回「全国大会」・年1回「秋季研究大会」・年1～2回「各支部研究大会」・年2回「研修セミナー」開催，調査部会活動，年1回『日本児童英語教育学会研究紀要』・年2回 JASTEC News・随時『支部ニュース』発行

［日本第二言語習得学会］年1回「年次大会」・年1回「夏季セミナー」・年1回「秋季

研修会」開催，随時 J-SLA Newsletter・年1回 Second Language 発行

（2） 英語教育以外の英語関係団体

表6　英語教育以外の英語関係団体（50音順）

［日本「アジア英語」学会］年1回「全国大会」・関東支部と関西支部で毎月「月例研究会」開催，年2回 JAFAE Newsletter・年1回『アジア英語研究』発行
［日本ESP協会］年1～2回「セミナー」開催，年4回 ESP Newsletter 発行
［日本英学史学会］年1回「全国大会」・毎月「月例研究会」開催，年1回『英学史研究』発行
［日本英語学会］年1回「大会」・「国際フォーラム」・「ワークショップ」開催，年1回 English Linguistics 発行
［日本英語表現学会］年1回「全国大会」開催，年1回『英語表現研究』発行
［日本英文学会］年1回「全国大会」開催，年1回『英文学研究』（和文号・支部統合号・英文号を各1冊ずつ）発行
［日本言語政策学会］年1回「全国大会」開催，年1回『言語政策』発行
［日本実用英語学会］年1回「年次大会」・年2回「月例会」開催，年数回『日本実用英語学会時報』・年1回『日本実用英語学会論叢』発行
［言語文化教育学会］年1回「全国大会」・「定例シンポジウム・講演会」開催，年1回『言語文化教育研究』発行
［社団法人日本時事英語学会］年1回「年次大会」・支部で随時「研究例会」と「研究部会」開催，年3回 JACES NEWSLETTER・年1回『時事英語学研究』発行

（3） 英語以外の言語教育関係団体

表7　英語以外の言語教育関係団体（50音順）

［異文化間教育学会］年1回「大会」・「セミナー」・「研修会」開催，年2回『異文化間教育』発行

［財団法人日本エスペラント学会］年1回「大会」・年1回「エスペラント研修セミナー」・随時各地で「講習会」開催，毎月『エスペラント』発行
［社団法人日本語教育学会］年2回「大会」・毎月「研究集会」開催，年4回『日本語教育』発行
［全国大学国語教育学会］年1回「大会」・各地域各部会研究等開催，年1回『学会通信』発行
［日本国語教育学会］年1回「研究大会」開催，毎月『月刊国語教育研究』・年1回『国語科教育』発行
［日本独文学会ドイツ語教育部会］年1回「研究大会」開催，年1回『ドイツ語教育』発行
［日本フランス語教育学会］年1回「大会」・毎月「研究集会」開催，年2回 *Bulletin de la Société Japonaise de Didactique du Français*，年1回 *Revue japonaise de didactique du français* 発行

おわりに

　21世紀を迎えてグローバル化が進み，英語はもちろんその他の言語を使いこなすことができる人材を育成することを否定する人はいないであろう。しかし，このためには，国はもちろん，各学会がその総力を傾けて知恵を出し合い，国際的に通用する人材の育成のために取り組まなければならない。その1つに，文部科学省，民間関連諸団体，企業，学校が組織的に連動する必要がある。まずは，日本でいまだ成立していない「日本応用言語学会」の設立が急がれる。各言語教育諸団体を応用言語学の名の下に団結することがそのスタートとなる。「国際基準に適応する言語コミュニケーション能力の養成」という共通テーマを各組織が，時には切磋琢磨しながら，時には協働しながら実行に移していく必要がある。

第4章

言語政策と大学英語教育

はじめに

　世界と日本の言語政策の動向を概観し，大学英語教育の目標と教員像を描いてみたい。
　21世紀は「英語の世紀」である。英語が世界で通用する共通語，普遍語（universal language）となったことは何を意味するのであろうか。
　水村（2008）は，次のように述べている。

　　それ（英語の世紀）は，＜国語＞というものが出現する以前，地球のあちこちを覆っていた，＜普遍語／現地語＞という言語の二重構造が，ふたたび蘇ってきたのを意味する。(p. 239)（中略）英語が＜普遍語＞になったことによって，英語以外の＜国語＞は「文学（注：即ち，学問のことば）の終わり」を迎える可能性がほんとうにでてきたのである。すなわち，＜叡智を求める人＞が，＜国語＞で書かれた＜テキスト＞を真剣に読まなくなる可能性がでてきたのである。それは，＜国語＞そのものが，まさに＜現地語＞に成り果てる可能性がでてきたということにほかならない。(p. 255)

　日本語という国語（national language）が普遍性を持たない現地語（local language）に成り果てるということが，水村の著書『日本語が亡びるとき』の要点である。これは決して荒唐無稽のことではない。

1. 世界の言語政策

　総覧的に述べることはできないので，注目すべき対照的な政策の要点だけを取

り上げる。

1.1 シンガポールの言語政策 ── 1言語主義

　日本と事情は異なるが，シンガポールという都市国家の実験を検証してみよう。公式にはマレー語が国語で，北京語，タミル語，英語を加えた4か国語が「公用語」である。しかし，現在進行中の言語現象は「英語1言語使用者」の急増である。水村（2008: 281）はこのことについても卓越した見識を示している。

> 民族語は政府によって保護され，「公用語」の地位を与えられ，学ぶことが奨励されているにもかかわらず，例外的な教育を受けない限り，事実上は＜現地語＞でしかないのである。しかも，その傾向は高学歴の国民が増えるにつれさらに進み，今や，英語を家でも話し，英語を＜母語＞とする人が増えつつある。（中略）＜学問＞を志す人はもちろん，＜文学＞を志す人も，英語という＜普遍語＞で読み書きする。（中略）言葉を＜書き言葉＞を中心に見れば，シンガポール人は英語人である。

　同様の主張がシンガポール人の学者からも出ている。Chew (2007: 357-366) は，シンガポールの言語政策を三期に分けて論じている。第一期（1965-1968）では4公用語の使用を重視した多言語主義（multilingualism）政策がとられ，民族間の融和を図った。第二期（1969-1998）では，英語の世界語としての地位が強調され，第一言語として英語を学習し，その他の公用語を第二言語とする2言語主義（bilingualism）政策がとられた。第二言語は北京語が支配的となった。第三期（1999-）では，言語は重要な経済資源とされ，英語だけを学習するだけでよいという1言語主義（monolingualism）政策に転換した。高等教育機関への入学許可に第二言語は不要となった。シンガポールは「英語の国」となり，英語以外の公用語は＜現地語＞となってしまったのである。しかも，学習対象の英語はシンガポール英語（Singlish）ではなく標準英語である。シンガポールの教育省は，「標準英語の使用を推奨する委員会」を設置し，陣頭指揮にあたっている。

1.2 ヨーロッパの言語政策 ── 複言語主義

　ここで，シンガポールと対照的なヨーロッパの言語政策を概観したい。

（1） 欧州連合の理念

大谷（2007: 251-269）は，欧州連合（European Union: EU）の誕生以後を「戦争修復」の時代として捉えている。EUは，「世界大戦そのものの厳しい反省のなかから生まれた戦争再発防止のための機構である」（p. 252）。このことは，独仏連合の指導力によるところが大きい。特にドイツは，常に積極的に欧州統合を推進した。「コール首相は，（中略）特に統一ドイツの大国化を恐れる仏との緊密な協力による欧州統合のさらなる進展を最重要課題として位置づけた」（高橋, 2009: 2）。コール首相（当時）は次のように述べている（前掲資料）。

> 「欧州統合は，21世紀における戦争か平和かとの問題であるとの私の持論をここでもう一度強調しておきたい。私は，今後自分の政治生命をかけて欧州統合がもはや後戻りできない段階に進めるべく努める」（1995年10月のキリスト教民主同盟大会での演説）

（2） 複言語主義

上記のような背景から，次のような言語政策がとられている。

> 「リングア計画」は，そのヨーロッパの「多様の中の統合」を実現するための，いわば必要不可欠の言語政策として，1989年，当時のEC加盟国全12か国によって満場一致で可決された。統合ヨーロッパのすべての市民が，（中略）ハイスクール卒業までに，少なくとも全加盟国の公用語のうち，母語以外にさらに2言語の運用能力を身につけようとするものである。（大谷, ibid.: 255）

上掲の理念は複言語主義（plurilingualism）と命名されている。それを基盤とした言語政策を推進しているのはヨーロッパ評議会（Council of Europe: COE）の現代語部門（Modern Languages Division）である。

> 複言語主義は多言語主義と異なる。後者は複数の言語の知識であり，あるいは特定の社会の中で異種の言語が共存していることである。（中略）複言語主義がそれ以上に強調しているのは，次のような事実である。つまり個々人の言語体験は，その文化的背景の中で広がる。家庭内の言語から，社会全般での言語，それから他の民族の言語へと広がっていくのである。しかしその際，その言語や文化を完全に切り離し，心の中の別の部屋にしまっておくわけではない。むしろそこでは新しいコミュニケーション能力が作り上げられ

るのであるが，その成立にはすべての言語知識と経験が寄与するし，そこでは言語同士が相互の関係を築き，また相互に作用し合っているのである。（中略）この観点を採るならば，言語教育の目的は根本的に変更されることになる。もはや従前のように，単に一つか二つの言語（三つでももちろんかまわないが）を学習し，それらを相互に無関係のままにして，究極目標としては「理想的母語話者」を考えるといったようなことはなくなる。新しい目的は，すべての言語能力がその中で何らかの役割を果たすことができるような言語空間を作り出すということである（吉島・大橋，2004: 4-5）。

この目的は，複言語／複文化能力 (plurilingual and pluricultural competence) を身につけるということである。

複言語／複文化能力とは，コミュニケーションのために複数の言語を用いて異文化間の交流に参加できる能力のことを言い，一人一人が社会的存在として複数の言語に，すべて同じようにとは言わないまでも，習熟し，複数の文化での経験を有する状態のことを言う。（吉島・大橋，ibid.: 182）

(3) ヨーロッパ共通参照枠とヨーロッパ言語ポートフォリオ

上記の理念から生まれた言語習得の達成目標と評価基準を定めたものが「言語の学習，教授，評価のためのヨーロッパ共通参照枠」(Common European Framework of Reference for Languages: Learning, teaching, assessment＝CEFR) である。この共通枠を基盤にして，使いやすい包括的な教育手段として開発されたのがヨーロッパ言語ポートフォリオ (European Language Portfolio: ELP) である。

ELPに関する中間報告 (Schrer, 2007) によると，ELPの採用は国家および地方段階での教育実践に肯定的変化を生じさせ，よりコミュニケーション活動中心のカリキュラムへ変更するための触媒となっている。しかし，ELPモデルの効果的な実践へ向けての難題もいくつか指摘している。

・多くの教師や両親は，ELPの学習者に責任を転嫁する学習者中心のアプローチに不安を抱いている。
・ELPは，多くの教育環境において，実行可能な評価方法だと認識されていない。理由は，伝統的シラバスや評価方法が"can-do"アプローチと整合性がとれていないからである。

・ELP の広範な実践を支持する具体的，統計的資料が存在しない。

（4）崇高な理念と現実

現在のヨーロッパの言語政策の理念は崇高であるが，現実はどうなのだろうか。教育現場での奮闘は続行されているが，複言語能力はどの程度達成されているのであろうか。複言語といっても，ヨーロッパでも英語が事実上の共通語（de facto Lingua Franca）となっているため，学校教育でもほとんどの国で英語が履修されている。したがって，複言語といっても，現実には母語と英語ともう1つの言語を学習しているのが実態である。また，英語の学習だけを取り上げても，多くの困難が待ち構えている。水村（2008: 275-276）は，次のような観察をしている。

> スカンジナビア人やオランダ人やドイツ人は，義務教育で英語を学ぶだけで，道を訊かれたら答えられるぐらいにはなる。かれらの言葉は西洋語のなかでもことに英語とよく似ているからである。真剣に勉強をすれば，瞬く間に上達する。（中略）だが，同じヨーロッパ人といっても，フランス語やイタリア語やスペイン語など，ロマンス語系の言葉を＜母語＞とする人は別である。西洋語の常として，ギリシャ語とラテン語の抽象概念が共通しているおかげで，英語を読むのはさほど困難ではないが，話せるようになるのは，困難である。スラブ系の言葉を＜母語＞とする人にとってもやはり困難である。同じヨーロッパ人だからといって，そこそこのバイリンガルになるのは困難なのである。

上記のことはいろいろな事例からも同じような観察が導き出される。たとえば 2008年の10月に，ヨーロッパ評議会の現代語部門の下部組織であるヨーロッパ現代語センターで開催されたワークショップでも言及されている。25か国以上の代表が参集したこの会議の使用言語（working languages）は英語とフランス語であった。その意味するところは，英語かフランス語のどちらかで議論が可能ならば出席可能ということであることが判明した。英語とフランス語の同時通訳が行われたのである。各国を代表してきた言語教師の大半が知的な議論では，英語かフランス語のどちらかに限定されていたのである。

2. 日本の言語政策

明治の開国以来,一時期を除いて,日本の公的高等教育機関ではゆるい形で複言語主義をとってきたと言えるだろう。ただし,大学設置基準の大綱化以来,英語の学習はそれなりに確保されているが,もう1つの言語の学習がおろそかにされている。

2.1 英語教育政策

ここでは,国家の言語政策として,英語教育をどうしたらよいかに焦点をしぼる。水村（2008: 267）は次のように提案している。

> 英語の世紀に入ったということは,国益という観点から見れば,すべての非英語圏の国家が,優れて英語ができる人材を,十分な数,育てなくてはならなくなったことを意味する。そして,その目的を達成するにおいて,原理的に考えれば,3つの方針がある。（中略）
> Ⅰは,＜国語＞を英語にしてしまうこと。
> Ⅱは,国民の全員がバイリンガルになるのを目指すこと。
> Ⅲは,国民の一部がバイリンガルになるのを目指すこと。

シンガポールは,英語を公用語として使用しているうちに,英語が第一言語（国語）になってしまった例である。日本では,当分の間,そのようなことは起こらないであろう。Ⅱの方針が「英語第二公用語論」という形で議論されたことがある。1999年に小渕内閣が「21世紀日本の構想」懇談会を設けた際に提案された。

主唱者である船橋（2000: 12）は,「日本は公用語法という法律を制定し,日本語を公用語に,英語を第二公用語にするべきである」と主張する。その理由は以下の通りである。

> 21世紀の日本は多くの民族が定住するようになり,多くの言語が家や共同体で話されることになるだろう。その場合,理念として多言語主義に依拠しつつ,日本語を公用語とすることをあらかじめ明記しておく。（中略）公用語を定める法律では,英語を第二公用語とする。政府が,英語を日本社会において「外国語」ではなく「第二言語」の地位に高め,社会生活一般で広く使

われる言語として認知する。(船橋, ibid.: 203-204)

船橋はこのような「公用語法」を設定すると同時に，バイリンガル人口の目標を設定すべきだとしている。「日本の日本語，英語のバイリンガル人口を30年後に，全体の30％，中央政府職員では50％とする目標を設定する。」(船橋: 220)

船橋の議論は，限りなくⅡの立場に近づきたいということであろう。水村(2008)は，この立場に反対である。

> 「英語公用語論」には反対である。なぜなら，それが究極的には，「国民総バイリンガル社会」を目指すものだからにほかならない。(p. 274)（中略）「英語公用語論」は，「英語も，日本語も」—「あれも，これも」という欲張った論なのである。」(p. 279)

結論的には，水村はⅢの立場をとる。

2.2 バイリンガル教育

ここで，異なった視点から，「バイリンガル」を考察してみたい。ジョン・C・マーハ／八代京子 (1991) によれば，「バイリンガルを，第二言語で完結した意味のある発話ができるという段階から，2つの言語を母語のように流暢に使える段階まで幅のある現象として捉えれば，バイリンガリズムは特殊なものでも，少数の人々に限られたものでもない。」(p. 7)したがって，「バイリンガリズムとはプロセスであるから，(中略)出発点から到達点に近いあらゆるレベルのバイリンガルが存在して当然である。」(p. 9)結論として，「バイリンガル教育はバイリンガルを育成するプロセスに貢献する教育であって，どんなに不完全であってもバイリンガル度を高めるためになされる。この定義からすると外国語教育は明らかにバイリンガル教育に含まれる。」(p. 10)

上記のような視点を導入すると，日本の英語教育もバイリンガル教育になり得るし，その方が教育者と学習者にとり，より有益であろう。

2.3 英語教育の目的

程度の差こそあれ，どの国家も多言語社会であるが，＜普遍語＞としての英語にどのように日本は国家として臨まなければならないのだろうか。

大学英語教育学会 (2003: 85) の調査によると，英語教育の目的は「情報リテラシーと併せて，グローバルな知識や情報を吸収し，収集し，発信し，討論する

ための基本的な英語力を養成する」が70.8%あり，1位であった。英語の公用語化には57.9%が反対で，「賛成」はわずか14.8%しかない。反対の理由は，「日本語・日本文化を大切にし，日本人のアイデンティティを重視すべきである」や「英語を必要とする人たちだけに学ぶ機会を十分与えるのがよい」や「国語教育の方を重視すべきである」であった。水村（2008）の反対理由と近似している。

2.4 大学英語教育

大学の英語教育の目的は，基本的に特殊な目的のための英語（ESP）である。その中でも，前半は主に学問のための英語（EAP）に焦点をしぼるべきである。国際基督教大学（ICU）の英語教育プログラム（English Language Program: ELP）の目的を富山（2006: 10-12）は次のように解説している。

> ELPは英語そのものの運用能力の訓練という面と，英語という言語を通してリベラル・アーツに導かれるという面を同時に持ち合わせている。日英バイリンガル教育を謳い，リベラル・アーツ教育を謳うICUの根幹を担う重要な教育課程であることがおわかりいただけるだろう。（中略）ELPは特に「知の獲得技術」，（中略）と「自己表現能力」の育成が重点的になされる。さらにそのプロセスにおいて，「学問的探究心」や「自律性」などの学問へ向かう姿勢や「意」の部分も育んでいこうとするものである。（中略）こうした能力や姿勢，特性を包括的に表す表現として，今後は「基礎的学問能力」ということばを用いることにする。

富山（2006: 12-20）は，この基礎的学問能力の中身を以下の5点としている。1. 正確な理解能力　2. 批判的思考能力　3. 学問探求能力　4. 自己表現能力　5. 問題解決能力。このようなEAPをどの程度まで習得できるかは大きな課題ではあるが，その次の段階は各大学・各学部の必要度に応じて専門分野別の英語を学習するのが良いであろう。たとえば，商業英語，工業英語，医学英語などである。到達目標としては，各自の仕事で英語を使える能力の養成ということになるだろう。

2.5 大学英語教員像

上記のような目的を達成する使命を担っている大学英語教員といえども，基本的には中学校・高等学校の英語教員に求められる資質・能力と共通するところが大きい。JACET教育問題研究会（2005: 45-47）の中・高の教員に関する記述を

大学英語教員用に修正すれば，次のようになるであろう。
① 求められる主な英語力
　能力試験での一定レベル以上の英語力がある。状況に応じて教室で英語を効果的に使用することができる。
② 求められる英語授業力のポイント
　分かりやすい授業が展開できる。コミュニカティブ・アプローチや自己表現活動の指導技術を持っている。効果的な音読指導ができる。学生の興味・関心を引く話題や特技を持っている。英語の語学的知識がある。主な教授法・教授理論の知識がある。テストと評価の方法についての知識がある。日本語と英語の違いについての知識がある。
③ 国際理解教育に関する知識と教養
　異文化コミュニケーションの知識がある。国際情勢に関する知識と教養がある。国際語としての英語の役割を認識している。英語圏文化の背景的知識がある。

おわりに

　我が国の大学英語教育を論じるに当たり，英語の位置づけ，世界と日本の言語政策，これからの英語教育などに言及した。母語以外の言語習得は，たいへんな努力と時間がかかる。複数の言語を必要度に応じて，様々なレベルで習得していくことは個人にとっても国家にとっても不可欠な課題である。

第5章

大学英語教育の国際化

はじめに

　大学教育は本来的に社会の要請に応える使命を持っており，英語教育も例外ではない。地球規模の相互依存が進むグローバル化の時代にあって，国際共通語である英語は特技ではなく前提である。ただし，その英語はもはや英語圏の文化的伝統に基づいた母語話者英語ではなく，地球規模で使われている「国際語としての英語」(EIL: English as an International Language) である。我々が社会に送り出す卒業生が接触し，交渉する相手はほとんどがヨーロッパ，アジア，アフリカ，南アメリカなどの英語の非母語話者であり，社会が卒業生に期待するのも彼らとのコミュニケーションに使える英語運用力である。それは国連やダヴォス会議で飛び交うような様々なアクセントの英語，様々な文化を反映した表現や交渉術などを理解し，意見を述べ，議論し，十全な意思の疎通が図れる英語力，すなわち，異文化間コミュニケーション能力にほかならない。

　EIL の話者は母語話者英語への完全な同化を目指さない。目標はモノリンガルな母語話者英語ではなく，多様な言語・文化・風土の理解と表現の媒体としてのバイリンガルな英語だからである。彼らは自分の母語・母文化のアイデンティティを保持しながら，国際的理解度の高い英語を話し，同時に，非母語話者英語に偏見を持たず，国際的な場で臆せず，威張らず，誰に対しても対等に接する態度を身につけることを目指す。それはグローバル化の進行により迫りくる多民族・多文化共生時代への重要な準備となる。

　我が国の大学英語教育の国際化は様々な方法で進行中である。まず，理論と実践の融合とレベルの向上を目指し，大学教員は内外の英語教育関連学会を通して情報の交換や共同研究に励んでいる。次に，在外研究制度や客員教員制度を利用して海外に出かけ，あるいは海外から教員や研究者を招く。またインターネット

を通して頻繁に意見交換を行い，これらの交流を通して専門の研究を深め，同時に我が国の大学英語教育を開かれたものにし，内容および制度を国際レベルに引き上げる努力をしている。さらに，ICT (Information and Communication Technology) を利用した遠隔教育を海外の大学と共同で実施し，教員，学生ともに海外の大学英語教育に触れ，経験を共有し，相互の授業改善に寄与している。最後に，海外の提携校に学生を派遣し，受け入れ，彼らの体験を他の学生へ波及させることで全体的な英語教育の国際化とレベルの向上を図っている。

1. 大学英語教育の国際化

本節では，海外の関連学会との交流，大学教員の交流，合同遠隔授業，学生の交流の4つの面から大学英語教育の国際化を考える。

1.1 海外関連学会との交流

「大学英語教育学会」（JACET）は理論志向や実践志向の様々な海外の応用言語学および英語教育関連学会と長年交流を続けてきた。

まず，1964年創設の「国際応用言語学会」（AILA: Association Internationale de Linguistique Appliquée) であるが，これは理論志向の学会で五大陸にまたがる40余りの加盟学会の連合体である。8,000余名の会員を持ち，カバーする地域，活動，学際的研究領域で他の学会の及ばない規模を誇る。加盟学会代表で構成する「国際委員会」（IC: International Committee）および同委員会で互選された「理事会」（EB: Executive Board）が運営に当たっており，3年ごとに世界各地で「世界大会」（World Congress）を開催している。JACETは1984年のブリュッセル大会で加盟して以来世界大会には毎回100名を超える会員を送っており，研究発表やシンポジウムを通して研究者の輪が広がり，共同研究，共同発表へと発展している。1999年にはJACETが東京大会を共催した。またAILAは1980年以来 *Applied Linguistics* (Oxford University Press) という質の高い季刊誌を発行している。だが，「国際」を自称しながらもAILAは欧米中心の学会である。日本代表のJACETは毎年開催されるAILA国際委員会でアジアの声を反映させ，真の「国際」学会に育てていく手助けをしなければならない。

英語教育の改善を目的とする実践志向の英語教師向けの学会には，アメリカのTESOL (Teachers of English to Speakers of Other Languages) とイギリス

の IATEFL (International Association of Teachers of English as a Foreign Language) という大きな学会がある。両学会の年次大会には毎年JACET会員も多数参加し、交流を広げている。TESOLは非母語話者に英語を教える教員（小・中・高・大・成人教育）への啓蒙・実践的指導を目的として1964年にアメリカに創設された会員11,000名を超す世界最大の学会である。年次大会を開催し、*TESOL Quarterly*, *TESOL Journal* ほかを発行し、集中的英語教員指導ワークショップ（TESOL Academy）も主催している。一方、IATEFL は、TESOLと同じく英語教育の改善を目的に1967年にイギリスに設立された実践志向の学会であるが、会員3,500余名は100以上の国に散らばっており、「国際的な」学会である。同時に、80を超す世界中の英語教育関連学会と提携し、毎年国際大会を開催し、*IATEFL Voices* を発行している。JACETも加盟しており、双方の年次大会に代表を派遣し合っている。

新しい学会にAsia TEFL (The Asian Association of Teachers of English as a Foreign Language) がある。西はイスラエルから東は日本、北はロシアから南はインドネシアを含むアジア全域の英語教育の改善と異文化間理解を目的に2003年に設立された。急激に会員を増やし、2009年には10,000名を超えた。年次大会はアジア各国を回っており、2006年には福岡市で開催された。クアラルンプール大会ではMELTA (Malaysian English Language Teaching Association)、バリ大会ではTEFLIN (The Association of Teachers of English as a Foreign Language in Indonesia)、バンコク大会ではThai TESOLなどと大会開催国の主要な関連学会と共催している。日本の会員700余名はほとんどがJACET会員である。再度日本に大会が回ってくる時はJACETが共催者としてその優れた大会運営の知識と経験、組織力、マンパワーを生かすことが期待される。

JACETは上記のAILA, IATEFL, MELTAの他に、韓国のALAK (Applied Linguistics Association of Korea) とKATE (Korea Association of Teachers of English)、台湾のETA-ROC (English Teachers' Association-Republic of China)、シンガポールのSEAMEO RELC (Southeast Asian Ministers of Education Organization Regional Language Centre) と提携を結んでおり、年次大会への代表相互派遣、機関紙〔誌〕の交換、共同研究などを行っている。

1.2 教員の交流

我が国の大学は在外研究制度を持っている。担当コマ数が多く、教授会や委員

会など大学運営の仕事も多く，研究の時間が十分に取れない日本の大学教員にとってこの制度は教育や校務から解放され研究に専念できる貴重な期間である。だが，大学院のゼミの代講者が見つからなかったり，多忙な同僚に迷惑がかかることもあり利用しにくい。欧米の大学のように外部からファンドが得られれば（無給だが）いつでも自由にリーヴが取れるようになれば，国際的レベルの研究を維持し，発展させる助けになる。もちろん，在外研究が「外遊」にならないようにきちんと成果を報告させ，評価する制度も必要である。

1.3 海外の大学との合同遠隔授業

ハイテクの時代に生きていることのメリットは，英語の授業にICT技術を利用できることである。そのおかげで私たちは英語の授業を時間的・空間的束縛から解放し，教室外に延長し，学習時間を大幅に増やすことができる。また，多人数一斉授業の欠陥を補って，学習者個人のニーズ，レベル，進度，動機に対応する個別プログラムを組むことができる。さらに，ICT技術は世界中の人々とのコミュニケーションを可能にする。海外の学生とヴィデオ・スクリーンを通して対峙し，次に相手がどういう反応をするか予測できない「本当の」コミュニケーションが体験できる。そのインパクトは大きい。

JACETには，勤務先の大学で，または複数の大学と共同で海外の大学との合同遠隔授業を実施している会員が多い。JACETのICT特別委員会の『2008年度ICT授業実践報告書』(2009a) にもあるように，合同遠隔授業のパートナーは最初は韓国や中国など日本と同じ「外国語として」英語を学んでいる地域から選ぶのが良い。なぜなら，日本の大学生は相手が母語話者だったり，英語に堪能な場合，議論についていけず委縮してしまうからである。

ヴィデオ会議やチャットなどの実践例で韓国の大学生との交流がうまくいくのは，同じような文法ミスを犯し，ことばに詰まったり，とレベルが似ているからである。それでも盛んに話そうとする韓国側の積極性と意欲に刺激され，日本側も2週目，3週目とだんだんと発言するようになる。とはいえ日本の学生は不慣れなので事前の準備が必要になる。双方で興味のあるトピックを選ばせ，それについて短いスピーチを用意させ，授業の1週間前に双方にその原稿をメールで送り，あらかじめ読ませてからスピーチをさせる，などの工夫が必要である。ディスカッション・トピックへの意識を高めておくと，その後の議論が活発に進むであろう。

だが，母語ではないが日常的に英語を使っている「第二言語としての英語」地

域のフィリピンの大学生との交流はうまくいかないこともある。日本人学生はフィリピン英語に不慣れで聞きとれず，また運用力レベルが違いすぎるからである。さらにアメリカの大学生との交流もやはりむずかしい。歴然としたレベルの差に加え，母語話者コンプレックスが災いしてヴィデオ・スクリーンの前で固まってしまうからである。

　自信を持たせるために十分準備をさせ，英語でやりとりする頻度を増やし，異文化間コミュニケーションに「慣れ」させ，同時に英語で実際に意見交換をした，議論ができたという「達成感」を味わわせる。それが自信になり，積極性を生み，モティベーションを高め，さらなる意欲につながる。なにか言わないと話題が次に移ってしまうという時間的制約もあり，日本人学生はしばし完璧主義，自分の英語への過剰な自意識，恥ずかしさなどを忘れて集中する。ICT技術のおかげである。今後の課題は，英語運用力をさらに高めることはもちろんだが，相手の反応が予測できない実際のやりとりの場で，いかにコミュニケーションをつないでいくかというインタラクティヴ・スキル（interactive skill）を磨いていくことであろう。もっとも，これは英語という言語だけの問題ではない。

1.4　学生の交流

　今日欧米やアジアの大学への留学および海外留学生受け入れのプログラムを持つ大学は多い。1年間留学すると，学生は大学はサークル活動，アルバイト，就職活動に明け暮れるところではなく「勉強するところ」だと気づいて帰ってくる。海外の大学には，ほとんど授業に出なくても単位を出す無責任教授もいないし，授業に出ているだけで「出席点」なる奇妙なものを出す変人教授もいない。必死で頑張らないと単位が取れない。また，議論中心の少人数授業で鍛えられ，自分の意見を持ち，それを表明し，サポートし，批判に反論できるようになる。こうして，「偽大学生」から本当の「大学生」に成長する場合が多い。

　また，外国からの留学生との交流を通して自分，日本社会，日本文化などを再認識すると同時に，与題について自分の意見を持ち，理論的にサポートできないとバカにされることから，やはり大学は競い合いながら「学ぶところ」だと気づかされるようである。グローバル化に伴い，我々の社会自体が多民族化・多文化化し，非地域化している現在，我々は異なる意見や考え方を認知し，受容する（これは無批判な相手への同化を意味しない）術を学び，異民族・異文化との共生に備えなければならない。この意味で，将来を担う若者が国の内外で海外の学生と交流し，国際化したキャンパスで学ぶことのメリットは大きい。

2. 国際語としての英語

　外国語を学ぶ時，私たちは母語話者を目標にし，彼らのように話し，聞き，書き，読めるようになりたいと思う。かくして私たちは「イギリス人やアメリカ人のことば」を学んできた。コミュニケーションの相手は英語母語話者であって，目標は native-like とか near-native という疑似母語話者運用力であった。

　だが，現在英語はイギリス人やアメリカ人だけが話すことばではない。世界人口の25％，つまり4人に1人が話す国際語である（Crystal, 2003: 61）。しかも，英語によるコミュニケーションの80％は非英語母語話者同士によるものである（Jenkins, 2007: 28）。私たちが英語でコミュニケーションする相手は圧倒的に非英語母語話者なのであり，社会が大学卒業生に期待しているのも EIL 運用力である。イギリス人やアメリカ人とは通じ合えるが，ドイツ人やブラジル人やマレーシア人とは通じ合えない英語では困るのである。

2.1　英語の時間的・空間的変化

　英語は新大陸への移住，植民地統治，産業革命，超経済大国アメリカの出現などの要因で，400年ほどの間に世界でもっともよく使われる国際語になった（Yano, 2007: 28-30）。ドイツ人とイタリア人が英語で話す場合，その英語はドイツ人やイタリア人のものの見方や価値観などの文化的伝統を反映したものに変わっていく。東南アジア諸国連合の公用語は英語であるが，言語的，文化的に欧米よりもさらに英語社会から離れた東南アジアの人々が話す英語には，英米人には理解しにくい表現や使い方が含まれている。英語はすでに英米の母語話者だけのことばではない。このように多様な文化的伝統を背景にしたアメリカ英語やインド英語などの「種」（variety）の集合体が EIL であるが，それは単一の「国際英語」という規範が存在するという意味ではない。

2.2　英語の国際語化

　私たちは，この多様な英語を通して世界の人々と接し，欧米のキリスト教文化，中東・北アフリカのイスラム文化，アジアの多様な文化を持つ様々な人々の信条，世界観，価値観，態度，イデオロギーに触れる。また，日本の文化，社会，伝統を彼らに発信する。EIL は文化の多様性と相対性を認知し，受容する手段である。この意味で大谷（2007）がバベルの塔の故事に触れ，「多様な言語の

誕生は，不幸や混乱の根源とみるよりも，むしろ画一・単調でない，多様で豊かな人類文化をこの地球上に創造するための恩寵あふれる神の摂理」(p. 189) と述べているのは興味深い。まさに，英語圏の民族語である英語が移動先でその土地々々の母語，母文化，伝統などの影響下に，ニーズに応じて地域化し，制度化され，独自の英語種に発展していったのを想起させるからである。「英語」という共通分母は共有しながら，「インド英語」は「インド」という分子で，「ナイジェリア英語」は「ナイジェリア」という分子で独自性を持っている。

　これらの英語種の話者が他の英語種の話者と，互いを理解しようとする「受容の技術」(accommodation skills) を駆使してインタラクションを行う。相互の独自性への認識と受容を深め，国際的理解度を高めていく。彼らの英語が EIL である。彼らはモノリンガルな英語母語話者とは違い，母語と英語のバイリンガルであり，言語・文化の多様性と相対性を内在化している。インドのラジャ・ラオ (Raja Rao) をはじめとするアジアやアフリカの思想家や作家の英語を見聞きすれば，英語がそれぞれの移動先で地域の文化，伝統，風土を取り込んで地域化され，独自の発展を遂げたことが分かる (Kachru, 2005: 137-162)。

　続いて大谷は，我が国の外国語教育の英語一辺倒ぶりを糾弾し，「国際語としての英語」教育という一枚看板を下ろすべきだと主張している (p. 193)。世界中に見られる英語種の誕生と発展を「多様な言語の誕生」に匹敵する現象だと見ず，「画一・単調」な言語と見ているのは残念ながら英語を英米の民族語とする旧来の見方から脱しえず，EIL の現状を見ていないと言わざるを得ない。

2.3　英語の非母語話者共通語化

　近年，ヨーロッパの学会で脚光をあびているのが「共通語としての英語」(ELF: English as a Lingua Franca) という考え方である。母語を異にする人々の間で使われる英語を対象としており，母語話者の英語は排除はしないが原則としてデータ収集の対象にしない。2008年3月には「第1回 ELF 国際大会」(ELF Forum: The First International Conference of English as a Lingua Franca) がヘルシンキ大学で開催され，第2回大会は2009年4月にサウサンプトン大学で開催された。今後毎年大会が開催される予定である。

　特筆すべきはサイデルホッファーのもとで進められた VOICE (Vienna-Oxford International Corpus of English) である。これは，様々な母語を持ち，様々な職種，教育程度の話者がフォーマル，インフォーマルな場で用いた英語が100万語以上収集された「非母語話者の」英語コーパスである。2009年6月に世

界の研究者に向け無料でオンライン公開された。今後は，th の発音を [s] [z] などに置き換えたり，付加疑問の付加を isn't it に統一するなど Yano (2001) で予測したような他言語との共通化や語法の規則化などが進められるであろう。

2.4 日本人の「母語話者症候群」

　日本人の母語話者英語信仰は根強く，英米の母語話者英語のみが「ほんもの」の英語だという思い込みが強い。しかし，ドイツのメルケル (Angela Merkel) 首相や緒方貞子らと同レベルの高度な英語を駆使できる母語話者がはたして何人いるだろうか。「外国人として，人様(母語話者)のことばを学ぶ」というメンタリティを脱し，「国際語」として英語を学び，使うという認識に立つべきではないだろうか。それを妨げているのが，母語話者英語のみが正当だとする「母語話者症候群」('native speaker' syndrome) である (Kachru, 2005: 90)。

　鈴木 (2001: 56) はこれを西洋列強に侵略も征服もされなかったことによる「蜃気楼効果」だと解説し，大谷 (2007: 115-19) は日本人の親欧米・嫌欧米が20年周期で繰り返されていると観察する。しかし，この現象は「脱亜入欧」論の後遺症，すなわち，明治の文明開化時に日本人が欧米の先進文明に抱いた憧憬と劣等感の表れだとは言えないだろうか。120年あまり経った今日でも広告には白人のモデル，アニメでは日本人の登場人物がなぜか金髪，青い目だったりする。また，クリスチャンでもない日本人カップルが欧米の教会や国内の専用疑似教会で結婚式を挙げる (矢野，2008: 259-60)。この欧米人に対する憧憬と劣等感が日本人に彼らに対して英語を使うのをためらわせる原因ではないか。相手が同じ非母語話者である韓国人や中国人に対する時とは異なる反応を示すのである。

　英語教育のプロ集団の中にもネイティヴ・チェックを当然視する者もいる。彼らは母語話者に見てもらわなければ公にできないような不完全な英語を教えて英語教育の専門家を自称しているのだろうか。そうではない。彼らの英語は語彙の豊富さ，顕在的文法知識，スタイルの多様さにおいて教養ある母語話者に並ぶレベルにある。ではなぜか。母語話者症候群である。高度の英語を駆使するには母語話者でも後天的に勉強しなければならないことを想起すべきである。

おわりに

　グローバル化が進み，我々の活動が国境を越えるにつれ，国際共通語としての

英語はますます重要になり、その使用は、たとえば、欧州連合内や東南アジア諸国連合内での共通化・標準化が進み、ヨーロッパ英語、アジア英語などの広域地域英語へ収斂しつつある（Yano, 2001）。英語話者の母語話者と非母語話者の区別がいずれ個人の運用力に取って代わられるかもしれない（Yano, 2009b）。

そのような時代の到来に備え、大学英語教育のますますの国際化は急務である。教員・学生の海外との交流を増やし、さまざまな文化を反映した英語種の話者との異文化間コミュニケーションを通して、日本人英語学習者に根強い母語話者英語志向を EIL 志向へと発想の転換を図らなければならない。

私たちが社会に送り出す卒業生が接触し、交渉する相手はほとんどが様々な文化的背景を担った非母語話者である。したがって、大学の英語教育ではやがて学生が従事するであろう職業に特化した「目的別英語」（ESP: English for specific purposes）を加味するのはもちろんのこと、接する相手が背景に持つ発想、物の見方、価値観などを考慮した「文化別英語」（ESC: English for specific cultures）を加味することが望ましい（Yano, 2009b）。たとえば、意味的透明性の高い It's not fair. は普遍性を持っているが、It's not cricket. はイギリスや旧植民地限定であり、I'm nervous. は普遍的であるが、I have butterflies in my stomach. は英米限定、I have a mouse in my chest. は東南アジア限定の ESC 表現である。言語的・文化的にかけ離れた英語と日本語とで、「経験／experience」に「苦い、甘い／bitter, sweet」を用いたり、「知識、眠り／knowledge, sleep」に「深い、浅い／deep, shallow」を使うなど、同じ概念化が使われているものも多い。大学レベルでの英語教育では、そのような普遍的表現と ESC を階層化し、意識的に教える必要がある。

オンライン文化の時代にあって、英語学習は時間・空間の制約から解放され、学習の個別化も可能になった。世界中の人々とコンタクトする頻度も格段に増えた。だが、24時間日本語の世界にいて、すべて日本語で事足りる学生にどうやって英語を学ぶ必要性を与え、その必要性を意識させ、学ぶ動機を高めるか。これが大学英語教員に課された今後の課題であろう。言語は座して学ぶ教科ではない。使って学ぶコミュニケーションの手段である。大学英語教育を国際化し、種々の英語とのコンタクト・アワーを増やし、英語を何かに使う喜びを学生に与える努力をしなければならない。動機さえ高まれば学生は自ら学び、それが喜びとなる。ちょうど4歳児が喜々としてあらゆる車の年式を覚えるように。

第6章

大学英語教育の情報化と課題

はじめに

　21世紀は情報ネットワークによるグローバル・コミュニケーションの時代である。そこに招来する社会はユビキタス（いつでもどこでもアクセス可能な）情報社会と言われる。そこでの教育は，いつでも，どこからでも可能な教育・学習環境であり，多種多様な教育連携が，自発的に，創発的に，時と場所を問わず，生まれていく。21世紀の教育がそれ以前の教育と質的に異なる飛躍を遂げるとすれば，この開放された「学びの場」こそが最大の変革であろう。この変革を可能にしているのが情報ネットワークの共通言語「英語」である。

1.　外国語教育と教育の情報化

1.1　情報環境整備と初等・中等教育

　大学英語教育は21世紀における高等教育において重要な位置を占める。それは社会，すなわち，ステークホルダー（広い意味での利害関係者）からの強い要請があるからに他ならない。大学の主たる機能と責任の1つは学生を職業人として社会に送り出すことにある。彼らが生きていく世界は今後どのようになっているのであろうか。情報ネットワークの高速・大容量化に対応したユビキタスな職業環境の中にあっては，大学生たちが身につけているべき職業人としての資質は，単に英語力というだけではない。英語のコミュニケーション能力に，新しい「情報力」を加えた能力が必須である。社会に対する大学の責任は，エンドプロダクトとしての「学士力」（中央教育審議会・大学分科会2007年度答申）を高めることにあり，新しい英語能力はその中枢にある。「学士力」の主要な項目である

「技能」の中に，コミュニケーション能力とともに，情報活用力があげられている。それと同時に，大学の質の保証を示す「大学力」（有本・北垣，2006）が問われているが，この大学力には，当然ながら効率化と国際化という要素が欠かせない。

最大の問題は，学生が置かれているグローバルな社会環境が我々英語教師が生きてきた環境とはまったく異なっている点である。生まれながらにして情報機器に囲まれ，遊びの中にも，教育の中にも，それらが氾濫している状況は，我々の想像を超えるものであろう。教育においては，読み書きの能力（リテラシー）の中に情報リテラシーが含まれ，1990年代中頃からのインターネットの爆発的拡大に伴い，初等・中等教育の情報化は国の施策として重点化されている。1994年の「100校プロジェクト」（全国の初等・中等学校のコンピュータ整備）に始まって，1999年の「情報化による教育立国プロジェクト（校内LAN整備）」と続き，2001年～2002年の「e-Japan重点計画」（高度情報通信ネットワーク社会の形成に関する重点計画）では全教室へのインターネット接続が計画された。

大学教育への大きなインパクトは，高等学校における教科「情報」の必修化（2003年）である。2006年以降に高等教育に入学する学生たちの「eスキル」の能力を大幅に増大させた。そのような入学者の持つ学力のレベルや学習意欲が，高等教育の教育環境そのものを変化させる原動力となることは言を俟たない。

1.2 情報環境整備と高等教育

高等教育においては，このような教育の情報化が教室環境にとどまらず，高度情報通信ネットワーク社会形成へ直接つながる内容となっている。上述の「e-Japan重点計画」では，ITを活用した遠隔教育の推進が行われた。2005年度までに，ITを活用した遠隔教育を実施する大学学部・研究科を2001年度の約3倍とすることを目指した環境整備が行われた。また，インターネット大学・大学院の設置基準の改正が行われ，インターネットのみを利用して授業を行う大学・大学院が登場した。その後の2006年～2008年にかけての重点計画では，大学などにおけるインターネットなどを用いた遠隔教育の推進（文部科学省）において，「現代的教育ニーズ取組支援プログラム」の公募テーマの1つとして，インターネットなどを用いた遠隔教育に関するテーマを設け，大学等の優れた取り組みを推進してきた。この段階で，IT（情報技術）からICT（Information and Communication Technology: 情報通信技術）へと進展している。2009年の重点計画「デジタル新時代に向けた新たな戦略――三か年緊急プラン」では，デジタル教育の推進とデジタル活用人材の育成・活用が喫緊の課題となっている。

急速な勢いで，国境や文化圏を越えた遠隔教育や教育デジタルコンテンツの流通が実現されている。しかし，同時に，大きな問題も出現した。ICTの進展により，遠隔教育は未曾有の規模とスピードを獲得したが，その急速な拡大に見合うほどの「創造性を育む学習エコロジー」を創生するには至っていないという現実である。国際的な学習コミュニティという形で実現するには，多様な文化・言語に基づく適応性や障壁の問題を解決しなければならない。この問題解決こそが現代の高等教育に課された使命と言っても過言ではない。大学英語教育は，共通言語「英語」を基軸に，高度な理解レベルでの教育展開を図り得る段階にあり，21世紀の多文化・多言語社会の共生の道を切り拓く重要な役目を担っている。

2. 英語教授法と情報技能

2.1 外国語教育へのメディア教育導入

英語教育におけるコミュニケーション能力の構成要素は「読む・書く・聞く・話す」という4技能である。だが，現代の情報社会では，コンピュータリテラシー（キーボード操作，基本的なパソコン操作，文書作成，表計算，プレゼンテーション技能，通信スキルなどの基礎的な能力）を加えなければならない。インターネットの共通言語「英語」の教育においては，情報リテラシー（情報の収集，取捨選択，評価を行う能力）もまた重要な語学力の要素である。指導要領（1998年，2008年改定）の「各科目にわたる指導計画の作成と内容の取扱い」において，配慮すべき事項として，「視聴覚教材やLL，コンピュータ，情報通信ネットワークなどを指導に生かしたりすること」が掲げられている。

コンピュータをつないだネットワークは，地方，国，地域といった物理的距離に関係なく，分散している環境の人々をつなぎ，人間ネットワークを構築する。ここには多種多様な情報メディアが大容量で流れており，社会生活の隅々にまで及んでいる。高速・大容量の通信ネットワークによって，電子メール，電子掲示板，電子会議，チャットなどのインターネットサービス，Web, CGI (Common Gateway Interface), Java（プログラミング言語の1つ）などの相互作用型のWeb技術，さらには，遠隔テレビ会議システムやビデオ・オン・デマンドなどの応用技術が生まれ，共通言語「英語」における教育利用は拡大の一途をたどっている。

このような情報ネットワークの拡大と技術革新は教育のあり方にも大きな変革

をもたらした。物理的距離を超える力は教育のボーダレス化，すなわち，遠隔化や国際化という新局面をもたらした。高度情報ネットワーク利用の新しい教育形態が生まれ，コンピュータやマルチメディアなどの情報メディアを含む授業設計や教育メディア環境の設計が新しい領域として必要となってきた。コンピュータによる授業設計や評価，マルチメディアの教材作成，コンピュータ支援による協調学習や遠隔教育システムの設計，人工知能を取り入れた教育システムの開発など，メディアと学習プロセスの双方を含む教授法が不可欠の時代を迎えている。

　CALL (Computer Assisted Language Learning) とは一般的にコンピュータ利用による語学教育を意味しているが，日本では，コンピュータ利用の語学演習室と同義に用いられている。1960年頃から普及したLL教室が，1990年代後半からのLL装置のコンピュータ化により，CALL教室に転換してきた歴史（吉田他，2008）に端を発している。その結果，現在では，視聴覚機器の備わった普通教室，LL教室，CALL教室，情報演習室の4種類が存在している。

2.2　CALLと授業機能の進展

　視聴覚機器利用やLL教室からCALL教室に変化することで，具体的に機能はどのように変化するのであろうか。CALLの機能を付け加えるならば，教室

表1　LL / CALL機能　　　（西堀，2007：93）

教室の種類	機　能
普通教室 （＋視聴覚機器）	①テープレコーダによる音声教育　②TVやビデオ利用の映像 ③OHPなどの画像
LL教室	①LL機能（個別練習録音）　②AV機能（視聴覚・映像） ③出席管理・レスポンスアナライザーなども可能
CALL教室	①LL機能（個別練習録音）　②AV機能（視聴覚・映像） ③CAI機能（学習の制御，オンデマンド学習，成績管理） ④サーバ機能（出席／成績一元管理，教材の作成・集積・配信） ⑤ネットワーク機能 　（a）　教室内LAN (Local Area Network)　（b）　学内LAN 　（c）　インターネット利用（電子メール，Web利用の情報相互交信，遠隔会議システム）　（d）　海外ネットワークとの接続（国際高速回線の利用による高精細画像の遠隔教育や会議）

の中で一斉授業を行う他に，学生が求める時に配信し，オンデマンド学習を行わせる個別学習も可能になる（表1）。どちらの場合も，学習履歴と成績の一元管理を行うことができ，進度別学習や学習者の習熟度による個別指導が可能となる。教室外の利用では，無線LANや情報コンセント接続も可能であり，場合によっては，携帯やモバイル端末による接続も可能となり，教育のユビキタス化を図ることができるのである。

表2はCALL技術と授業／学習の基本的な対応関係を一覧にしたものである。教育環境によっては，これらの機能が重複したり，また，一部欠ける場合もあ

表2　授業改善の課題とCALL技術　　　　　（西堀，2007：95）

CALL使用目的	スキル・能力	授業／学習の形態
基礎的訓練	・基礎的な4技能（リーディング，リスニング，ライティング，スピーキング） ・オンライン辞書／文法チェック	一斉授業・個別学習（オンデマンド型）／多答選択式の問題／問題量を多くこなす場合に最適（文法習得）
専門・職能に関する能力（入試・資格試験）	・高度なreading / writing能力（ESPも可能） ・情報収集能力／情報活用能力	一斉授業・個別学習（オンデマンド型）／レポート・論文作成，精読中心
コミュニケーション能力（基礎）	・listening / speaking / writing能力 ・オンライン辞書／タイピング ・情報発信・プレゼンテーション	一斉授業・個別学習（オンデマンド型）／スキル訓練中心／発表技能重視・メディアリテラシー
コミュニケーション能力（応用）	・ネットワーク利用の運用機会 ・eメール／チャット／Web掲示板／KB（知識構築）フォーラム／テレビ会議システム	一斉授業・グループ学習／インタラクション型／グローバル運用（遠隔協調学習）
学習者レベルの多様化	・リメディアル教材（基礎技能補習） ・reading / listeningの受容技能中心 ・オンライン辞書／文法チェック	個別学習（オンデマンド型・個々人の学習ペース重視）／学習補助役（動機づけと励まし）

る。さらには，ファイアウォールなどの情報セキュリティに関する学内方針によっては，システム利用やネットワーク接続に制約が加えられることもある。

3. 大学英語教育における情報化

大学英語教育における教育の情報化には目覚ましいものがある。少子化の影響の下，国際化・効率化を図って，魅力的・先進的なプログラムを多くの大学が生み出している。その好例は，大学英語教育学会（JACET）授業学研究委員会が2005年に公募採択した優れた実践事例であろう。同委員会編の『高等教育における英語授業の研究』（2007）には，審査基準（独創性，実践性，省察）を満たしている107例が掲載されているが，CALL を用いた事例が数多い。各事例報告の「機材・教室」および「授業・教室形態等」，また，授業内容に着目し，CALL 型授業（CAI 機能，サーバ機能，ネットワーク機能）を抽出してみたところ，CALL 型の授業は42％を占めており，大学英語教育での情報技能重視の傾向が見てとれる。

この事例集は，優秀な事例を集めており，一般的傾向をそのまま表しているとは言い難いが，今後の大学英語教育の方向性を占う上で，貴重なデータと言えよう。ここに収録された授業事例が先導役となって，今後の大学英語教育における授業実践に大きな影響を及ぼしていくであろう。

カテゴリー別の詳細を分析するとさらに興味深い結果が得られた。事例集の分類4「教室から教室外の世界・社会を指向するカテゴリー」は「インターネット／CALL／ESP／EAP／異文化・多文化など」を扱う内容である。情報ネットワークやインターネットを利用しての授業が多く，CALL 型が66％と高くなっている。また，分類3「Listening, Writing や技能統合に関するカテゴリー」でも，半数が CALL 型となっている点は注目に値する。統一教材リスニング，映像教材，Media English，機械翻訳などが内容となっており，CALL 型機能を十分に活かした授業が活発に行われていると考えられる。CAI 機能とサーバ機能が listening や writing という基礎的能力の養成にも大いに力を発揮していると考えられる。分類5「学習者に関わる事柄を重視したカテゴリー」は motivation（動機づけ）や strategic competence（方略的能力），また，評価や教材を内容としており，CALL 型の授業が3分の1を占めている。このように多彩に展開する大学英語教育において，CALL 型が大いに力を発揮している。

第6章 大学英語教育の情報化と課題　55

4. 大学英語教育の課題と展望 —— CALL から NBLT へ

4.1 グローバル・インターラクションと大学英語教育の課題

　高度情報基盤の整備により，教育における本格的なグローバル・コミュニケーションが実現されつつある。CALL授業は閉鎖型CALLから開放型CALL，すなわち，NBLT (Network-based Language Teaching) への展開が図られている (Warschauer & Kern, 2000)。国境や文化圏を越えた遠隔教育および教育デジタルコンテンツの流通が急速に実現されている。高速国際ブロードバンド回線による会議システムを用いて国際間の多地点をつないだ遠隔授業も可能になっている。高精細テレビ会議システムによる忠実度の高い教室映像の伝送により，いながらにして世界中の教室の学生と対面授業を行うことも可能である。大学英語教育にとっては，世界を「言語運用」の場とする時代が幕を開けたのである。

　この時代に英語教育に携わる教師は，指導力の質的変化を経験することができる。社会や，また，初等・中等・高等教育の全段階で飛躍的に整備された情報ネットワーク教育環境では，従来型のスキル習得の高度化から，情報と知識に関わる発信・共有・探索の新しいネットワークリテラシーを含めたグローバル・コミュニケーション能力の育成まで，多彩にカリキュラムを展開することが可能となる。また，学習・教授形態の分析，それに即したカリキュラムの作成，教材の開発，学習環境の設計と多様な側面で指導力を強化することができる。21世紀に生きる生徒たちにとって，真に必要な学力育成に貢献することができるであろう。

　問題は，しかし，共通言語「英語」の，まさにその共通性から生まれてくる。グローバルなスケール拡大によって起こる課題は多く，そして大きい。

- ・教育環境の整備（教育機関のデジタル・ディバイドの解消）
- ・教育工学的知識と情報技能（教員の研修と技術スタッフの増強）
- ・人的リソースとネットワーク（グローバル展開の組織化）
- ・情報倫理とセキュリティ（被害も加害もグローバル規模：専門スタッフの配備）

どの項目も常に存在していた問題ではあるが，前項で取り上げた情報化の流れを見るならば，社会的要請を受け，改善の道は開かれていくであろう。

　共通言語「英語」の，まさにその共通性から生まれてくる真の，そして，最大の問題は，固有の文化とアイデンティティである。情報ネットワークを介して，

対面授業とほぼ同質の授業が可能になる時代にあっては，その共通言語「英語」の授業において，「対等で均質の文化」が出現するかのように思える。だが，そうであればあるほど，固有のアイデンティティや各々の文化の存在そのものが重要になってくる。生徒が持つ固有の文化とアイデンティティを「共通性」の中に埋没させない意志と行動が英語教師に求められている。

4.2 グローバル化の展望

グローバル・インターアクションを中心とする学習では，対等な相互作用が要である。学習者全員が分散知 (distributed intelligence) となって，相互作用の過程を経て，コミュニケーションの総体を形成すると考えられている。学習は，文脈や状況から孤立した認知的，技能的な行動ではなく，国際学習コミュニティ (knowledge community) (Scardamalia & Bereiter, 1994) という共同体の中にあって，意味や意義が学習者に自覚され，自らに返ってくるような共同的活動 (協調学習：collaborative learning) でなければならない (Lave & Wenger, 1991)。学習は特定の知識や技能の獲得ではなく，アイデンティティ形成が学習によって遂行される (Vygotsky, 1978) と考えられる。互いに提供し得る「文化」をコミュニケーションの「内容」として持つことにより，平等で対等な知識構築が可能となる。共通言語を持ちながら，しかし，相反する差となる文化を保持するという両側面を持たせる言語活動が必要不可欠である。等身大の「映像」を通して，対面コミュニケーションとほぼ等しい形態を提供するブロードバンド環境は，等身大の「心」をも生み出すであろう。この知識構築のインパクトが教授法では極めて重要になる。

しかし，この協調学習の概念 (Conrad, 2009) は，我々教師が抱いていた従来の教育パラダイムを質的に変更することを求める。その学習観は，教師から学習者への「知識伝達」から，学習者自身の「事前事後の知識の質的変化」へと変わる。学習評価も「客観的な能力測定」から「学習プロセスへの評価」と変わってきている (植野・永岡，2009: 239)。情報メディアとネットワークを駆使する教授法もまた新しい枠組みの中で変化し，e-Pedagogy (岡本他，2006: 12-13) のような形態を必要とするのかもしれない。

インターネット環境での共通言語「英語」の教育は，グローバルな教育機能を活かし，教授法の中に，新しい技術に基づいた協調学習を実現することが求められており，その展望は明るい。共通言語を持つならば，対等な複数の学習者が同一課題に対して協調的に問題を解決し合う授業が可能である。グローバルな規模

第6章　大学英語教育の情報化と課題　57

Multi-Culture Box
(投票機能付き協調場)

4か国分割画面

北海道大学の教室

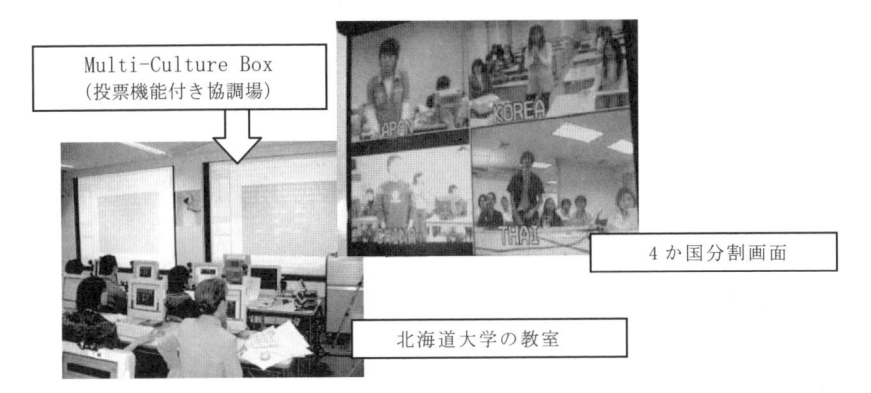

図1　日（北海道大学）・中（上海交通大学）・韓（梨花女子大学）・タイ（タマサート大学）の4か国同時接続遠隔授業

で，外国語のスキルばかりでなく，多様な文化・言語に基づく適応性や障壁といった問題をも解決しながら，学習者は成長する。情報ネットワークをグローバルに駆使するならば，図1のように，複数国を同時に結んだ教室も可能である。

おわりに

　インターネットが爆発的に拡大し，国境や文化の壁を越えることなど，いとも簡単になったような感じを我々は抱く。だが，実際に共通の意識を持つことは，それほど簡単な技ではない。共通の意識の種を撒き，豊かに育てる地道な努力が何よりも重要である。それは紛れも無く，教育の手に，我々教師の手に委ねられている。共通言語「英語」の教育においては，特に，「共存」のための「共生」に向かう確固たる意志が育てられなければならない。学生たちには，グローバルな視野を持ち，教育連携の活動を体験し，差異を尊び，「共に生きる」ことを目的とした多文化社会に相応しい英語使用を学び取ってもらいたいものである。

第 7 章

大学英語教育と産学連携

はじめに

　通常，外国語（英語）教育は大学の専門教育分野ではない。産学連携といった場合，大学は産業界から次の世代のための研究資金を期待し，また，産業界は大学と連携して経営的な要請と合致した開発研究を期待し，両者ともに専門分野の研究に関わる連携を指すことが多い（AGIP 21研究会，1998）。したがって，外国語（英語）教育における産学連携の指し示す内容は，通常の産学連携とはその規模も内容もややその趣を異にする。しかしながら，国際化推進に役立つ英語力強化のための高等教育機関と産業界との連携は，英語教育・研究活動において補助的ではあるが幅広く行われ，近年の国際化推進策の中で重要な役割を果たしている。特にグローバル化との関連で，英語力強化のため，高等教育において英語教育と専門教育との横断的カリキュラム設計を必要とする ESP 教育および英語による授業において，産学連携は重要な取り組みの1つとなっている。

1. 歴史的背景

　戦後の高等教育の新たな出発は1947年からである。同年7月に大学相互が自主的に適格審査を行い，水準向上を目指す組織として大学基準協会が結成されたが，同協会が作成した「大学基準」が新制大学の外国語科目の位置づけと枠組みに大きな影響を与えた。そして，この大学の到達すべき基準を意識して作成された「大学基準」が，1956年発令の「大学設置基準（文部省令第28号）」においても，外国語科目に対する水準向上の基準としてのアクレディテーション的機能の付与は引き継がれた（寺崎他，2005）。

1.1 「大学基準」と「大学設置基準」の中の外国語

　新制大学における外国語教育の位置づけは，1947年の「大学基準」（大学基準協会）の中で「一般教養科目の人文科学系列の一科目」とされ，教養教育の一翼を担うものとして出発した。その後，一般教育と専門教育の道具的科目（tool subject）となり，1956年の「大学設置基準」（文部省令第28号）により，「外国語は科目として独立」「原則として二外国語以上，一外国語でもよい」「卒業要件は一外国語 8 単位以上」「二外国語以上の場合には，専門教育科目の単位に含めることができる」となった。そして，1991年のいわゆる大綱化まで，四年制大学の外国語教育定量基準として機能した。この定量基準が，大学の外国語教育の量的保証を担保すると同時に，大学の外国語教育改善・改革を鈍化させる「護送船団方式」としても機能した。

　このように大学の外国語教育，特に英語教育は，当初から大学における教養教育と，中等教育段階から始められる英語教育の完成段階の役割を担ってきた。

　しかしながら，ごくわずかなエリートしか海外留学ができなかった経済復興期には，日本の書きことば文化に根ざした「読み・書き」中心の英語教育で国益を充足させることができたが，経済が復興し，発展期になると，「聞く・話す」能力をも備えた英語力が求められるようになる。それまでの大学入試を頂点とした「読み・書き」能力万能時代から，「聞く・話す」能力をも具備した人材が経済界から求められることとなり，人材養成の出発点が小学校英語教育となる（田中，2007）。

1.2 経済界から出された「英語（外国語）」教育への要望・提言

　経済界からの大学の英語（外国語）教育に関係した具体的要望・提言は，1970年代末から1980年代前半に日本の人材育成要望となった「国際化に対応した人材育成」を契機に，矢継ぎ早に出されるようになる。

(1) 1970年代末〜1980年代前半

　日本の世界における地位が向上し国際化が進みつつあった時期，新たに「国際化に対応した人材育成への要求」が見られるようになる。

　1977年 7 月に出された経済同友会（同友会）からの「国際化の要請に応じた人材」から始まり，それを皮切りに矢継ぎ早に同様な要望が出された。同年12月には日本経営者団体連盟（日経連）から「外国人，外国文化の理解力」から始まり，「英語力および他の外国語力；英語教育の改革；小学校低学年に於ける英語

学習；大学1〜2年に限定しないで4年間通じて学べる語学教育体制；実社会で役立つ英語」という，主として英語教育改善に関する提言が出された。さらには「英語以外の外国語への配慮」，「海外生活体験等によって得られた特殊語学能力維持のための配慮」，「大学一般教養としての第二外国語の充実・高度化」等も要望された。

1984年4月には同友会から「英語教育の改革：従来の受動的英語から能動的英語への変換；大学共通一次試験の英語科目の改善，「英検」の活用等」が提言されている。

(2)　1980年代半ば〜1990年代初頭

日本がバブル経済を迎えたこの時期，「国際化」から「グローバル化」への視点の広がりが導入されている。この時期の主な要望・提言としては，1986年4月に出された「実践的語学力」（同友会）や，「小学校英語検討，英語教育目標をコミュニケーション能力養成に統括，検定試験の利用，外国語教員の研修計画の強化」（臨教審第2次教育改革案）がある。さらに，1989年12月には「国際性，コミュニケーション能力重視の英語教育の徹底，外国人教師の積極的導入と質の確保，第二外国語の教育の充実と多様化」（同友会）が要望され，高校英語にオーラル・コミュニケーションA, B, Cが学習指導要領の改訂により導入されている。

(3)　1990年代前半〜後半

バブルが崩壊し，長期不況が始まったこの時期の大きな事項としては，内閣臨時行政改革審議会による「小学校に英語授業実施を提案」と「大学設置基準の大綱化」がある。1997年2月には，日経連が「コミュニケーション能力，語学力，ヒアリング力，スピーキング力，ディベート力，プレゼンテーション能力」という個別能力の強化を要望している。

(4)　2000年以降

2000年3月には日本経済団体連合会（経団連）から，大学における英語等のコミュニケーション能力の強化等が要望され，大学入試センター試験でのリスニングテストの実施となり，この流れの延長上に，「『英語が使える日本人』の育成のための戦略構想」が続くのである（田中，2007）。

1.3 多様な大学英語の現状

1991年の大綱化以降,大学の英語教育改革は様々な点において実施されてきた。しかし,グローバル化における高等教育の質保証との関連において,「大学英語」は従来型の縦割り構造の英語教育科目の改善や,カリキュラム改革,授業改善,教員の指導力向上だけでは,今日求められる高度化した国際理解力,国際交渉力,国際コミュニケーション能力の養成には結びつかなかったのが現状である。総合的な英語力強化には,高等教育における横断的なカリキュラム設計を必要とする ESP 教育の推進・充実が図られなければならなくなった。しかしながら,それには専門教育科目担当教員との連携によるカリキュラム設計が必要となる。さらには,授業用語,研究用語としての英語使用の充実・拡大も政策的に推進され,それぞれの高等教育機関における英語教育の目的・教育内容・高等教育機関全体で果たす役割等についての再検討が必要となっている。そのような状況の中で,大学英語教育における産学連携は,大学英語の再生策の1つであろう。

2. 大学英語教育と産学連携

2.1 外注単位制度の導入
(1) 認定試験の単位化とその影響

産学連携のはしりは,1991年の大綱化以降の,英検のような民間機関が開発した認定試験の成果をそのまま大学の単位として認める,いわゆる外注単位の導入である。それまでは大学自身が主体的に自ら作成,実施,評価した結果のみを認定するのが大学教育における外国語教育のあり方とみなされていた。外注単位制度では,大学教員が直接教えず評価もせず,外部の団体が認定する評価を導入する。これによって大学の外国語教育や外国語の扱いが大きく変わるきっかけともなった。

英語等の入試問題作成を民間の外部機関に委託する方式や,民間の語学学校の講師を大学(大学院)英語(外国語)教育の中に導入するカリキュラム設定もすべてここから始まっている(田中,1994)。

(2) 日本における TOEFL, TOEIC の活用問題

2000年の「大学審議会答申Ⅲの1」グローバル時代を担う人材の向上に向けた教育の充実(1)の中で「…また,TOEFL, TOEIC 等国際的通用性の高い試験の

成績に応じて入学者選抜に利用する事なども考えられる。」とされている。

　ここでは国際的視点は重視されているが，これまでの日本的大学の特性である，入るのは難しいが出るのはところてん式に卒業させる，というこれまでのパターンの改善までには至っていない。さらに，この答申では外国語を新しい教養の一部として位置づけ，英語科目の教育内容・方法の工夫改善が中心となり，専門科目との連携教育の推進や，教育用語・研究用語としての英語への注目・関心は見当たらない。

　これは新制大学発足時以来の教養科目としての英語（外国語）という理念と発想が，今なお大学教育の中で息づいているとも言えよう。したがって，言語が仕事の場で戦うための武器であるという「資源としての言語」「武器としての言語」という視点はない。

　ちなみに，東アジアの国々や地域では，英語力のテスト結果が大学の卒業要件とされるケースが多く，英語の出口能力が重視されて，「武器としての言語」観が息づいている（田中，2007）。

　今後日本の国際競争力を高め維持していくためには，大学生の「入口能力」ではなく「出口能力」の強化が一層必要であろう。厳しさの中のおおらかさは必要であろうが，いまやところてん式は国際社会の中で通用しない時代となっている。厳しさの中に人間を生かし育てる評価システムが求められている時代なのである。

2.2　様々な連携
（1）　教材コンテンツや教育ソフトウエアの開発
　産学連携の新たなタイプの共同研究開発が多くの機関で行われるようになっている。青山学院大学（2002）のAML Ⅱプロジェクト等はその典型的な先駆的事例である。

（2）　JACET会員と賛助会員との連携
　JACETでは毎年全国大会時に，賛助会員の発表を受け付けているが，大学教員の会員と賛助会員の出版社とによる教材の共同開発も研究発表されている（2003年度以降の『JACET全国大会要綱』）。

（3）　産学連携型教育・研究プログラム
　工学院大学グローバルエンジニアリング学部では，企業とのタイアップにより

提供される生きたテーマに3年次から2年間かけて取り組ませ，またエンジニアとして世界で活躍するために，英語でコミュニケーションをとることができるように小人数制の技術英会話科目を4年間履修させている（工学院大学，2009）。

(4) eラーニング

e-learningは1990年代のインターネットの普及を背景に，時間と場所を拘束しない研修目的のオンライン学習の手段として普及が始まった。WTO（世界貿易機関）では，教育をサービス貿易交渉の対象としているが，高等教育はその焦点となっている。この教育サービスのモードは4つに分類され，①国境を越える取引：e-learning ②海外における消費：海外留学 ③業務上の拠点を通じてのサービス：分校 ④自然人の移動によるサービス提供：外国人教員とし，このe-learningを国境を越える取引，すなわち国境を越える「教育」の移動と分類している。「教育」の移動となると教育内容を支える教育制度も絡み，輸出国の教育制度と輸入国のそれとが異なる場合，その調整をどうするかが貿易交渉の中身となる。今後このe-learningは一層普及度が増大することが予測される。

1990年における全世界の高等教育機関の在学者は4800万人，2025年には1億5900万人に増加すると予測されている。したがって，国境を越える教育の輸出入問題は，国際公開遠隔教育協議会（ICDE: International Council for Open and Distance Education）等による教育環境の質保証の取り組み問題が絡むが，ますます増大することが予測される（吉田他，2007）。

また，e-learningは，その運用を管理するLMS（Learning Management System）が必要となるため，産学連携なくしては運用できない教育システムでもある。事例として，関西大学のICTを活用した「授業支援から始めて，教育支援に展開」する試み等はユニークである（福井他，2009）。

3. 国際化推進と産学連携

3.1 国際化推進と大学の英語問題

国際化を推進するため，「大学英語」はいまや，従来からの縦割り構造の英語教育科目の改善やカリキュラム改革だけではなく，英語力強化の戦略が求められることとなり，高等教育における横断的なカリキュラム設計を必要とするESP教育の推進・充実が図られるようになる。さらには，教育用語，研究用語として

の英語使用の充実・拡大も政策的に推進され，学部または大学院で英語による授業を実施している機関は，全体で32％，国立では75％に及んでいる。さらに，COEの英語による授業のみで学位取得が可能な学部は，全体で5大学・6学部，研究科は全体で57大学101研究科，そのうち国立は40大学72研究科にまで及んでいる（鈴木敏之，2009）。

3.2 英語による授業と産学連携

東京大学大学院工学系研究科工学教育推進機構国際化推進室（2008）——GWP（Global Ware Project）——では，工学部・工学系研究科の教育研究の国際化支援の一環として，英語教育を強化するために2005年度から工学部3，4年生を対象としたSEL（Special English Lesson）を開講している。GWPは，世界に開かれた研究教育拠点を目指して，研究科の国際的教育研究活動のあらゆる障壁を取り除くための組織的取り組みを行い，グローバルに活躍できる人材の育成・輩出を目標としている。また国際的な研究協働や産学連携などの推進によって，工学知の創造と活用貢献をし，公共的機関としての高い倫理性の追求と，国際社会への貢献能力の向上に努めるとしている。

そしてGWPによる英語リテラシー開発として，「英会話講座」と「TOEFL講座」を開設している。このプログラムは，5つの英語学校（ベルリッツ・ジャパン，日米会話学院，アテネ・フランセ，アゴス・ジャパン，トフルゼミナール留学センター）と連携した東京大学とのコラボレーションであり，国立大学における英語教育の新しいスタイルでもある。

このSELの特色は，学外英語学校の講師による「英会話講座」と「TOEFL講座」を実施し，英語の総合力（Reading, Writing, Listening and Speaking）の向上を目指している。さらに，大学院では「英語で論文を書く」「国際会議で口頭発表する」教育等，これまで重要視されなかった取り組みも整備され，より高度な英語力を身につけるための大系的な教育プログラムが展開されている。SELは通常正規授業の終わった6次限目から行われるので，学内で受講するアフタースクールのようなものである。受講料は低めに設定され，プログラムは常に検討・改善され，受講生の異なったレベルとニーズに対応し，また科学・技術に特化した英会話クラスのため，受講者数も年々増え続けているという。

科学・技術英語の方は，2003年度夏学期から，工学系研究科共通講義とし，次のような講義設計をしている。

① 科学・技術英語の教育経験のある日本人特任教員を採用して講義を担当さ

せ，企業の研究所で英語プレゼン指導の経験のある理工系バックグラウンドを持つネイティブ講師を外部英語学校から派遣してもらいプレゼン演習を担当させる。
② 大教室での講義（〜250人）と小人数（10人）のプレゼン演習を組み合わせた国際コミュニケーション力養成の新講義スキームの開発。
③ 演習方法のスキームを開発し，ネイティブ講師を徹底指導する（発表プレゼン演習での個人指導の仕方，特に同じテーマで学生に2回プレゼンさせることにより各人の発表能力を向上させるなど）。
④ 工学系の全専攻の学生が受講可能となるように，授業は水曜日の第5限（16：30-18：10）に設置し，プレゼン演習前には，十分練習（リハーサル）の時間をかけるよう指導する。
⑤ 演習にはGWP教員が参加し，ネイティブ講師を評価する。学生のアンケート結果（達成度評価を含む）とあわせて，講師派遣の英語学校と協働して，演習方法・演習内容を改良する。

これにより，「科学・技術英語 A, B (English for Engineers and Scientists A, B)」を開始し，15週間の講義の前半で，「英語論文の書き方」「英語口頭発表（プレゼンテーション）の心得」についての講義（A）を，後半で英語ネイティブ講師による「英語口頭発表」の講義・演習（B）が行われている。

このスキームにより，前半の講義で学んだ「英語プレゼンの基本」を後半の講義・演習で実地訓練することにより英語プレゼン力を身につけてもらうことを目的としているが，この5年間のデータから，この目的は達成されつつあるという。

おわりに

英語が世界共通語としての地位をゆるぎないものとしていることは誰もが認めるところである。さらに，英語はアジア域内におけるコミュニケーション手段としても重要である。また，国の対外競争力の重要な要因にもなっている。そのような情況の中で，英語を本当に必要としている人材育成のために，文部科学省には英語教育・英語力強化策をどうするかを横断的政策立案によって明確化し，効率性の高い，無駄のない強力な連携教育推進が図られることを期待したい。

第8章

高等教育の大衆化と大学英語教育

はじめに

　高等教育の大衆化とは，大学進学率が上昇して，大学生になることが珍しいことではなくなったということである。換言すれば，大学生の資質や能力が多様化してきたとも言える。さらに，端的に言えば，意欲や学力において不十分な大学生が多くなってきたということでもある。

　大学教育をめぐる近年の大きな変容は，国際化・情報化・産学共同化（産学連携），そして，大学の大衆化などいろいろある。これらすべては，いわば「時代の産物」であるが，大衆化が提起している問題は他の3つが提起している問題と比べるとやや異質である。大衆化の問題には，戦後60余年の日本社会や教育制度が残した「澱(おり)」ないし「つけ」のような要素がある。つまり，日本のような「進んだ社会」が抱えている「つらい」問題なのである。しかし，この問題は期せずして，古くからある教育学の不変的な主題を想起させているとも言える。困難な状況で教育を実施してこそ，教育の真価が問われることになるからである。

　この大衆化の問題を本章では2つに分けて取り上げる。1つは，英語教育も含む大学教育全体あるいは大学生全体が抱えている問題である。もう1つは大学の英語教育が特定的に抱えている問題である。前者が根源的とも言えるので，本章では紙幅も多く割いている。全体として，古くから大学教育に関わっている教員の多くにとっては，これほどに変容したのかと慨嘆する内容かもしれないが，これらに真正面から対峙して新たな光明を見つけられればと願っている。なお，本章の内容は，JACET授業学研究委員会（2007: 10-15）をもとにさらに最近の2年余の事情を加えていることを断っておきたい。

第8章　高等教育の大衆化と大学英語教育　67

1. 大学教育の大衆化

　本節では大学教育全体に関わる大衆化の実態の一端に触れ，なぜこのようになったかの要因を探り，最後にどのような対策がとられているかに言及する。

1.1　基礎学力の低下

　『私立大学教員の授業改善白書』（2007年度）によると，私立大学情報教育協会が2007年から2008年にかけて334大学の助教以上の2万1797人を対象に行った調査では，大学生に「基礎学力がない」と感じている教員は56.3％，「学習意欲がない」が37.2％で，両者ともかなり高い数値である。その他，「教員のことばを理解できない」と感じている教員は13.0％，「コミュニケーションをしようとしない」は13.0％，「授業に出席しない」12.6％とある。

　基礎学力の低下については，4，5年前から新聞などのマスコミでも取り上げられている。たとえば，「イラクがどこにあるかがわからない学生が44％，北朝鮮の位置を示すことができない学生が10％」（朝日2005/2/23）。さらに，大学生の語彙力の低下については，「大学生の2割が中学生レベル」（毎日2005/6/2）と報告されている。日本リメディアル教育学会は，日本語・英語・数学の中・高レベルの問題で到達度が測れるプレースメントテストを開発しているが，2004年度に24の大学で行った結果，中学生以下と判断されたのは国立大で6％，私立大で20％，2006年度の結果では66％が中学生以下とされた大学もあったとしている。

1.2　考えられる要因

　ここまで学力が落ちてきた要因として，（1）消費社会と閉塞感，（2）「大学全入」の影響，（3）AO入試の導入，（4）格差社会の4つが考えられる。

（1）　消費社会と閉塞感

　まず，日本の若者たちの学習意欲の低下がある。日本青少年研究所が行った日・米・中・韓の高校生の調査では，他の3つの国の高校生が「あれもやりたい，これもしたい」と意欲が見られるのに，日本の高校生にはこの意欲が低い。たとえば，「現在，大事にしているものは何か」に対して「成績がよくなること」と答えた高校生の割合は，他の3か国で7割以上，日本は33％という結果だった。他の質問でも，総じて米・中・韓の高校生が未来志向であるのに対して，日

本の高校生は現在志向で冷めている（朝日2006/3/2）。なぜ学習意欲が落ちたのか，なぜ希望が持てないのか。まず，考えられるのが，現在の日本が「自由社会・消費社会・便利社会」であることである。物質的には，ほとんどのものは我慢しないで手に入れることができる。いつでも，どこでもほしい物が手に入る。このような社会では，若者の「ガッツ」は出にくい。次に，政治や経済の動向，格差社会などから見えてくる社会全体の閉塞感である。何をやってもだめだという諦めである。五木寛之のことばを借りると，現代日本は「躁」から「鬱」の状態に入っているのである。つまり，学力低下の問題は，日本社会がもたらした結果，あるいは社会の循環の中での必然的な帰結の1つとも言えるのである。

(2)「大学全入」の影響

「大学全入」とは，入学を希望する高校生や浪人生の数が，大学が受け入れる学生数より少なくなることである。つまり，数字上では競争なしで誰でも大学に入れるという状況を指す。文部科学省によると，2008年度の志願者74万4千人，入学者68万4千人である。志願者のうち4万人が入学していないわけであるが，これは特定の進路などを希望している受験者を考慮すると，大学全入に近いとみてよいであろう。この志願者の数は，同世代人口の5割を越えている。マーチン・トロウ (1976) によると，同世代の15％以下が大学入学の場合は Elite Education, 16％～50％が Mass Education, 51％以上が Universal Education であるが，Universal Education の段階では，実質的には，義務教育にも似た多様な学生を受け入れることになる。

(3) AO入試の導入

新入生の基礎学力不足はAO入試や推薦入試の結果でもある。AO入試は一般に学力の試験は課さない入試制度である。1990年に慶応大学が導入してから全国に普及してきたが，2007年の段階で全体の6割の454大学が実施している。推薦入学は古くから行われている制度であるが，これも学力試験を課さない。AO入試と推薦入試を合わせると全体の入学者のうちの4割を超えている（朝日2007/11/5）。多くの大学は定員割れを回避するために学力不足の学生でも「青田買い」している節がある。その反動として，近年は，一部の国立大学などではこの方法を取りやめる傾向がみられる。となると，副次的な問題として，この制度を採用する大学と採用しない大学との差が生じてくる可能性がある。どのような大学生も受け入れる大学の質はますます落ちて，志願者が少なくなり，さらに

AO入試や推薦入試を行うという悪循環が生じる。つまり，大学の格差がさらに大きくなる。

（4）　格差社会
　欧米などでは学費が無料や低廉の大学が多い。また，おしなべて奨学金制度も発達している。日本はこの２つが希薄なので，家庭の経済力が即大学生活の勉学傾向に現れてくる。この４，５年に浮上してきた経済上の格差の拡大が，この傾向に拍車をかけているとも言える。親の所得によって，進学できてもアルバイトなどをしなければいけない，したがって成績も伸びないという学生が増えている（朝日2006/5/21）。

1.3　対策
　このような意欲・学力の欠けている学生に対する支援や補強を，大学側が実施することが当然になってきた。ここでは，（1）生活指導・支援，（2）出欠・成績等の取り扱い，（3）教員のFD，（4）初年次教育学会の設立・卒業時までのケアの４点から見てみたい。

（1）　多様な生活指導・支援
　授業外の学生の生活指導や支援のパターンはいろいろある。いろいろな大学が行っている努力や工夫としては，まず，学生支援室や学生相談室の強化・充実がある。個人相談（オフィスアワー）も提示の曜日・時限にとれるように，大学によっては，全教員の週５日勤務の完全実施を行っているところもある。具体的な試みとしては，関東学院大学は，学生の個々の悩みや相談に応じるために2004年度から「交換日記」を採用している。これによって，前年度まで40数名の退学者が出ていたのが，１桁台に減ったと言われている。鳥取大学では，入学後の５日間は教職員や先輩と一緒に無料の朝食の会食を行ったり，ゴミの分別から交通標識の見方まで教えたりしている。さらに，挨拶の励行，服装など身だしなみの注意をキャリア開発教育として行っている大学もある。社会常識を欠いた大学卒業生が生まれてきているからである。このうちの大半は，これまで小・中・高で行われてきた「生徒指導」である。これが大学にも当てはまるようになってきた。学生もこの種のことを言われても嫌がらないという（読売2007/11/9）。

(2) 出欠や成績等の取り扱い

　学生の授業への出欠も細かく見るようになってきた。八戸工業大学は出席管理システムを採用している。学生証のバーコードをスーパーのレジで使う端末機のような機器を使って授業中に記録して事務に渡すと，そのリストが教員にすぐ送られる。日本工業大学は，学修支援センターの職員が授業を続けて休んだ学生に電話をかけて事情を聞いたり，励ましたりしている。成績評価も，これまで合格ABCDの4段階プラス不合格などに分けてきたが，これに学業平均値（GPA: Grade Point Average）を導入する大学が増えてきている。GPAによって，学生が自分の成績をこれまで以上に意識するようになったとの報告もある。

(3) 教員のFD

　大学教員のFD (Faculty Development) 研究，授業研究も盛んになってきている。FDは1999年の文科省通達で「努力義務」であったが，2008年より「義務」になっている。福井大学工学部では，2001年度より教員全員の講義をビデオ化して，授業研究ができるようにしている。2003年度の特色ある大学教育支援プログラム（特色GP）に選ばれた宮崎女子短期大学では，各教員は授業参観を年1回受けて，他の教員の授業を5回は見学し，参観後は検討会もするという。文科省の2002年度の調査によると，4年制大学671校のうち，101校が授業参観できるようになっている。

　学生の授業評価も，問題があるとされていながらも年々増えてきて，文科省によると，2006年の段階で97%の大学で実施されている。優れた授業を行う教員を表彰したり，奨学金を授与したりする大学も増えている。一橋大学では「ベスト3講義・ワースト3講義」を学生が自主的に選んで大学新聞に公表しているという（朝日2003/3/17）。いわゆる授業評価が良くない教員は「教師力」が低いとされる。愛媛大学教育・学生支援機構では，このような教員に対して組織的に対応するために専門家（FDR: Faculty Developer）を設けている。いわば教員の指南役で，授業コンサルティング，学生アンケートの実施・分析をする。新任教員養成から指導者養成までの5段階があると言う。

(4) 初年次教育・卒業時までのケア

　2008年3月に，同志社大学の教員を中心として大学教職員210人と大学・機関などが加わった「初年次教育学会」が発足した。この学会は，大学1年次生の指導を研究する学会である。発端は，1970年代から1980年代に移民や社会人など

様々な人が大学に入ってきた米国の大学であるが，日本の大学でも必要になってきたのである。具体的な活動内容は，学業への準備・補強，心の相談など多様であるが，そのうちの1つに1年次の退学を防ぐというのがある。学業への準備・補強には，学業への動機づけ，文章作法，発表技法がある。初年次教育を実施している大学は，2007年の文科省の調査によると570大学である。

初年次だけでなく卒業までのケアを緻密に行う大学も出てきている。関西国際大学では2001年からこの問題に取り組んでいるが，入学生は卒業までのベンチマークを示される。学習技術，情報収集力，コンピュータ・リテラシー演習などにはじまり，最後にはキャリア・プランニングなどもある。これも，「大学生き残り作戦」であるが，考えてみれば，各大学での教育の一環として必要とされていることとも言える。

2. 大学英語教育の大衆化

本節では，大学の大衆化が英語教育にどのように影響しているかについて，実態の一端を示し，要因を考察し，対応例の一部を紹介したい。

2.1 英語の学力低下

日本の大学生の英語の基礎学力の低下については，本格的な調査は寡聞にして知り得ていないが，近年の動向と過去，たとえば10年前と比べると，大半の大学英語教員は実感しているはずである。外国語の基礎学力はいろいろな角度から捉えることができるが，古今東西に言及されているのは語彙や文法の知識不足である。筆者が見聞した範囲であるが，東京のある私立大学の学生で，数字の one, two, three の one の発音を［オネ］とした学生がいたそうである。また，"There are many opinions about the gender issues. They come from ..." の they を「かれらは～」と日本語で訳したので，they は「かれらは」ではないと注意すると，中学の時にそう習ったと言い張る学生がいたとのことである。さらに，「関係代名詞って何ですか」と聞き返してきたという報告も受けている。その他，東京のある私立大学（偏差値40台）の教員の「英語の補習コースで，過去形が分かれば，上級クラス」という報告もある（朝日2007/11/19）。このようなことは10年前の大学生にもきわめてまれにはあったかもしれないが，昨今は日常的に自ら体験したり，見聞したりすることが非常に多いのである。

2.2 考えられる要因

英語力が低下している要因として,「ゆとり教育」による授業時数の減少, 学習指導要領における言語材料の削減の２点を取り上げる。

(1) 教育課程・学習指導要領の目的

この半世紀に大学新入生の英語基礎能力低下を特に感じられた周期が３つある。最初は1987年度入学生である。中学校の英語の授業時数が「週4時間」から「週3時間」に減った1981年度から6年後の1987年度に新入生として入ってきた学生である。次は学習指導要領に実践的コミュニケーションが導入された後の6年後の1998年度に大学新入生を迎えた時である。そして, 3番目が, 再び中学が「週3時間」完全実施になってからの6年後の入学生を迎えた2008年度となる。つまり, 中・高の授業時数や英語教育の目的・目標によって影響を受けてきたのである。授業時間が少なくなれば学力が落ちるのは当然である。目的・目標は,「実践的コミュニケーション」によって日常会話に必要な基礎的な「聞く・話す」能力の一部の伸びは見られたが, 全体としての語彙や文法の知識は落ちてきている。

(2) 学習指導要領の語彙と文法項目の減少

語彙と文法に関しては, 学習指導要領の扱いでは減少の一途をたどっている。中学では授業時数も減ってきているので（これ自体また別の問題でもあるが）, 一方的な議論はできないにしても, たとえば, 1958年の段階では中・高の検定済教科書で取り上げられていた語彙は最高で4,900あった。しかし, これが現行の学習指導要領では, 2,200から2,700になっている（森住, 2008: 87）。これではいかにも少ない。ちなみに, 中国の課程標準（日本の学習指導要領に当たる）では, 高校が3段階に分かれ, 2,400, 3,300, 4,500語を導入している。

言語材料の減少は文型・文法事項についても当てはまる。たとえば, 以下は, 中学の文型・文法がもっとも膨らんだ学習指導要領（1958年公示, 1961年度から実施）の中学３年の例である。＊印は「理解の段階に留める」という項目である（森住, 2008: 86）。

S+V+what など+不定詞, S+V+how, what などで始まる節, S+V+if または whether で始まる節＊, S+V+IO + how など + 不定詞, S+V+IO+how などで始まる節＊, S+V+O+ 過去分詞＊, S+V+O+to

のない不定詞＊，S+think などの動詞＋ it ～ (for ～) to ～ ＊，It＋be 動詞 ～ (for ～) to ～，主語＋ be 以外の動詞＋現在分詞，前置詞＋関係代名詞＊関係副詞，過去完了形および過去完了進行形，結果を表す不定詞，受身の完了形＊，分詞構文のうち基本的なもの＊，仮定法 I wish ～ ＋動詞（助動詞）の過去形～，話法のうち平易なもの＊

　これらの項目のほとんどは，現在，高校の「英語Ⅱ」（高2・高3年生が対象）で取り上げられている。実業高校など英語の履修単位が少ない高校，あるいは，普通高校でも「教育困難校」ではこれらの項目をすべて取り上げているわけではない。このように，以前は中学校でも取り上げられていた文法・文型事項ですら，現在，高校によっては取り上げられていないものもある。大学新入生の英語の基礎学力低下はさもありなんである。

　高校の教科書の平易化も基礎学力の乏しい大学新入生を生む要因になっている。高校のいわゆる3区分のうちのもっともやさしい教科書では，単語の読みを片仮名発音で書いているもの，中学校用の動詞の活用表を載せているものなどもある。全課を通じて中学校用の言語材料を扱っている教科書もある。

2.3　対策

　上記の1.大学教育全体に関わる対策でも触れたが，入学前の指導や入学後の補習授業は，数学，理科，社会などの科目とともに英語でも行われている。以下に，学力低下への対策のいくつかの例をあげる。

（1）　入学前の対策

　AO入試などで早くに入学が決定した入学予定者の学力維持のために，入学前教育として，課題図書3冊，*Newsweek* の和訳などの課題を課すケースがある。さらに，入学前の基礎学力養成のいろいろな工夫として，たとえば沖縄大学では，携帯配信型学習サービスで入学までにこなすべき問題数のノルマを与えている。英単語の問題では単語の意味を答え，採点画面で例文が提示される。聖学院大学では，英語・数学・国語・コンピュータ教育の4つを開講している。東北大学工学部では，インターネットを使った工業英語の授業を実践している。さらに，東京電機大学では，全学部の学生を対象に学習プログラムにアクセスさせている。どの大学も学力維持・向上が目的である（朝日2007/4/7）。

(2) 授業の工夫

　補習授業または導入教育として，高校レベルの英語の復習授業を課している大学も年々増加している。このような大学は，文科省によると，1996年には50～60校，2001年に167校，2006年では234校（全体の33％）に達している。担当する教師には予備校教師も招聘されている。中学レベルからの授業を開始し，そのためにいろいろなソフトを用意している大学もある。このような努力や工夫は大衆化になって顕著になってきたが，教育の原点として，本来あるべき姿とも言える。

おわりに

　以上，大学の大衆化に関して，大学全体の問題と大学英語教育の問題の2つに分けて，その実態，要因，対策の一端に触れてきた。全体を一言でまとめるならば，学生指導や教科指導という点で，大学でも中・高のような指導を行う比率が増してきたと言える。冒頭でも述べたが，この機会は，大学でも初等教育や中等教育で行っているような「教育実践の格闘」ができるようになってきた，教育の醍醐味を味わえる機会が到来した，と考えたい。

　最後に2つの点について触れておきたい。2つとも本章のテーマと関係しながら，その対処に是非論が生じているものである。1つは，英会話や実用面を重視する授業がいわば「外部委託」で実施されていることである。たとえば，首都大学東京では2004年度から英語の授業の半分を外注している（朝日2004/12/22）。職業安定法の規定で派遣講師と授業内容を打ち合わせることができないので，自動的に「丸投げ」になるという。これは，ある意味では「大学教育の空洞化」であり，大学英語教育だけの問題ではないかもしれない。

　もう1つは，大学教育の到達目標を明確にすべきだという議論である。2008年11月に，中教審は「学士課程教育の構築」答申（案）で「学士力」と銘打って，コミュニケーション・スキル，情報リテラシー，自己管理能力など4分野13項目の到達度目標の試案をつくった。これに対しては，一律の標準化はよくない，大学の独自性を失うという議論が起こっている。大学英語教育で言えば，「大学版学習指導要領（外国語）」や中国が行っているような小・中・高・大の「英語能力の到達目標の指定」の是非論になる。大学としての自律性と大衆化の中の多様性の議論など，今後の大きな課題であろう。

第9章

JACETにおける
大学英語教育の目的論の系譜

はじめに

　英語教育の目的は，しばしば「教養」と「実用」の観点から論じられる。大学英語教育の目的も然りで，その内容には様々なものがある。しかし，英語に教養英語と実用英語の2種類があるのではなく，あるのは英語だけである（小川，1964：47）。本章では，JACETが1962年の創立以来，過去50年間に発行してきた刊行物に見られる大学英語教育の目的論の系譜を概観・総括する。そして，大綱化以降，弱体化が著しく（JACET実態調査委員会，2002：6），かつ最近は「実用」に著しく傾斜してきた（森住，2008：75）大学英語教育の目的の今後のあり方を考察したい。

　本章で扱う刊行物は，①『JACET通信』，②『JACET実態調査』，③『JACETハンドブック』の3つである。これらを取り上げるのは，過去50年の学会の活動内容を代表する刊行物だということだけではない。①は学会創立10周年に，②は同20，40周年に，③は同30周年という節目の時期に，大学英語教育の目的に関する議論，調査，提言などを行っているからである。

　なお，本章でいう「大学」は，4年制大学を指し，短期大学を指すものではない。また，「英語教育」は，1，2年次生を主たる対象とする外国語科目としての英語教育を指す。大綱化前の「一般英語」（教養課程における英語）に当たるものである。「目的」と「目標」は重なっていたり，混同して使われる場合もあるが，本章では次のように捉えたい。目的は「＜なぜ，何のために＞という問いに対する答え」，目標は「＜目的達成のために，何をどの程度まで＞という問いに対する答え」である。したがって，大学英語教育の目的は，「＜なぜ，何のた

めに大学で英語を教えるのか＞という問いに対する答え」，大学英語教育の目標は「＜大学英語教育の目的達成のために，英語の何をどの程度まで教えるのか＞という問いに対する答え」となる。

1. 『JACET通信』における目的の誌上討論

1969年4月創刊の学会報『JACET通信』（以下，『通信』）で，英語教育の目的に関する誌上討論（以下，「討論」）が行われたことが過去に一度だけある。本節では，学会10周年事業として1972年に始まったこの「討論」を取り上げる。まず，「討論」の概要を述べ，次に，「討論」の中間総括を整理して，紹介する。さらに，中間総括後の議論を総括する。

1.1 「討論」の概要
「討論」は，「英語教育改善のための根本問題の掘り下げを研究と討議を通して進める」（JACET理事会・研究企画委員会，1972: 104）という，1972年度の学会基本目標の1つを踏まえて実施された。「討論」開催の弁では，「今日我々につきつけられているのは，『実用』か『教養』かという問題の決着を迫られている，ということではないだろうか」（中村，1972: 1）との編集委員会代表の認識が示された。討論の期間は，1972年8月（「通信」12号）から，1975年7月（同22号）までの約4年間だった。投稿者は20人で，この中には「開催の弁」と「中間総括」を執筆した編集委員会代表の中村敬氏は含まれていない。なお，理由は不明だが，「討論」は「最終総括」なしに終わっている。

1.2 「討論」の中間総括
「討論」開始1年後の1973年8月（『通信』16号）に，中間総括が行われた（以下，中村総括）。当初2，3年の予定でこの企画が始まっていたという事情もあるが，直接の動機は，会員からの過去1年間の反応が皆無だったことだ。『通信』12号から15号までの投稿者11人は，すべて編集部が依頼した人だった。

中村総括は，過去1年のほとんどの論文に共通しているのは，「教養か」「実用か」をもとにして，問題点を発展させている点だと指摘した。その上で，今までの論文は，①実用（機能）を目的とするもの，②実用と教養の2つを目的とするもの，③その他，に大分類できるとした。そして，中間総括後は，特定論文への

反論を中心に議論を進めたいと提案した。特に，実用目的の立場をとる片山嘉雄氏の論文（14号掲載；以下，片山論文）を基礎資料として，①語学教育の目的は「分かって使える」ことに徹すべし，②文化教養価値（副産物としての）は一般意味論的訓練等に限定すべし，の2点に絞って会員の意見を聞きたいとした。

片山論文の要旨は，「中高の英語教育の目的は，英語が分かって使えるという素朴だが正当な目的論に徹すべきである。実用的と文化的という並列的二元論は英語教育を損なうものであり，不要論を招くものだ。英語教育の文化的意義・目的は，あくまで実用目的追及の際のささやかな副産物である。（中略）大学の教養レベルにおける外国語教育の目的は，本質的には中高レベルと同じである。目的はあくまで機能的なものであり，大学レベルの英語を聞いたり話したり，読んだり書いたりする能力を与えることである。国際理解とか外国文化文明の理解は，あくまで副産物であり，主役ではない」（片山，1973: 12-13）であった。つまり，真の一元的機能論こそが，英語教育の目的の中核であるべきという考えだ。

1.3　「討論」の中間総括後

中間総括後も会員からの反応は芳しくなかった。投稿者は8人（中間総括掲載の16号に載った1人を除く）と少なく，そのうち半分は自主投稿でないことを認めていた。片山論文に言及したのは8人中5人で，そのうち4人が，1つ目の論点である「一元的機能論」に賛成の意を表明したか，あるいは機能面の重要性には異議を唱えなかった。しかし，4人とも片山論文に無条件に同意したわけではなく，次のような意見が出された。

- 機能的目的論に徹するということが教養目的（ここでも「教養」の中味が問題になるが）を全面的に軽視するということであってはならないと思う。学校教育の一環としての英語教育が行なわれるかぎり，それには教養目的が伴うのが当然である。（安藤賢一）
- 実用的と文化的という並列的二元論は英語教育をそこなうものであるという論旨には賛成できない。「言語を分かって使う」という場合，言語を読み聞いて理解する程度，理解の幅は，その国民の文化の理解の程度に左右される。（月山みね子）
- 片山氏は器（英語）と中味（知識・教養）に分けて考えておられるが，限られた時間内に器だけが身につくものであろうか。筆者は器を学ぶ段階で，既に内容を盛った器として学ぶ習慣の必要性を説いてきた。（近江誠）

片山論文のもう1つの論点「文化教養価値は一般意味論的訓練等に限定すべし」には、1人が反対意見を述べただけだった。なお、片山論文に対する意見や反論ではないが、「教養」目的重視型の次のような見解も示された。

・英語学習は英語を母国語とする民族の文化を学ぶことを1つの目標とする。しかし外国文化の探求は目的そのものでなく自国の文化との比較によって、自己の生活に対する興味を喚起し、自己意識を振起することが（ママ）可能とする。すなわち、自国の再認識、改造が目的であるのである。（直井豊）
・大学英語教育の目的は英語と言う外国語を内容的に読み且つ理解しようと努力することによって、英語を母国語とする民族の思考型の一面に触れ、これを足掛りとして、究極的には自国文化の再認識と再評価への一助とすることである。（池稔）
・学校教育に対する社会の不信感が強まれば強まるほど、むしろその不信をテコに、目先の実用にまどわされない学校教育本来のあるべき姿を追求するまたとないチャンスではないか。これを、英語についていえば、たとえ英語が国際語の地位を失うことがあるとしても、なお存在価値を失わない英語教育を確立することにほかならない。（大谷泰照）

2. 『JACET実態調査』に見られる目的観

JACETは、学会が創設された1960年代から、小規模ではあるが大学英語教育の実態調査に取り組んできた。学会の総力をあげた全国規模の実態調査は、過去50年間に2度行われている。1回目は、1980年から11年かけて、学会創立20周年記念事業として実施された。その結果は、5種類の報告書にまとめられた（以下、『実態調査』）。2回目は、学会創立40周年の時期に当たる2000年から約6年半かけて実施された。その結果は、3種類の報告書にまとめられた。本節では、1983年と2003年に発行された報告書が明らかにした、教員の英語教育目的観を取り上げる。

2.1 1983年報告書

1983年発行の『大学英語教育に関する実態と将来像の総合的研究（I）――教員

の立場」では,一般英語の主な目的に関する1,000人の大学英語教員の回答結果が報告され,「教養を高めること」が第1位(20.8%)だった。以下,「英語によるコミュニケーション能力の向上」(15.9%),「専門教育の基礎力養成」(12.8%),「国際人の養成」(3.0%)であった。この調査は,複数回答可だったので,延べ人数の計算では,「教養を高めること」は51.9%まで上がり,第1位だった。以下,「英語によるコミュニケーション能力の向上」(47.0%),「専門教育の基礎力養成」(36.2%),「国際人の養成」(17.9%)と続く。いずれにしても,大学英語教員の多くが,大学の英語授業は学生の教養を高めることを目的とするものだ,と考えていた点に注目する必要があろう。

2.2 2003年報告書

2003年発行の『わが国の外国語・英語教育に関する実態の総合的研究——大学の外国語・英語教員個人編』では,外国語教育としての英語教育の主な目的に関する,787人の大学英語教員の回答結果が報告されている。「外国語を使って諸外国の文化・事情を理解する」が第1位(51.7%)であった。以下,「外国語を使って国際的に活躍できる能力を養成する」(36.6%),「外国語学習を通して教養を高める」(35.5%),「外国語を使って日常生活ができる」(24.0%),「外国語を使って日本のことを外国に伝えることができる」(13.1%)であった。「文化・事情の理解」が第1位なのは,「現実の日常生活では外国語が必要とはいえない状況を反映しているのであろう」と報告書は分析している。上記の結果から,国際化が進展する21世紀初頭においても,多くの大学英語教員は1983年当時と同じ,教養中心の目的観を持っていると言えるだろう。

3. 『JACETハンドブック』における目的

JACETは大綱化翌年の1992年に,『大学設置基準改正に伴う外国語(英語)教育改善のための手引き(1)』(以下,『ハンドブック』)を発行した。それは,大学審議会の求めに応じ,多くの大学に参考にしてもらうためのガイドラインであった。15の改善基準項目が示されたが,本節では「外国語(英語)教育の目的」のみを扱う。なお,1996年には,『ハンドブック』で示した改善基準項目の点検・評価を行った別のハンドブックも発行されたが,本節では扱わない。

3.1 目的に関する改善基準

『ハンドブック』は,外国語(英語)教育の目的について次のように提言した。

> 大学における外国語教育の目的は,当該言語の言語運用能力の養成をはかることによって異言語文化を体験し,異なる人間の世界を発見し,人格的な陶冶をはかることにある。従って,大学における外国語(英語)教育の実施にあたっては,言語運用能力つまり人間の言語によるコミュニケーション能力の養成を第一とすべきである。外国語によるコミュニケーション能力とは「聞くこと」「話すこと」「読むこと」「書くこと」を基礎とする総合的な能力である。このコミュニケーション能力は「外国語科目」によって養うべきものである。また,異文化理解能力の養成,職業専門教育・学術研究の基礎としての外国語能力の養成は,各大学の学部教育における外国語教育カリキュラム全体の中で,有機的・総合的に融合して行われることが望ましい。

第1文にある「人格的な陶冶」は,外国語(英語)教育の究極的な目的だ。これは,外国語教育の目的を設定する際は,「わが国における学校教育全体の目的に合うものでなければならない」(小池,1993: 23) という考え方に合致する。学校教育全体の目的とは,教育基本法第1条にある「人格の完成」である。

第2文では,コミュニケーション能力の育成を第1目的とすべきだとしている。これは,大学の外国語教育は一般教育,専門教育と並んで,3本柱として立つべきであるという位置づけと併せて,極めて重要な大学外国語教育上の変更であった(小池,1996a: 1)。この方向転換は,外国語教育の主たる目的はコミュニケーション能力の養成だとした臨教審提案に沿ったものだと考えられる。

4. 目的論の扱い方

本節では,第1節から第3節で取り上げたJACETの3種類の刊行物の中で,大学英語教育の目的論が今後どのように扱われるべきかを考察する。

4.1 『通信』における誌上討論の復活

1972年に始まった『通信』の誌上討論は,大学の外国語(英語)教育が法令によって保護されていた時代に,学会が自主的に企画・実施したという点で特筆に値する。大綱化後の大学英語教育は,法令による保護がなくなり,弱体化が進ん

でいる。そして，その目的はコミュニケーションという「実用」に著しく傾斜してきている。大学の中には，授業を英会話学校に委託するところさえ出てきた。そうした危機的状況にもかかわらず，多くの大学英語教員は目的論にあまり関心がないように見える。危機的状況を危機的状況として直視し，大学英語教育の目的を自律的に検討するためにも，誌上討論（のような企画）を復活させるべきではないだろうか。学会創立50周年事業の一環として実施するのもよいだろう。

　なお，2007年の『通信』159号からは，「特色ある大学英語教育プログラム」というコラムが登場している。各大学の事例を通して，EGP, ESP, EAPを目的とする先進的なカリキュラムについて学ぶことができる。このような興味深い企画も続けていきたい。

4.2 『実態調査』の調査項目の改善

　今後の『実態調査』における英語教育の目的を尋ねる調査項目では，ESPやEAPが大きな関心事となるだろう。しかし，ここでは大学1，2年次の英語教育で依然として多数派を占めるEGPの目的を中心に，改善提案を試みたい。

　1983年と2003年の『実態調査』報告では，英語教育の主目的を「学生の教養を高めること」だと認識している大学英語教員がもっとも多かった。しかし，「教養」とは何かが定義されておらず，回答者が考えていた「教養」の中身は分からない。そこで今後の『実態調査』では，「教養」目的の選択肢として，①メタ言語能力の養成，②複眼思考の涵養，③自分の座標軸の再認識，などを入れるべきであろう。

　①のメタ言語的な要素を扱うことは，「実用」目的であるコミュニケーション能力の強化にも役立つことになる。「大学の英語授業では，学校制度における最終段階の授業として，中学や高校以上に，ことばの不思議さ，力強さ，面白さ，複雑さ，怖さ，危うさなど，言語の心理的，文化的，社会的な側面を取り上げていく必要がある。実践的コミュニケーションは，このような側面を保証することにより強固となるからである」（JACET授業学研究委員会，2007: 305）。

　②の複眼思考の涵養は，外国語教育としての英語教育には不可欠な目的である。英語教育の根本は違った思考形式に接し，単眼を複眼にすること（小川，1978: 11）であるからだ。「大学の段階では，やはり西欧流の思考に頭をならすことに資する語学教育という観点を，捨て去ってはならぬ」（朱牟田，1967a: 193）という主張も，複眼思考の重要性を説くものだと言えるだろう。

　③の自分の座標軸の再認識とは，英語学習を通して，母語や自己・自文化を再

確認・再構築することである。「討論」では，これを英語教育の究極的な目的だとして指摘する人もいた。

また，上記のような「教養」目的の他に，英語教育の究極的な目的である「人格陶冶・世界平和」を選択肢として加えてはどうだろうか。これは英語教育の理念に当たるものだ。「人格陶冶」は『ハンドブック』における目的で，「世界平和」は大学英語教育の目標を議論した1968年のJACET年次大会シンポジウムで目的として押さえられている（河原・松本，1969: 6-7）。この目的は，最近の学会刊行物でも言及されている（JACET授業学研究委員会，2007: 16-17）。

4.3 『ハンドブック』における目的の再検討

1992年に発行された『ハンドブック』は，20年近く見直されていない。目的について論じるための前提となる「位置づけ」と併せて，「大学外国語（英語）教育の目的」が大綱化直後に打ち出されたもののままでよいかを検討すべきである。『ハンドブック』を10年に一度ぐらいは改訂し，大学英語教育の理念や目的について会員間や大学で議論するのに役立てたい。それが目標の明確化や，目標を達成するためのカリキュラム，教授法，教材等の研究や開発にもつながると確信する。

高等教育における外国語教育の広義の目的には，①人間教育・人格教育（教養），②国際理解・コミュニケーション（実用），③職業教育・学問研究の媒体（実用），の3つがある（森住，1991: 38）。このうち，もっとも見えにくいのが①で，外国語教育はこれを明確にしてこなかったので，大綱化まではなくすことはできないが傍系に甘んじてきた（森住，ibid.: 39）。①はEGPの「教養」目的で，英語学習を通した複眼思考，国際的視野の涵養などが中心となる。これは，英語が国際語の地位を失ってもなお英語教育の存在価値を証明できるものである。したがって，この目的は，国際化時代の大学英語教育においても，全入時代の大学英語教育においても，不変の目的だと言える。この点を今後発行する『ハンドブック』でもしっかりと押さえておきたい。

おわりに

本章では，JACETの『通信』『実態調査』『ハンドブック』の3種類の刊行物を通して，本学会が大学英語教育の理念や目的を過去50年間どのように考えてき

たかを概観して，今後の目的論の扱い方を考察した。今後は大学英語教育の目的論を，全国大会や支部大会で定期的にテーマとして取り上げていきたい。また，教育問題研究会をはじめとする各研究会での議論にも期待したい。ちなみに，九州・沖縄支部は第1回支部大会のテーマに「大学の英語教育における目的と目標」を掲げている（JACET九州・沖縄支部ニューズレター，2009: 3）。こういう根源的な問題について，内部での議論を積み重ねていくことが，「大学英語教育の必要性（100％）の理論的確立」（田辺，2004: 2）につながり，英語教育の地位を強固にするものと信じる。

　英語教育に携わる者は，目的論を常に押さえておく必要がある。それは，理念の確認と，今後のあるべき姿の検討のために不可欠だからである。理念の確認とは，英語教育の残すべき「不易」の部分の確認に他ならない。人格形成・世界平和という究極的な目的や，複眼思考，国際的視野，メタ言語能力の涵養といった「教養」目的がそれに当たる。また，今後は，国際化時代の要請であるコミュニケーション能力の一層の強化も重要な課題である。大綱化後は「聞く・話す」の授業が増えているが（JACET実態調査委員会，2002: 100），「口先だけの会話ではなく，真の意味のコミュニケーションができる人材を養成することが望ましい」（梶木，1992: 1）。さらに，EGPと目的・目標において相補関係にあるESPやEAPの研究・実践も今後の大きな課題であろう。

　外国語は「教養」か「実用」かのように，一方に偏した考え方をするのは日本人独特のものである（小川，1978: 2）。しかし，「特に教育というのは，勇ましくはないけれども，左と右の中間にその進むべき道がある」（小川，1973: 142）という先哲のことばがある。大学英語教育の目的も，「教養」か「実用」かの二者択一ではなく，「教養も実用も」の方向で考えることが肝要である。学校教育全体の目的に合致し，かつ時代の要請にも応えられる，「教養」と「実用」の均衡がとれた大学英語教育の目的をこれからも目指していきたい。

第10章

大学英語リーディング教材に見る言語文化観

はじめに

　本章では大学英語リーディング教材の題材にみられる言語文化観を分析し，若干の考察と要望を述べてみたい。分析対象とする教材は，JACETが1980年前後に編纂したリーディング教科書と，2009年3月現在入手可能な大学英語教科書の中で，書名に「言語／ことば」と「文化」を含んだリーディング教科書である。
　言語と文化はコインの裏表の関係にあり (Nault, 2006: 314)，言語は文化であり，文化は言語であるとも言える (Wright, 1996: 37)。言語教育は必然的にその文化をも伝えることになるため，文化をどう扱うかを常に意識しておかないと，思わぬ偏見を学習者に植えつけることにもなる。それゆえ，題材に組み込まれた言語文化観と，それをどう教えるかという言語文化教育は，極めて重要な役割を担っており，常に検証が必要である。
　本章における言語文化観とは，言語文化をどのようなものと捉えるかという視点・観点のことである。話を具体的にするため極端な二元論で例を示すと，言語文化をアイデンティティの根幹と見るか単なる道具と見るか（精神論 *vs* 道具論），心を豊かにする活力の源と捉えるか単なる資源と捉えるか（教養 *vs* 実用），多元的に捉えるか一元的に捉えるか（多元的 *vs* 一元的），などである。
　次に，リーディング教材を取り上げる理由について触れておきたい。大学における英語教育は語学である以上，実践的な運用能力を育てることがその根幹にある。しかし，この実践的な運用能力は「話す」「聞く」に限定されるわけではなく，「読む」「書く」という能力も含まれる。日本は外国語として英語を学び使用する環境にあり，また昨今のインターネットの爆発的な普及を考えると，「読む」

「書く」の能力がもっと重視されてもいいように思われてならない。平成21年版の学習指導要領から高等学校での英語の科目名から「リーディング」が消えてしまったことも，大学英語教育におけるリーディングの重要性をいっそう高めている理由の１つである。

1. リーディング教科書の方向性

リーディング教科書の目指す方向性を，本章では「教養の育成を標榜する教科書」としたい。本来，「教養」とそれに対照される「実用」は重なり合う部分が多く，相補的でもある。「実用がなければ教養は深められないし，教養がなければ本来の実用にも供しない」（大学英語教育学会授業学研究委員会，2007: 17）というのが実情である。それでも誤解を恐れず「教養」を持ち出すのは，以下に引用する JACET 歴代の会長の考え方に深く共感するからである。

> 世間でよく聞く，「教養」語学と「実用」語学とを対立させての論は，非常に大づかみな議論であるが，誤解される危険をおかして，…私の考えの基本は，やはり重点は「教養」のほうに置かれるべきだということに帰する。（朱牟田，1967: 1）

> いずれの国においても一般教育では外国の書物を容易に正しく読むということを主目標にしている。日本における英語教育もこの例外ではない。（小川，1964: 48）

> 外国語教育では，教養の練磨が必要であるという意見は，わが国では廣く支持されている。それ自体，なんの反対もない。……外国語教育では，それは reading と討論によって得られやすい。（小池，1996: 19）

教科書で取り上げられるべき題材は，英米文化を中心とする方が効率的ではあろう。しかし，1991年の「大学設置基準の大綱化」以降の第二外国語教育の不振を考えると，大学英語教育がことばの教育と異文化理解教育を担う必要性が出て来ていることもまた事実である。加えて，現代における英語の世界的普及とその影響力を考える時，英語と英米文化を考えることは，否応なく世界とその多様な言語文化を考えることにもなる。したがって，媒介とする言語は英語であって

も，扱う題材は多様な文化や地域の事情であり，言語自体の多様性にも配慮がなされた題材が望ましいことになる。

2. リーディング教科書の選定と実際

教科書の選定に際しては，大学英語教科書協会（以下，大英協）のウェブサイトを利用した。同協会は，朝日出版社・郁文堂・英光社・英潮社フェニックス・英宝社・音羽書房鶴見書店・開文社出版・桐原書店・金星堂・研究社・三修社・松柏社・成美堂・鷹書房弓プレス・南雲堂・北星堂書店（以上，50音順）が会員となっている。同サイトには書籍検索機能があり，「書名」「著者・編者」「ISBN」「キーワード」「カテゴリ」「難易度」「出版社」という項目によって書籍の検索が可能となっている。これらのうち，主に「書名検索」と「キーワード検索」の機能を利用し，本章の分析対象となる書籍を抽出している。

2.1 「言語文化」を書名にした教科書の選定

まず，大英協のサイトの書名検索機能を利用して，書名に 'language' を含むものを検索した（60件）。次に，同じく書名検索で書名に 'culture' を含むものを検索した（107件）。最後に，これらの検索結果を Excel 上で簡易データベース化し，英文と和文双方の書名に「言語／ことば」と「文化」両方を含むリーディング教材を抽出した。その結果，McConnell (1981), McConnell (2000), そして Ueno, et al. (2001) の3件が得られた。これらに JACET がかつて作成したリーディング用教科書2冊を加えて，その題材に見られる言語文化観を分析した。

ここで JACET が作成したリーディング用教科書について説明をしておきたい。1972年に JACET の活動の一環として，大学一般教養課程における英語の教材研究のための委員会が設けられた。この教材研究委員会は，英語教材の理念・理想像の探求のため，全国規模のアンケート調査を1973年から翌年にかけて実施した。その過程で，単に理念探求や調査検討だけでは大学英語教育に寄与できないのではないかという委員間の思いから，小川芳男会長（当時）の助力を得て，教科書編纂へと至った。このとき編まれたのが *Language and Culture* で，1976年に英潮社から出版された。これは大学中級用を目指したものであったが，実際はかなり難度が高かった。そこで1980年にやや難度を下げて *Language and Culture* (Book One) を世に送り出した。その後，76年版は，題材内容は変えずに設

問や注釈などを手直しした上で，1987年に *Language and Culture* (Book Two) として改めて出版された（以上，当時JACET理事であった原沢正喜氏による「はしがき」からの抜粋要約）。

2.2 各教科書の概略と題材分析
(1) JACET (1980)

JACET (1980) は全6章で構成され，その内訳は表1に示す通りである。取り上げられた教材の著者6名の国籍はアメリカ，中国，旧ユーゴであるが，その履歴は多様性に富んでいる。たとえば，今村氏は米国生まれの日系2世だが日本でも教育を受け，執筆当時はミシガン州立大学の教授であった。また，Sheng Yu-do（盛毓度）氏は，上海市出身だが成城高校と京都帝国大学に学び，第二次世界大戦後は東京で中国料理店を経営している知日派である。

表1　JACET (1980) の概要

章	タイトル	内容	著者
1	Can the Japanese Learn English?	英語教育と文化	今村茂男
2	The Chinese and Japanese Compared	中日文化比較論	Sheng Yu-do
3	Can the West Understand Japan?	日本文化論	V. Devidé
4	Japanese Manners and Ethics in Business	ビジネス文化論	B. De Mente
5	A Look at Language	一般言語学	H. K. Battle
6	Language in Society	社会言語学	J. Malmstron

時代的背景もあるのだろうが，記述内容には気になる点も散見される。たとえば，今村氏による道具論的な言語観（... for most students of English, the language should be a tool, not the object.: p.3）である。しかし，これも一面では真理であり，多様な言語文化観があることを示すものだろう。

出色なのは第6章である。16言語に言及し，多様な言語文化の実例をあげながら，言語は人間精神の普遍性とともに社会文化をも反映するので，人々を結びつけもすれば，人々を裂くこともあると指摘する。そして，異言語・異文化を理解することは他民族を理解すると同時に，言語文化の相対化を通して自分自身を理

解することだとしている (Understanding another language and its culture deepens our sympathetic understanding of other nations. Even more importantly, it helps us to understand ourselves.: p. 61)。題材に見られる言語文化観は「精神論」「教養」「多元的」に傾斜していると言えるだろう。

(2) JACET (1987)

本書の執筆陣は第1章〜第3章が英国人,第4章が米国の駐日大使であったライシャワー氏,第5章はスウェーデンの経済学者兼政治家,第6章が米国人言語学者という陣容である。全6章の内訳は表2に示す通りである。

表2　JACET (1987) の概要

章	タイトル	内容	著者
1	The English	イギリス人気質	J. P. Martin
2	The Home-Centred Society	イギリス文化	M. Abrams
3	The Japanese Way of Learning and Teaching	日英文化比較	T. P. Leggett
4	Japan's Future in a Changing World	日本経済と世界	E. Reischauer
5	America's Recent Involvement in World Affairs	米国文化と政治	G. Myrdal
6	One World, One Language?	普遍言語問題	R. A. Hall, Jr

本文で言及されている言語数はJACET (1980) を上回り,第6章を中心に28言語となっている。さらに,第6章には普遍言語（国際共通語）に関しての考察があり,11種の人工言語に言及している。多言語主義 (multilingualism) への言及もあり,現在読んでみても古さは感じられない。論考の視点が欧米語中心となっている観はあるが,それでも,世界の人々が理解し合うために国際補助語は必要だが,それは必ずしも1つである必要はない (We do not need linguistic unity in order to attain world peace.: p. 69) という指摘に見られる多元的な言語文化観や,各言語文化の間に優劣はなく,多言語主義はむしろ望ましいものとする主張は,21世紀の現代にも通じる視点である。題材から読み取れる言語文

化観は「精神論」「教養」「多元的」であると言えるだろう。

(3) McConnell (1981)

本書は全9章から構成されており,著者はイタリア系アメリカ人の Joan McConnell 女史である。執筆当時はスタンフォード大学でイタリア語とイタリア文学の教授であった。表3に示した各章のタイトルからも分かるように,テーマは言語学から社会言語学,そして言語人類学（文化人類学）にわたる。言及している言語例は14言語に及ぶ。現代語の対照や語源学的な記述も興味深いが,特に印象深いのは,異言語を通しての自己の相対化という教養主義的な言語文化観である (Speaking only one language can be compared to living in a room with no windows and no doors. It is safe, but it is dark and closed.: p. 89)。

表3 McConnell (1981) の概要

章	タイトル	章	タイトル
1	What is Language?	6	Language and Sex
2	Language and Thought	7	Body Language
3	Language and Identity	8	Variations in Language
4	Language and Social Customs	9	Language in Contact
5	Language and Intolerance		

だが,気になる点もある。それは McConnell 氏の出自（イタリア系アメリカ人）とも関係しているのだろうが,常にアメリカの言語文化を参照枠として様々な言語文化を見ていることである。単独の著者による執筆の弊害と言えるかもしれない。それでも,言語研究は人間を探求することだという指摘（... the study of language can perhaps best be defined as the study of man.: p.8) や,言語は人を結び付け文明の構築に貢献するが,人を引き裂き争いを引き起こすこともあるという指摘（Language is man's best friend and, at the same time, his worst enemy ... : p.8) は,先に見た JACET (1981) や JACET (1987) に通じる言語文化観である。総じて題材から読み取れるのは「精神論」「教養」「多元的」言語文化観と言えるだろう。

(4) McConnell (2000)

本書は全6章構成で,各章はそれぞれさらに4節から構成される。概要は以下の表4に示す通りである(各節の表題は割愛する)。

表4　McConnell (2000)の概要

章	タイトル	章	タイトル
1	Language Supports Culture	4	Language Threatens Culture
2	Language Takes us Beyond Our Culture	5	The Future of English
3	Language Complicates Culture	6	Language & Culture in 21 Century

McConnell (1981)に比べて版型もB6判からA5判に大きくなり,写真や挿絵なども充実し,本文の文体も含めて格段に読みやすくなっている。言及している言語数はMcConnell (1981)と変わらないが,言及している文化は2倍以上に増えている。前著に貫かれていた著者の思想は本書にも反映されており,外国語学習が学習者を啓蒙し,第2のアイデンティティ獲得に寄与するとしている。

ただし,McConnell (1981)と同様に,視点がアメリカの言語文化にある点と,文体の易化の代償として深みがなくなった点がやや残念である。具体的には,第4章の言語帝国主義の記述である。テーマの重さに比べて,対象への切込みがやや甘い印象がある。だが,北米の先住民語,英国のゲール語,そして日本のアイヌ語など,大言語によって圧迫されている少数言語にも言及しているなど,題材に読み取れる言語文化観は「精神論」「教養」「多元的」と言えるだろう。

(5) Ueno, et al. (2001)

本書は今回分析対象となっている他の4冊とは少し形式が異なっている。純粋な精読用教科書というより,総合テキストの趣がある。これは「辞書があれば予習なしでも授業で読み進められる」という作成意図も関係している。50語程度の会話文と,100〜150語の短文が毎講2題ずつ程度配されている。取り上げている言語文化は英・米・加・豪の英語圏を中心とし,それとの対照で日・韓・西・仏が言及されている。次の表5では各章の英文タイトルによって全体概要を示す。

第10章　大学英語リーディング教材に見る言語文化観　91

表5　Ueno, et al (2001) の概要

章	タイトル	章	タイトル
1	Spellings and Culture	9	Preoccupation
2	Greetings	10	Christmas
3	At a Check-out Counter	11	U.K. or U.S.A.
4	Knowledge about Traveling Abroad	12	History of the U.K.
5	Time Zone and Summer Time	13	Vocabulary and Meaning
6	Transportation in Britain	14	Metaphor
7	Cultural Differences	15	Color Terms
8	Point of View		

　昨今の大学英語教育が置かれている厳しい状況に対処すべく，構成や分量などがよく練られている上に，様々な工夫が施されている教科書と言える。

　ただし，本書が想定する初級レベルの学生の便宜を最大限図ったためであろうが，いくつか気になる点もある。まず，言及される言語文化がやや英語圏に偏っている。また，第3・4章などは昨今のコミュニケーションのための実用主義に傾斜した題材である。無理は承知の上で，あえて希望を言えば，たとえば第12章で英国史（英語史）の負の側面にも言及するといった，学生に深く考えさせる題材も取り上げてほしい。題材から読み取れる言語文化観は，「道具論」「実用」で特徴づけられ，英米文化の紹介を中心としているため，「一元的」に分類されるだろう。

おわりに

　本章では，言語文化観の観点から，5冊の大学英語リーディング教科書を分析してきた。総じてどの教科書も執筆陣の思いが伝わってくる好著である。
　論考を終えるにあたって，小規模ながら教科書分析を通して得た知見を整理

し，最後に望ましい英語教材について若干の考察と今後の希望を述べる。

　まず，分析対象の教科書選定の過程で，「言語文化」を書名に含む教科書がきわめて少ないことに驚かされた。2009年現在で大英協のサイトで検索可能な（つまり入手可能な）1,000冊中，わずかに3冊であった。次に，1980年代の3冊と2000年以降の2冊を比較すると，英文の分量が減少し，内容や文体が易化している。学生の実態により配慮した結果とも言えるが，深く考えることが要求されなくなったとも言える。最後に，多様性・多元性の観点から見ると，題材として取り上げられる言語文化の数が，時代が下るにつれてやや減少傾向にある。最大の問題点は，英米語中心の傾向を強めていることだろう。

　分析を通して得た望ましいリーディング教科書とはどのようなものか。それは，（1）「学生の実態にも配慮しつつ，大学生だからこそ使える，そして議論ができるような内容の教科書」であり，（2）「JACET (1980, 1987) の理念を踏襲した教科書」ということになる。要は，教科書の構成や体裁，難易度などは2000年以降の教科書に見られる「学生に寄り添う姿勢」が必要だが，同時にJACET作成の教科書のように，題材内容も執筆者も多様性と多元性に富み，深く考えさせる内容を持った教科書が望ましい，ということである。

　教科書を貫く言語文化観は人間観に通底する。この言語文化観に歪みや偏りがあると，人間観の歪みや偏りにつながる可能性もある。それゆえ，大学英語教育における言語文化教育はきわめて重要な役割を担うものと言えるだろうし，その教材の持つ意味もきわめて大きい。大変難しいことかもしれないが，だからこそやりがいのある仕事と捉え，是非とも今後JACETの活動として大学教科書を継続的に作成していく必要がある。

第11章

リベラルアーツと大学英語教育

はじめに

　1991年の大学設置基準の大綱化以降，多くの大学でカリキュラム改革が進められる中,「リベラルアーツ」は注目される1つのキーワードと言えよう。改革後，リベラルアーツの理念をもとに学部，学科を新設した大学も少なくない。玉川大学リベラルアーツ学部（2007年開設），桜美林大学リベラルアーツ学群（2007年），早稲田大学国際教養学部（2004年），横浜市立大学国際総合科学部（2005年），上智大学国際教養学部（2006年）等はその一例である。しかし注目される一方，リベラルアーツ自体はいまひとつ捉えづらい概念であることも否めない。本章ではまずリベラルアーツの定義を試み，次にリベラルアーツの特色を述べ，リベラルアーツにおける英語教育の一例をあげる。最後にリベラルアーツを通しての今後の日本の大学英語教育への提言を論じる。

1.　リベラルアーツとは

　日本の大学カリキュラムを論じる際に多用されるリベラルアーツとは一体何を指すのだろうか。一般的には「教養」「一般教養課程」「広く浅く様々なコースを履修できるカリキュラム」と理解されていることが多いようである。しかし，リベラルアーツとは概念を指すのか，科目，または履修方法を指すのか，いまひとつ捉えづらいことばではある。

1.1　リベラルアーツの起源

　リベラルアーツの語源はラテン語の artes liberales（自由人にふさわしいアー

ツ（学芸））である。その起源は紀元前のギリシャまで遡り，liberales とは「自由市民階級」つまり国家社会の支配層を，そして artes は「学芸」を指していた（長谷川，2008）。つまり，社会を担い，指導する人間の習得すべき知的基礎となるものがリベラルアーツであり，元はエリート層の育成教育であった（絹川，2002）。支配層のエリートは幅広く学ぶことが重要とされ，ローマ時代の末期には「自由市民階級」の「学芸」は言語三科（文法・修辞・論理）と数学四科（算術・幾何・天文学・音楽）の自由七科を指していた（長谷川，2008）。佐藤（2005: 38）は幅広い学びの特徴は「人文教養の古典を重視し，個人の内面の解放を志向している点」にあったと述べている。中世でも自由七科は専門教育の基礎と見なされていた（長谷川，2008）。その後，リベラルアーツはアメリカで発展を遂げる。新大陸でも政治家，聖職者など社会のリーダー育成のためには，広い視野，見識を身につけることが重要とされ，1636年開設のハーバード大学をはじめとし，数々のリベラルアーツ大学が創立された。

1.2　日本におけるリベラルアーツ

日本にリベラルアーツが導入されたのは第二次世界大戦後のこととなる。リベラルアーツは当時の日本の狭い分野，専門性に偏った高等教育改革の一環としてアメリカ教育使節団によってもたらされた（富山，2006a）。当時，リベラルアーツは「教養」と日本語に訳されたが，その概念が正しく理解されないままに，多くの日本の大学に「教養学部」ではなく，いわゆる「一般教養課程」として定着したようだ（富山，2006a）。絹川（2002）は「リベラルアーツ」の日本語訳を「教養」としたことが誤解を招くもとになったと指摘している。皮肉にも「一般教養課程」の空洞化が，現在のリベラルアーツ再考の一因となったのだ。

2.　リベラルアーツの定義

現在，大学教育の1つのキーワードとして謳われているリベラルアーツとは何であろうか。それはエリート育成教育でも，一般教養課程でもない。リベラルアーツの語源 artes liberales の liberales が指す「自由市民階級」は時代とともに変遷し，現在の民主主義では一般の市民を指している。つまりリベラルアーツとは「市民のための教育」である。絹川（2002: 5）はリベラルアーツを「責任ある市民」を育むために「専門職業教育が目標とする直接的な知識・技術の修得と

は異なり，思考力と判断力のための一般的・知的能力を発展させることを目標にする教育」と定義している。本章では絹川の定義を元に論じていきたい。

2.1 リベラルアーツのカリキュラム

リベラルアーツを掲げる大学，学部，学科のカリキュラムに共通するのは1, 2年次に様々な分野の基礎科目を履修し，個々が自分の興味，可能性を探究し，3, 4年で集中的に専門分野の学びに従事することである。文理にとらわれず，広く学ぶことによって身につけた知識は，専門分野の知識探究の基礎になるとの見地からこのようなカリキュラムが組まれている。

2.2 リベラルアーツの理念

リベラルアーツを「責任ある市民を育むための教育」と定義したが，「責任ある市民」とは具体的にどのような個人を指すのだろうか。リベラルアーツ学部，学科またはリベラルアーツを理念として掲げる大学のウェブページ，入学案内を概観してみた。「責任ある市民」育成の鍵として様々な特徴が見られるが，「考える力」「多様性，解放性」「責任性」の3項目に分類することができるだろう。

(1) 考える力

まず，第一の特徴として，様々な「考える力」があげられる。「自ら問題を発見し解決していく能力」（早稲田大学国際教養学部），「問題提起，問題をどのように見つけるか。多面的に問題を見る力」（横浜市立大学国際総合科学部），「分析力，批判的思考力」（上智大学国際教養学部）などがその一例である。リベラルアーツの言わんとする「考える力」は次の5つの点に集約されるであろう。①正確な理解力（与えられた情報の要点や主旨，作者の仮説，定義などを主観を交えないで理解する能力）②批判的思考能力（情報の妥当性を検証し論理の飛躍や証拠の偏りなどを分析する力）③学問的探究能力（問題を提起し追求する力）④自己表現力（他者に分かる形で情報を発信する力）⑤問題解決能力（問題を深く理解・吟味した後にその解決策を考えだす力）（富山，2006；深尾・渡辺，2008）。

ある課題・問題に直面した際に問題を正確に理解し，批判的思考をもって分析し，自分の意見を適切に述べ，必要なリサーチをする術を持ち，問題解決へと導く能力を有する個人の育成を目指すことが1つの共通点と言えるだろう。つまりあらゆる分野で専門としての学問をする際に，または生きていく上でも必要な基

盤を成す力を指すと言えよう。

(2) 多様性・解放性
　リベラルアーツの liberal には「考えなどが偏見のない」「宗教・考え方などが自由主義の，進歩的な」という，また liberal の動詞形 liberate には「解放する」（『ジーニアス英和大辞典』）という意味がある。何からの解放であるかと言えば，「自分の考え，自分の置かれた世界」から，解放されることである。つまり解放とは特定の固定的な考えに捉われるのではなく，幅広い視野で多様な考え方を想像，理解できる特性を指す。そして「異なる考え方やアプローチ方法」の理解を指すのだ（桜美林大学）。
　我々は異なる価値観を持つ個人と出会うと，なぜ相手がそのような考えを抱いているのか理解できず，理解の努力を拒むことさえもある。しかし，解放性を備えた市民は相手の思想的背景などを考え，なぜ相手がそのような考えを持つのか，その経緯や理由に同意しなくとも，理解，想像できる能力を示す。相手の視点を知ることは，自分の視点や考えがすべてではなく，自分の持つ偏見をも知ること，「自分自身を対象化して捉える」（松澤，1999: 12）ことを可能とするのである。富山（2006a）は自分の住む世界を，つまり物事を客体化するということ，これが自己の解放，自由へとつながると述べている。責任のある市民は多様性の認識，「広い視野」（横浜市立大学国際総合科学部）多角的な視点の獲得を通して自己の世界から解放され，それにより相手の意見に迎合するのではなく，自己の視点の認識，位置づけの獲得を可能にするのである。

(3) 責任性
　「責任ある市民」の育成がリベラルアーツの目的であるが，なぜ「責任ある個人」ではなく「市民」ということばが使われているか考えてみよう。「市民」を『広辞苑』で引くと，「広く，公共性の形成に自律的・自発的に参加する人々」とある。また「責任ある市民」の説明で富山（2006a）は「民主主義社会に生活する我々は一人一人市民としての責任を担っている」と述べている。佐藤（2005: 35）は「市民性の教育」を三次元に分け「第一の次元は，地域社会あるいは地域共同体を構成する主体としての市民の教育です。第二の次元は，日本社会を構成する主体としての市民の教育です。そして第三の次元は，グローバル社会あるいは地球社会を構成する主体としての市民の教育です」と説明している。「責任性」とは自分が所属する共同体の一員として，自分には何ができるかを考え，行動で

きる個人，つまり「市民」を指しているのだ。

様々な大学におけるリベラルアーツの特徴をまとめて述べたが，すべての大学に3つの特徴が見られるわけではない。しかし現代のグローバル化された社会においてどのような学生を育成して，社会に送り出したいか，表現は異としても共通した認識があるようだ。

リベラルアーツの特徴を英語教育の中にどのように生かすことができるのか。1953年の開学時よりリベラルアーツを理念として掲げてきた国際基督教大学（International Christian University，以降ICU）の英語教育課程（English Language Program，以降ELP）を例にあげて述べてみよう。

3. リベラルアーツと英語教育の一実践例

ICUは開学以来，教養学部の単科大学でICUの教育の目的である「地球市民の育成」のもとにリベラルアーツ教育を実践してきた。英語教育課程（English Language Program: ELP）とは，ICUに入学したほとんどの学生が履修する2年間の英語プログラムであり，カリキュラム・目的・教材はすべてICUのリベラルアーツ教育のもとに考案・開発されている。前述したリベラルアーツの3つの特徴に照らしながら，リベラルアーツと英語教育について論じよう。

3.1 多様性・解放性

リベラルアーツの理念の1つの特徴として「多様性・解放性」をあげた。上記で述べた通り，学生たちを解放性へと導くためにはまず多様性の実感，体験が不可欠である。ここでは，英語のカリキュラムに多様性をどのように組み入れるかを中心に述べよう。つまり，コース，トピック，テキスト，授業内活動，評価方法などに，意識的に多様性を組み込む方法についての説明となる。

コースにおける多様性についてELPの1年次春学期のカリキュラムを例としてあげたい。ICUに入学したほとんどの新入生は，1年次の春学期に6種類のコースを履修する（表1参照）。内容理解重視，英語のスキル向上，ストラテジー育成，講義中心，ディスカッション中心など，目的や授業形態の異なるコースを通して学生たちは多種のコースを体験する。

授業で扱われるテーマにも多様性の導入が重要だ。テーマ選定の際には「大学生が考えるべき普遍的なもの，論議をかもすもの」「学際的なもの」（深尾・渡

表1　ELP 1年次春学期カリキュラム

コース名	コース目的
Academic Reading and Writing（論文と読解作法）	テキストの内容理解促進・大学で求められる英語のライティング能力及び思考の育成等
Reading and Content Analysis（精読と英文構成法）	リーディングストラテジーの育成，テキストで紹介される多様なトピックの理解等
Narrative Presentation（講義）	ELPで学ぶトピックの背景知識導入・講義の聴解力及びノートテイキング能力向上
Academic Listening & Note-taking（リスニングとノートテイキング）	英語の講義の聴解力及びノートテイキング能力向上
Academic Speaking 1 & 2（スピーキング1・2）	アカデミックな状況におけるスピーキングの向上
Academic Learning Strategies（学習ストラテジー）	基礎的学習能力及び学習習慣を身に付ける

辺，2006）を念頭におき，異文化理解，生命倫理，人種など多元的視点からの探究が必要とされるテーマを選ぶことが望ましい。また教材選定においても，同一テーマについて異なる視点を持つ内容の教材を用いることがよいだろう。

　学生が読むテキストも様々な視点，切り口を持ち，多様なジャンルを網羅する文献を選ぶことが望ましい。客観的，主観的，認知的，科学的，文学的，倫理的，統合的など，様々な視点をもって書かれた文献，またジャンルとしてはスピーチ，文学，著書の序章，著書の結論，新聞記事，海外の大学で使用されるテキストなどの採用が考えられる（深尾・渡辺，2006）。

　学生の教授に当たる教員の多様性も不可欠だ。英語母語話者，日本語母語話者，その他の言語の母語話者から構成される教授陣。また英語母語話者の中でも米語，イギリス英語，オーストラリア英語，シンガポール英語を話す教師，日本語母語話者でも日本で教育を受けた者，留学経験のある者など教員の語学背景にも多様性を取り入れることが理想である。

　授業のアクティビティでも，個人，ペア，グループワーク，全体クラスワーク

など異なった形態の授業活動も重要だ。学生たちがもっとも直接的に多様性に直面するのは，授業内のアクティビティ，グループディスカッションにおいてであろう。グループディスカッションのゴールは意見の一致をみることではなく，異なった意見を聞き，理解することで自分の意見をより広い視野から客観視するという解放性を養い，さらにより洗練された議論として発展させるプロセスを体得することだ。学生たちは「生命倫理」等のトピックについてのディスカッションの中で，時には異なった意見に圧倒され，時には反対意見を自己への批判と同一視し傷つくこともあるだろう。このような経験を経て多様な意見の存在を知り，自己解放性へと成長していくのである（深尾・渡辺，2008）。

　最後に評価方法における多様性には，担当教員による評価以外に共通テスト評価，自己評価，クラスメートによる評価などが考えられる。また，テスト形式もマーク式，記述式，口頭式などを組み入れることも考えられる。

　コース，テキスト，授業活動形態，評価方法などから多様性に触れ，多元的な視点を持つことにより，学生たちは自分の視点からいったん自由になる。そして無自覚であった自己の視点に気づき，自己から解放される。さらに今まで無条件に正しいと受け入れ，絶対視してきた対象，教師の意見 —— 教科書の内容などかもしれないが —— などからの解放にもつながるのである。

3.2　考える力

　リベラルアーツ教育の特徴としてあげられた「考える力」を具体的に，①正確な理解力，②批判的思考能力，③学問的探究能力，④自己表現力，⑤問題解決能力に分けて説明した。英語教育でこの5つの「考える力」がどのように訓練されるのか，ELPの春学期に課される「教育の価値」について英語で論文を書くという課題を例として説明を試みる。

　学生たちはまず，大学における学びと高等学校までの学びの違いについて複数の英語のテキスト，そして英語の講義も交えた複数のコースを通して学ぶ。ここでは英語の文章を読み，英語の講義を聞き，内容を理解する「正確な理解力」が求められる。1年次に英語で行われる講義を聞くのはそう容易なものではないのだが，リスニングのコースで学んだスキル，講義の聞き方，ノートの取り方を講義の授業で活用することが期待されている。次に正確に理解した情報を「批判的思考能力」を使って分析していく。そのためには理解した情報をただ鵜呑みにするのではなく，著者の意図，対象，論の進め方などを分析しながら，読むこと，考えることが必要となる。学生にはテキストの余白に内容に関する疑問，著者へ

の質問，自分の感じたことを書きながら，批判的に読むことが奨励されている（吉岡，2002）。学生のテキストの余白を見ると"What does it mean?"，"Why?"，"Who said so?"，"Not enough evidence."などの記述が見られる（吉岡，2002）。次に授業で，個々の学生の独自の問いをもとに，テキスト分析，内容についてのディスカッションを行う。スピーキングのコースで学んだディスカッションの進め方（役割分担，表現など）を駆使し，口頭による「自己表現」をしていく。そして「教育の価値」における自分の主張を提起し，トピックのさらなる「探究」のため，学習ストラテジーコースで学んだリサーチスキルを使って研究を進める。最後にライティングのコースで学んだ内容を活用しながらライティングによる「自己表現」を行う。

　高校の英語の授業のライティングで，和文英訳，英文和訳，英語での要約などに慣れてきた学生の中には，英語の論文で自分の意見を表すというプロセスで様々な困難に直面する者も少なくない。英語力の問題かもしれないし，自分の意見を持ち表現することや時間の使い方の問題かもしれない。学習ストラテジーコースでは学習者としての自己の問題点を見出し，その解決策を発表するプロジェクトがあり，学生たちはそこで学んだ「問題解決能力」を実際の学びを通して訓練していく。1本の英語の論文を書き上げる際にもELPすべてのコースの内容は有機的に関連しており，学生たちは各コースで学んだスキルを統合して学んでいく（深尾・渡辺，2006）。学ぶ力の育成のためには，習得すべきスキルを念頭において，カリキュラムのみならず，各コースの目標，レッスンプランを練り上げることが重要であろう。またそのスキルを統合的に，繰り返し訓練をする必要があるだろう（富山，2006a；深尾・渡辺，2008）。

3.3　責任性

　授業の中で学生たちは様々な授業課題，授業活動，そしてクラスメートから責任性を学ぶことができる。ELPの学習ストラテジーのコースで学ぶ「授業評価の方法」をその一例としてあげたい。このレッスンで，まず学生たちは授業評価の目的を話し合い，授業評価とは「授業をより良いものへと構築するための学生にとっての権利であり義務である」ことを確認する。つまり授業評価をすることは，大学というコミュニティの中の一人の学習者として，大学に対して，教員に対して，そして次の年の学生に対しても責任があるということを認識する。

　次に効果的なコメントの書き方を話し合う。授業評価の一般的なコメントとして"The teacher was kind.""The class was interesting."などが考えられる。

このようなコメントは一見肯定的であるが何が良かったのか明確ではなく，授業評価としての役割を果たしてはいない。"kind"とはどういうことなのか。学生が困難に直面している時に的確なアドバイスを与えられる教員なのか，それとも評価の甘い教員なのか。"The class was interesting."とは，どの授業活動のどのような点が"interesting"なのか，また"interesting"とは具体的にどういうことなのか，クラスの中で話し合いながらより効果的で建設的なコメントに書き換える練習をする。

　英語の授業の中で学生たちがクラスメートという共同体から学ぶことも特筆に値する。授業数が多ければ多いほど，共同体の結束は強くなる。ELPではクラスのメンバーとともに週約11コマもの授業に参加し，自ずとこのクラスが学生たちにとっての一番身近な共同体となる。そのコミュニティの中で学生たちは自己の学びのみならず，同じクラスの他者への学びにも責任があることを知る。グループワーク，ペアワーク等の共同タスクからも，自分の役割，責任を体感する。課題・予習をせずに授業に出席また遅刻をすることは，自己のみならず，他者の学習の妨げになることを体験する。クラスという卑近なコミュニティにおける一学生としての責任性，自分は何をすべきで何ができるのかを学んでいく。この責任性の概念はクラスから，大学全体，自分の属するコミュニティ，日本，アジア，そして世界へと広がっていくのである（深尾・渡辺, 2008）。

おわりに

　国際化，IT化などの時代の潮流に，大学教育そして英語教育は大きく影響を受け，海外留学プログラム，CALL (Computer Assisted Language Learning) を導入していない英語のプログラムは皆無であると言っても過言ではない。時代とともに大学教育が変化することは不可欠であるが，大学の根幹を成す理念は「不易」の部分であり，時代の波に翻弄されずに守っていくべきものであろう。村上（1999）は大学の特徴を生かすのはその大学の教養教育だと言う。大学英語教育もまた，時代の流れを意識しつつ「大学の理念を担う教育」として掲げなければならない。現代の日本において大学はどのような個人を育て，社会に送り出していくのか。カリキュラム改革に当たってはその根本に立ち返り，大学の理念を基盤に据えて考えることが重要であり，その際，リベラルアーツは1つの指針となるであろう。

第Ⅱ部

大学英語教育と諸分野

第1章

「英語教育学大系」の概要

はじめに

　第Ⅱ部は本大系のミニチュア版であり，本章は，さらにそのミニチュア版である。1から13までの項目を立てているが，これは本大系の第1巻から13巻までの番号を反映したものである。なお，第1巻については，重複を避けるために，第Ⅰ部のみの紹介とする。

1. 大学英語教育学の方向性

　第1巻の前半「大学英語教育学の諸相と方向性」を論ずる場合の視点は4つになる。まず，大学英語教育学も含む「教育学」に適用される目的論・目標論・方法論の検証を取り上げる。次に，方向性の総論的視点として3点取り上げる。この3点とは，中・高・大という縦の関係と，ドイツ語教育・フランス語教育・中国語教育などとの関係，あるいは応用言語学の諸分野との関係というような横の関係，そして，言語政策と大学英語教育との関係という視点である。さらに3つ目として，各論的な視点として大学英語教育の国際化・情報化・産学協同化（産学連携）・大衆化を取り上げる。いずれもこの30年ほどの間に著しくなった現象である。これらのいわば「流行」に対して「不易」を扱ったのが，4つ目の視点である。ここでは，大学英語教育の目的論，取り上げるべき言語文化観，リベラルアーツとしての大学英語教育を，JACETの刊行物，大学テキスト，カリキュラムなどの例を通して考察する。

2. 英語教育政策

　英語の使われ方を大別すると，母語としての英語，第二言語としての英語，そして，外国語ないしは国際補助語としての英語の3つになる。これらは，B. Kachru の3つの円の領域で言えば，内円圏 (the Inner Circle)，外円圏 (the Outer Circle)，拡大円圏 (the Expanding Circle) となる。第2巻ではこの3つの場合をいくつかの具体的事例を取り上げ，紹介する。まず，内円圏には，アメリカ合衆国・イギリス・オーストラリアがある。イギリスは国外の植民地の人々に，アメリカとオーストラリアは流入する移民に長年英語教育を行ってきた。次に，外円圏には，インド・シンガポール・マレーシアがある。この3つの国はかつて英国の植民地であるという共通性を持ちながら，それぞれの独自性を出している。さらに，拡大円圏として，欧州・中国・韓国・タイ・イラン・トルコ・ブラジルを取り上げる。最後に，この拡大円圏の1つでもある日本の英語教育政策を，学習指導要領や学制の4-4-4制の利点を中心に取り上げている。

3. 英語教育と文化

　第3巻は，「異文化と英語教育」「民族・国家と英語教育」「文化と教授法」の3つから構成されている。まず，「異文化と英語教育」では，日本の文化と日本人の英語の関係を考察する。日本人が英語を使う時，日本語や日本文化の影響がどのような形で現れるのかを，文法や文体などの視点から取り上げている。次に，「民族・国家と英語教育」では，言語と民族・国家の関係についての考察に始まり，これが，国際英語論，言語権，言語帝国主義，社会階層などの問題を取り入れながら，民族や国家の共生と英語教育がどのような関係を持つのかを論じている。最後に，「文化と教授法」では，これまでの知見が具体的に教育の現場でどのように具現されているか，多くの実践例を紹介しながら，文化的要素がどのように扱われているか，また異文化間コミュニケーション能力としての英語運用能力養成がどのように展開されているか，教育目的・使用教材・活動形態などの視点から論じている。

4. 21世紀のESP

　第4巻は，まず，ESPをEAPやEOP (English for Occupational Purposes) も含むとした上で，ESPの研究者としてまた教授者としてのESPプロフェッショナルとは何か，21世紀にESPプロフェッショナルがなぜ必要なのか，そして，このために何をすべきかを提案している。この提案の概要は以下のようになる。（1）学習者自身が関わる分野や仕事で，英語を使って活動できるように自律した学習者を育成する姿勢を培う。（2）ESPを一部の学生に対しての「特殊な」授業として捉えるのではなく，コアカリキュラムとして扱う。（3）ESPの学習者は基本的には成人であるが，最近は中等・高等教育で導入されている。（4）ESPは，対象分野の専門家からは内容に関する情報が，言語教育者からは言語特徴の情報が提供されるが，どちらとも重要である，すなわち専門教員と英語教員の「連携」がカギとなる。（5）ESPには，学習システムとしてのe-learningや言語分析のためのコンコーダンス・ツールをフル活用することが求められる。

5. 第二言語習得研究

　第5巻は，「第二言語習得論とその関連理論」「学習者言語を通した第二言語知識の解明」「大学生と第二言語習得」という3つから論を進めている。まず，「第二言語習得論とその関連理論」では，第二言語習得の諸相として第二言語習得の定義，母語獲得との相違，バイリンガリズムの社会的な面と個人的な面に言及している。次に，「学習者言語を通した第二言語知識の解明」では，学習者言語，学習者要因，教師の言語習得，大学生の第二言語習得の実際を取り上げているが，言語習得順序や中間言語など学習者言語の特徴に触れて，さらに，年齢・適性・動機づけなど個人差をもたらす要因に進んでいる。最後に，「大学生と第二言語習得」では，一般の英語教育における授業への応用としてインプット・アウトプット・インタラクションなどがどのように行われているかを論じたあと，言語習得理論と英語科教育法の授業との関係について，教授法・教員研修・教材開発に関する3つの基礎理論から，言語習得理論の応用の仕方などを解説している。

6. 成長する英語学習者

　第6巻は，学習者オートノミーの育成の重要性を取り上げ，学びの成り立ちに大きな影響を及ぼす多様な学習者要因を解明し，学生たちの主体的な学びを促す自律学習のあり方を理論と実践の融合の立場から考察している。全体は2つから構成されている。まず，「大学英語教育のパラダイム・シフト」では，大学英語教育における「教え中心」から「学び中心」へのパラダイム・シフトが進んでいる実態と意義に言及している。これは，大学英語教育が教師中心から学習者中心に移行しつつあるという指摘になる。次の，「自律を育む学習者」では，この学習者中心が，言語学習の場合にどのようになるか，学習スタイル，動機づけ，学習ストラテジー，コミュニケーション・ストラテジー，学習者オートノミー，ポートフォリオ，セルフ・アクセスなどを概観し，最後に，学習者オートノミーを促す教師としては，教師オートノミーが不可欠として，英語教員自身が自律的に何を考え，何をしなければいけないかを説いている。

7. 大学英語教育と教員養成・現職教員研修

　第7巻では，大学における英語教員養成と現職英語教員研修の今後のあり方について考察している。まず，この2つの課題の背景を明らかにするために，日本の教師教育と英語教育の改革の動向について触れる。次に，日本の教師教育の今後のあり方に示唆を与える諸外国の事例を，資料に基づいて紹介する。さらに，これまで実施してきた日本での教員養成や現職教員研修等の実態調査の研究成果を踏まえて，英語教師に限定した養成と現職研修のリサーチの課題について論じる。特に，英語教師が備えるべき英語力と教授力を中心とした専門性基準の特定と研修・評価の枠組みの策定の必要性を述べる。最後に，今後，従来の学部中心の枠組みを越えて教員養成の改革を断行することが要求されていること，大学院等でより高い専門性と実践的指導力を兼ね備えた現職教員の研修・再教育に取り組むこと，我が国の教師教育の再構築を進めるためには，英語教師の専門性と研修・評価の枠組みなどに関して検討する必要があることに言及している。

8. 英語研究と英語教育

　第8巻は、「研究と教育の関係」「理論的英語諸研究とその成果の英語教育への応用」「大学の文法指導における文法研究の成果の活かし方」の3つに分かれる。まず、「研究と教育の関係」では、英語教育の目的の1つにメタ言語能力の育成があることを指摘し、そのためには、あるべき文法観・言語観を育成しなければならないとしている。また、言語理論の研究がEFL指導において不可欠であるとしている。次に、「理論的英語諸研究とその成果の英語教育への応用」では、文法研究、語彙・辞書研究、文学研究の3つを取り上げ、それぞれの具体例に触れている。たとえば、文法研究では、教育・学習英文法の内容と指導法、生成文法と構文指導、意味論・語用論・文体論と読解指導などである。最後に、「大学の文法指導における文法研究の成果の活かし方」では、Mary sent John to the doctor. と Mary sent the doctor John. の意味の違いなどの具体的な文例から、文法研究が大学の英語の授業にどのように活かせるかを説いている。

9. リスニングとスピーキングの理論と実践

　急速なグローバル化に伴い英語が世界の共通語となり、「話せる英語」のニーズがますます大きくなってきた。英語が使えるということの意味は、4技能がバランスよく備わっていることであるが、社会一般では、特にスピーキング能力向上が求められ、そして多くの日本人には英語を流暢に話したいというあこがれがある。しかしながら、今なお日本人のリスニングとスピーキングへの苦手意識は続いている。第9巻では、このリスニングとスピーキングの問題を「音声の習得と指導」「リスニングの習得と指導」「スピーキングの習得と指導」の3つに分けて取り上げる。それぞれが言語理論・認知メカニズム・指導方法に関連したものではあるが、各テーマの性質上、理論やメカニズム、指導や評価方法の扱いの重さは多少異なる。共通する部分として、(1)対象にしているものの定義、(2)習得に際しての要因、(3)具体的な指導方法、そして、(4)テストの作成と評価の必要性、があるとしている。

10. リーディングとライティングの理論と実践

　第10巻は，まず冒頭で，従来の「英文和訳」と「和文英訳」は誤解されてきた，英文和訳は「リーディング」のある側面を理解するために，また，「和文英訳」は「ライティング」のある側面を補強するために，それぞれ存在しているとした上で，学習者の主体的な取り組みを基軸にして，リーディングとライティングを取り上げている。リーディングでは，学習者が主体的に読んだ教材の内容について読後活動を行うことによって，より深い言語処理が期待できる。つまり，教材内容に関わる読後活動としてライティングにつなげることで，記憶保持を決定する情報処理をより確かなものにすることができるとしている。ライティングでは，その意義・指導方法・研究方法・アカデミックライティング，そして最終的には，中・高・大のライティング指導の実際を取り上げている。基底として流れているのは，主体的な「読み」の活動がそのまま，主体的に「書く」活動のベースになるというように，リーディングからライティングへの橋渡しである。

11. 英語授業デザイン

　第11巻では，「授業学研究」「学力と学習の発展プロセス」「大学英語教育改善につながる授業の視点」の3つについて言及している。まず，「授業学研究」では，これまでの小・中・高における授業研究を概観した後，授業学研究が発展してきた過程，特に，大学における英語授業学研究を生み出した社会的背景などについても触れて，自主的な学びを行える学生が少なくなってきているので，これまで以上に授業学は緊急の課題と言えるとしている。次に，「学力と学習の発展プロセス」として，人間の持つ知的能力の諸相の視点で英語教育を見ることを提唱している。ここで取り入れるのは多重知能理論 (Multiple Intelligences Theory) である。最後に，「大学英語教育改善につながる授業の視点」として，コミュニケーション指導の取り上げ方，個々の学習者の把握，学生同士の協同学習という3つの視点から論じて，最終的には，授業を学びの空間として捉え，その中で指導法や授業の果たす役割を考察・検証するための処方箋を提供したいとしている。

12. 大学英語教育におけるメディア利用

　第12巻では，大学英語教育でいかにしてメディアを導入するかについて論じている。まず，「情報メディアの教育理論」では，基本的理論・問題・展望，セキュリティ，著作権，ICT教育者とICT教育研究者など，基本的な概念を取り上げる。次に，「コンピュータとシステム開発」では，学習管理システム，LMSの機能・管理・運用について言及している。さらに，「CALLと教授法」では授業方法と管理について取り上げ，最後は，「情報ネットワークと教育」でネットワーク，遠隔教育，新技術と教育拡大について触れている。この分野は日進月歩で，数年前まで使えたカセットテープなどは使うことができず，今ではコンピュータのファイルで配布したり，CDを焼いたり，websiteにアップロードして受け取らせたりと，いろいろな手段が必要となっている。本稿では現時点でのこのような情報をできるだけコンパクトにまとめて，新しいメディアの利用法について情報提供をしている。

13. テスティングと評価

　第13巻では，全体を6つに分けて論じている。最初に，「変わりゆく大学での評価」では，現在の大学英語教育の授業に触れながら，評価の重みや外部テストの是非に言及している。次に，「テストの概念・種類とテストの開発」では，テストの種類・開発，また英語能力との関係に言及する。3つ目の「英語学力の評価論と測定論」では，評価・測定の意義や方法を取り上げる。4つ目は「英語教育評価論」で，中学などで行われている観点別評価，学力評価と教育評価の違いに言及する。5つ目は「英語入学試験」のあり方について，特に難易度とリスニングの問題を取り上げる。最後は，「英語技能と語彙力の測定・評価」で，4技能のテストのあり方と評価方法，語彙力の測定の仕方に触れる。底流にあるのは，英語学習の最終段階にある大学は，学生がどのような英語学力をつけ，能力を開発して卒業していくのか，常に検証していかねばならないという大学英語教育の評価の役割の重要性が述べられている。

おわりに

　以上，第1巻の総論的な扱いを除いて，第2巻から第13巻までの12のテーマについて概要を述べてきた。いうまでもなく，ここに含まれない領域や分野もあるが，現在のもっとも顕著な教育実践をもとにした分野を考えると，この12テーマでほぼ網羅的に対処できると思われる。しかし，英語教育に限らず，教育には常に新しいニーズが出てくる。今後も注意深く見渡しながら，英語教育の諸分野を確認・開拓していかなければならない。

第2章

英語教育政策

はじめに

　グローバリゼーションと高度情報化が進む現代社会において，既に国際語としての地位を得た英語は，「地球語としての英語」(English as a global language) とも呼ばれる存在になる一方で，「世界の英語たち」(World Englishes) と呼ぶ多くの変種を生み出している。多様化した世界の英語の分類方法については，国別標準型方式，英語使用地域別類型方式，世界の標準英語類型方式等があるが，「言語政策」(language policy) という観点からは，同心円による類型方式による分類がもっとも適したものと考えられる。

　Kachru (1985) は，「3つの英語圏」(English in three circles) を設定し，それぞれを，「内円圏」(the Inner Circle)，「外円圏」(the Outer Circle)，「拡張圏 (the Expanding Circle) と呼んだ。「内円圏」は，英語の伝統の基盤となる母語 (native language) としての英語国を指す。「外円圏」は，母語ではないが，歴史的にかなり早い段階から多言語状態の中で，英語が第二言語 (second language) あるいは公用語 (official language) として重要な機能と役割を果たしてきた国や地域を指す。「外円圏」に属する国や地域は，そのほとんどが旧イギリス植民地である。「拡張圏」は，イギリス領植民地としての歴史もなく，第二言語や公用語として使うこともないが，国際補助語 (international auxiliary language) としての英語の重要性と必要性を認識し，その習得に熱心な国や地域を指す。日本を含め，数多くの国々・地域がこの「拡張圏」に分類される。3つの「圏」(Circle) は，他の概念を借りるなら，それぞれ，「母語としての英語 (English as a Native Language: ENL) 圏」，「第二言語としての英語 (English as a Second Language: ESL) 圏」，「外国語としての英語 (English as a Foreign Language: EFL) 圏」に相当する。

「英語教育学大系」第2巻『英語教育政策』においては，上記 Kachru (1985) の「3つの英語圏」の定義に基づき，全体を「内円圏」「外円圏」「拡張圏」の3区分に分類し，各圏の特徴となる国・地域を14あげ，それぞれの英語教育政策について論じる。「内円圏」で扱うのは，イギリス，アメリカ，オーストラリアの3か国である。「外円圏」で扱うのは，インド，シンガポール，マレーシアの3か国である。「拡張圏」で扱うのは，欧州 (EU)，東アジア (中国，韓国)，東南アジア (タイ)，中東 (イラン，トルコ)，南アメリカ (ブラジル)，そして日本の1共同体と7か国である。着目すべきは，国や地域によって施行方法は様々であるが，多くの国や地域が一貫性を備えた一貫制英語教育システムを採り入れていることである。そこで，第2巻「英語教育政策」のキーコンセプトを「一貫制」(coherence) として，「3つの英語圏」に属する各国・地域の英語教育を，1.概観（歴史的変遷），2.教育制度，3.外国語（英語）政策，4.教員養成，5.評価，6.考察（日本の英語教育への提案）等について論じる予定である。最後に，教員養成を含む日本の大学が果たすべきこれからの英語教育のあるべき姿について提案を行う予定である。

1. 「内円圏」の概要

本節では，「内円圏」(the Inner Circle)，すなわち英語母語話者圏の代表としてイギリス，アメリカ，オーストラリアを取り上げる。

イギリスは百年以上にわたってアジア，アフリカに多くの植民地を経営し，英語を統治・教育・ビジネスのことばとして使ってきた。多民族・多言語の植民地では共通語 (lingua franca) として社会の統一の手段でもあった。そこで培った英語教育の経験はイギリス国内での「国語としての英語」教育にも還元されている。なぜなら，英語を母語としない旧植民地や他の国からのイギリスへの移民が多く，その子どもたちが無視できない数になっているからである。もう1つの理由は，イギリス人でも母語話者であるだけできちんとした英語を使えるようになるというわけではないからである。豊富な語彙，多様なスタイル，豊かな表現力とコミュニケーション技術を伴った教養ある英語を使えるようになるには，母語話者にも英語教育が必要なのである。

英語が世界に普及するにつれてインド英語，ナイジェリア英語，シンガポール英語などの英語の「種」(variety) が増えた。だが，「インド」や「ナイジェリ

ア」や「シンガポール」という分子は独自性を帯びてはいるが,それら地域性の背後に共有されている基本的な語彙・語義・文法構造などの「英語」という分母は変わらない。「アメリカ英語」「インド英語」「ナイジェリア英語」は英語であってドイツ語やフランス語ではない。その意味でイギリスの英語教育政策およびその実施状況は「英語的なもの」(Englishness)をいかに教えるかという点で私たちに多くの示唆を与えてくれよう。

　アメリカはその建国の父祖がイギリス人とはいえ,Noah Websterの「アメリカ英語」の辞書に見られるように独立の気運が高く,英語も古いイギリスの因習から解き放ち,規則化・標準化しようという伝統がある。加えて,20世紀に世界中から大量の移民が流入したことで世界に類のない多民族・多文化・多言語国家になった。多様な民族が持ち込んだ多文化・多言語は,アメリカ英語およびその運用の基準に影響を与えずにはおかなかった。それはアメリカ英語を,非英語圏文化・伝統も取り入れ,共有部分を持った,一般性のあることばへと変化させてきた。アメリカ国内における非母語話者への英語教育および英語母語話者へのバイリンガル教育を含む言語教育政策とその実情は,少子化による労働力不足を補うべく増え続ける外国人移民でいずれ多民族・多文化国家に移らざるを得ない日本が将来経験する言語教育かもしれない。その意味で,将来の日本の英語教育のモデルの1つとして見ることができるであろう。特に母語話者英語(native-speaker English)志向の強い日本人英語教育者・学習者にとって,母語話者も教養ある英語は後天的に習得しなければならないということを知ることは有益であろう。

　オーストラリアは20世紀後半に白豪主義を捨て,世界中から移民を受け入れ始めた。その広大な領土を防衛し,開発するためにはある程度の人口が必要だったことが原因の1つとは言え,現在アメリカ,カナダを抜いて英語圏でもっとも外国人の多い国となっている。先輩移民国家アメリカの黒人奴隷という人道的な負の遺産もなく,人種偏見の少ない開かれた国と言われている。その理由は,1つには欧州連合と同様に「英語＋1外国語」というバイリンガル言語政策を取っており,移民が母語・母文化を持ちこみ,それを保持することを奨励していることにある。もう1つは,英語教師の職業が母語話者だけでなくいろいろな国の出身の非母語話者にも開かれていることである。未来の社会のあり方のモデルとして見てよいのではなかろうか。

1.1 イギリス

イギリスでは1988年に「教育法改革」が成立し，その後，イングランドとウェールズにおいてナショナル・カリキュラムが導入され，各教科の指導内容と到達目標が明示された。英語はコア科目として，初等中等教育のすべての学年での必修科目となり，何をどう教えるかということが重要視されている。中等教育修了資格試験（GCSE）や高等教育進学のための試験（GCA-A レベル，GCE-AS レベル）でも重要な科目である。リタラシーの時間の設置，ICT の活用，文学や演劇の効果的な利用などの現状について考察する。

1.2 アメリカ

多言語・多文化の国アメリカは，人口の約20％が英語を母語とせず，現在も憲法上，国語や公用語は存在しない。第二次世界大戦後，科学技術分野におけるソ連の台頭やキューバ革命の亡命者への教育の必要から，外国語教育やバイリンガル教育が飛躍的に進んだ。20世紀終盤のベトナム戦争による東南アジアからの亡命者や大量のメキシコ移民の流入は英語公用語運動を再燃させた。現在もこの傾向が続いているが，ESL と Dual Language Education の研究が進んだ結果，以前のようなバイリンガル教育と ESL 教育の間の差はなくなりつつある。

1.3 オーストラリア

1970年に白豪主義を改めて以来，移民が急増し，外国人・外国生まれがもっとも多い国がオーストラリアである。社会の多民族化，多文化・多言語化は世界の潮流であるが，この国は1歩他に先んじている。ここでの英語教師にはギリシャ人，シンガポール人，フィリピン人など非母語話者が多い。母語話者か否かでなく，英語教師としての資質で採用するからである。この英語教育界の開放性・公平さは多民族社会に移行するであろう未来のあり方であり，母語話者一辺倒の日本の英語教育界に示唆するところが大きい。

2. 「外円圏」の概要

本節では，「外円圏」(the Outer Circle) に属するインド，マレーシア，シンガポールの3か国を取り上げ，それぞれの言語政策について論じる。

インドは200年にわたるイギリス植民地時代に英語が統治・教育・ビジネスの

言語として使われ，独立後も多民族・多文化・多言語国家の共通語として使われている。長い英語使用の中で，地域社会の文化や伝統の表現手段として地域化 (localization) が進み，また，教育を通して標準化 (standardization)，制度化 (institutionalization)，規範化 (codification) が進み，「インド英語」が確立しつつある。その表現力は，インド文学・外交・学術・IT技術者・コールセンターで，いかんなく発揮されている。そのようなインドでは，どのような英語教育が施されているのだろうか。また，母語話者英語を唯一のモデルとする日本の英語教育関係者には，英語をインドの思想・社会・文化・伝統の発信手段として取り込み，内在化 (internalization) し，独自性を主張するインド英語話者の態度には学ぶべきことが多い。どのような英語教育がそのような態度を醸成するのだろうか。

マレーシアも長いイギリス植民地時代を経て独立し，「第二言語としての英語」圏に属し，多民族国家である点でインドと同様である。マハティール元首相の強力な指導のもと「マレー化政策」を実施し，公教育の授業手段は英語からマレー語に切り替えられた。以来17年間，マレーシア語は普及し，順調な経済発展も遂げてはきたが，マレーシア人の英語力が落ち，国際的な活動に支障をきたし始めた。数年前から国際語としての英語の重要性が認識され，英語教育が見直され，小学校1年から英語教育に取り組んでおり，レベルは高い。マレー系，タミル系，中国系の多民族国家であることで，国内的にもマレーシア語とともに英語を使う必要があることもプラスになって，英語教育は盛んである。インド同様，英語が内在化され，独自の表現や意味が増えてきているが，これは英語を国内的に使用してきたことの自然な結果である。マレーシアの風土に合わせた独自の表現の創造など，母語話者英語とその使用基準に従うことに汲々としている日本の英語教育関係者は考えてみる価値があるのではないだろうか。

シンガポールもインド，マレーシア同様，旧イギリス植民地であり，「第二言語としての英語」圏に属し，多民族国家である。だが，この小さな都市国家のユニークなところはいち早く英語の国際性を認識し，強力に英語教育を推進していることである。小学校1年から中国語，マレーシア語，タミル語の母語教育を除き，全教科の授業を英語で行っている。その結果，母語話者なみの英語運用力を備え，国際的に活躍している人材を輩出している。だが，英語のみを使用する単一言語話者化が急速に進んでおり，シンガポール人としてのアイデンティティが怪しくなってきている。この国の徹底した英語教育の政策とその遂行はメリット，デメリットの両面で我が国の英語教育政策の参考になろう。

2.1 インド

歴史的変遷については，イギリス植民地時代における英語の導入の経緯，独立後の制憲議会における公用語論争，それに，現在のグローバル化における英語の役割について述べる。教育制度については公立学校と私立学校の違い（教育の質・教育言語）に焦点を当て，英語教育政策については多言語国家インドならではの「三言語政策」を概観する。その他，教員研修（筆者自身，参加経験あり）の実態や，修了試験（特に12学年）や英語検定等を紹介し，最後に，インドの言語政策やインド人の言語態度から日本が学ぶべき点に言及する。

2.2 シンガポール

1965年にマレーシア連邦から独立して以来，多民族・多言語国家シンガポールは，徹底して「英語を話すシンガポール人」というアイデンティティを形成すべく努力してきた。4つの公用語を制定してはいるが，この40年強の間に，多くの教育改革を行い，現在では，英語が第一教育言語となっている。英語教育には成功したように見えるが，実際には民族のアイデンティティの消失という大きな代償が待っていたことに政府は大きな危機感を感じている。

2.3 マレーシア

マレーシアは多民族社会の統合，マレーシア人のアイデンティティを創造する言語としてマレーシア語と英語を重要視している。さらに英語は科学技術情報の獲得，グローバル化の進む国際社会で最重要な言語と認識され，「英語が使えるマレーシア人」の育成が国策となっている。したがって，科学と数学の学力および英語運用力の強化に力点が置かれ，初等中等教育で科学と数学の授業を英語で行う決定が下され，同時に大学の英語教育の充実も求められた。1991年当時のマハティール首相が公表した Vision 2020 を中心に考察する。

3. 「拡張圏」の概要

本章では，「拡張圏」(the Expanding Circle) に属する地域や国々を取り上げ，それぞれの言語政策について論じる。

拡張圏においては，従来，英語は「外国語」と認識されていた。しかし，最近では，英語は「国際言語」であると言われるようになっている。つまり，英語は

国民の国際活動・交流に欠かせない言語であり，そのために英語はきわめて重要であるという認識である。これらの国々の人々にとっては，英語は英米人とのコミュニケーションに限定されていない。英語は世界の多くの，あるいはEU，アジアといった地域内の人々と交流するための言語と認識される。「国際」とは「多国間」のことである。従来，どこの国でも，国際活動はエリートの仕事であった。しかし，グローバリゼーションの進展に伴い，それはすべての人々の営みになったと言っても過言ではない。これらの国々では，このような観点に立ち，英語教育を国民教育と位置づけている。そして，英語教育の向上のために，様々な試みを行っている。多くの場合，小学校から英語教育を始め，初等・中等・高等教育と一貫したナショナル・シラバスを制定している。

　これらの国々の人々は母語に加えて，英語をもう1つのことば（additional language）として学習し，使用する。英語は母語ではないし，国語や公用語でもないことが，きわめて重要な基点となる。多くの人々にとって，英語は日常言語ではない。人々は各自の都合に合わせて，仕事・交際・教養・娯楽・研究・留学などの一部で，英語を使用する。英語はあくまでも，個人の営みの1つの手段なのである。だから，各人の英語力も随分違う。それでも，各人の営みの中で少しでも英語が使えるならば，"I can speak English." と言う人が多い。4技能が平等でないからとか，ネイティブなみでないからといって，自分を過小評価することはあまりない。そして，英語教育の国民的振興により，各自の領域の中で，英語を使う人が増えている。一説では，中国では3億人以上が英語を使うと言われている。その結果，これらの地域が英語話者の増大に顕著に貢献しているのである。そして，独自の英語変種を発達させつつある。数多くの国々がこの「拡張圏」に入るが，本章では，日本を含め，欧州，東アジア（中国，韓国），東南アジア（タイ），中東（イラン，トルコ），南アメリカ（ブラジル）を対象として，英語教育と英語の現状を記すことにする。なお，日本は別途4.として記述する。

3.1　欧州（EU）

　言語・文化的多様性を持つ欧州では，EUと欧州評議会等の協力によって，欧州共同体としての文化・経済的繁栄，および共生を目的とした教育政策が進められている。特に，言語教育の果たす社会的重要性と可能性への期待は大きく，お互いの言語・文化の尊重を促す複数言語・複文化主義の下，より良い言語教育実施のための共通参照枠の設定，自己評価や指導に用いる学習記録ともなるランゲ

ージ・ポートフォリオや言語能力試験の開発等を通した，欧州市民社会の確立に寄与する言語教育政策が進められている。

3.2 東アジア：中国

広い国土を持つ中国では，政府は教育のあらゆる側面に指標となる方針や基準を示す。ナショナル・シラバスは，全教科にわたり，小学校から大学までを網羅する。中国の英語教育の歴史は，中華人民共和国建国の1949年以来，政治との深い関わりを持ちながら拡張と縮小の振り子を繰り返し，第6期の現在に至っている。本稿では，第1期から第6期までの歴史的背景を念頭に，現代中国の英語教育政策を，一貫したナショナル・シラバスの解明，教科書の分析と試験制度の検討等を通して行い，中国の国際コミュニケーション戦略としての英語教育の問題を明らかにする。

3.3 東アジア：韓国

韓国の教育関連の国家予算は，一般会計の約20％に及ぶが，これに比べて日本は10％にも満たないことが，まずは大きく異なる点である。外国語教育政策も，日本は韓国と比べて10年の遅れをとっていると言われる。1997年から韓国では小学校3年生から6年生に対し，週2時間，教科として「英語」が導入され今に至っている。本稿では韓国の英語教育の現状と将来の課題，大都市と地方の英語学力の格差の問題，英語の教員養成，「英語村」等について特に論じる。

3.4 東南アジア：タイ

タイにおける外国語教育の教育現場における立場は，各時代の政策次第，政権を担う政府の方針次第である。カリキュラム改革の実施は，トップダウンで急速に進むため，20世紀末，小学校1年生からの英語教育の導入を決めて以来，小学生以上の就学児童，生徒，学生に対する一貫した外国語としての英語教育のためのシステムが整えられた。高い英語運用能力は，国の国際競争力や国民の生活力を向上させるために必要なものであるとして，様々な局面で試行錯誤による，より良い英語教育への模索が続いている。

3.5 中東：イラン

イランの英語教育や言語政策を考察するには，イランと西洋諸国との外交関係を理解する必要がある。サミュエル・P・ハンティントンは *The Clash of Civi-*

lization and the Remaking of World Order で，冷戦が終わった現代世界では，文明と文明との衝突が対立の主要な軸であると述べた（Huntington, 1996）。アメリカのブッシュ前政権は，イランを悪の枢軸と呼んだが，イランのハタミ前大統領は，文明の対話を提唱した。イスラム教を基盤とする文明圏は，どのようにキリスト教に依拠した文明圏と関係を構築しようとしているか，また発展させようとしているかを英語教育の実態を通して考察する。

3.6　中東：トルコ

トルコは，イランと比較すると経済的・政治的にもヨーロッパの一員として扱われることがあり，2009年には欧州連合（EU）への加盟申請をしている。英語教育は，小学校4年生から始めるなど西洋文明との共存に重きを置いている。本稿では，トルコが，西洋文明を積極的に取り入れ，言文一致運動や言語の純化運動，社会運動等と結びついてトルコ独自の文明の発展を遂げたことに注目したい。また，世界のグローバル化に基づく英語の重要性をイランと比較して考察する。

3.7　南アメリカ：ブラジル

ブラジルでは，外国語は初等教育から必修科目であるが，外国語選択権と教育カリキュラムは，各学校に委ねられている。大学入試の影響で，ほとんどの学校は英語を選択している。英語とポルトガル語は言語に類似性が多いためか，英語によるコミュニケーション能力は相対的に高い。一方で，ブラジル国内では英語教育が外国語教育に導入されて久しいが，多様な民族文化と地域特性や経済格差の影響で，その成果や方針が地域によって大きく異なっている。本稿では，歴史的・地理的・民族的・政治的背景を鑑みて，ブラジルの教育政策の中の英語教育について考察する。

4.　日本 ── 一貫制英語教育への道

戦後日本の英語教育の本質的な改革提案は，1971（昭和46）年の「第三の教育改革」を標榜した中央教育審議会の答申から始まると言われる。この答申において，初等・中等教育改革の基本構想における改革の具体案として，次の4点を明記している。（1）4，5歳児から小学校の低学年の児童までの一貫教育。（2）中

学校と高等学校との一貫教育。(3)小学校, 中学校, 高等学校の区切り方を変えること。(4)中等教育から前期の高等教育まで一貫した教育を行うこと。以上4点を基本的な軸とし, 英語教育に関する対応は高等教育（大学教育）「二　教育課程の改善の方向」に示されている。大学英語教育で強調されているのは, 国際交流の場で外国語としての英語を実践的に活用できることと, そのための施設の拡充および教育成果を客観的に評価する能力検定の推奨である。後に提案される「実践的コミュニケーション能力の育成」や能力検定等を用いた絶対評価観の推奨の源は当該答申にあると考えられる。ここで中教審は4-4-6制の試行を打ち出す。以後, 外国語である英語教育の目標は「国際交流の場での活用能力の育成」という実践的な英語教育への提言となり現在に至っている。英語教育は国際理解教育の名の下, 2011年度より公立小学校の5～6年生で必修化され, 実施される。今後は, 小学校と中学校相互の連携強化が課題となろう。また中学校と高等学校はこれまで以上に連携を重視していかなければならず, 最終的には, 小・中の連携, 中・高の連携に止まらぬ, 理念としての一貫性を備えた制度としての一貫制英語教育が必要となり, 我が国の英語教育政策上重要な課題となろう。大学は, 小・中・高を通して行われる EGP (English for General Purposes) の成果を受け止めこれを磐石なものに育て上げる一方で, 専門教育に連動する ESP (English for Special/Specific Purposes), 特に EAP (English for Academic Purposes) の指導体制を確立する必要があろう。この一貫制英語教育構想を検討しない場合, 大学を頂点とする「大→高→中→小」の逆順による逆三角形構造型の英語教育から生まれる諸問題は解消されず, 世界に通じる英語によるコミュニケーション能力の育成構想は絵に描いた餅と化す危険性が出てくるであろう。「小→中→高→大」の正順による正三角形構造型の英語教育を実現するためには, 世界の国々の言語政策を様々な観点より精査し, その上で日本の子どもたちの発達段階に即した小学校から始まる一貫制英語教育を準備し推進していく必要があろう。

　本節では, 1971年の「第三の教育改革」より現在に至るまでの日本が採った英語教育政策（臨時教育審議会第二次答申 (1986), 第15・16期中央教育審議会第一次答申 (1996),「21世紀日本の構想」懇談会報告 (2000),「『英語が使える日本人』の育成のための戦略構想」(2002) 等）を国際理解教育に視点を置きながら歴史的に概観し, それぞれの構想のねらいを精査する。また, イギリス, アメリカ, オーストラリア, インド, シンガポール, マレーシア, 欧州 (EU), 中国, 韓国, タイ, イラン, トルコ, ブラジルの各執筆者による日本の英語教育へ

の提案を整理し，その上で，これまでの構想で謳われる言語能力の育成を実現化するための1つの言語政策モデルとして，「4-4-4制に基づく英語教育構想」の提案を行う。

おわりに

　かつて JACET が総力を結集して世に出した『応用言語学事典』のⅤ.「言語接触」の7.「言語政策・言語計画」の「言語政策（language policy）」の項目には以下のような定義がなされている（小池，2003: 353）。

　　「地理的・社会的変種など言語使用者の属性に関連した言語変種の使用に関する問題に介入する試み，またその結果として産出された具体的な取り組み。言語政策は，時として言語計画（language planning）を指すこともあるが，実施される言語計画過程の基礎を形成するような，より一般的な言語的・政治的・社会的な目標を指す。」

　確かにその通りであり異論はない。問題は言語計画過程の基礎を形成する際，それを時の政治の論理や，経済の論理だけで考えるのではなく，外国の言語政策内容を十分に考察した上で，あくまで発達主体・学習者主体の側に立った論理で考えることが大切ではないかと思われる。未来を担う子どもたちが希望を持って生き抜いていけるような言語能力とは何かを常に問い掛けながらなお可能な政策を準備し施行していく哲学と覚悟が我々には必要なはずである。歴史的に見ても，教育政策が歴史の転換点において重要な役割を果たすことができたのは，いずれも教育の論理を優先させた場合であったことを忘れてはならないと思う。グローバリゼーションと高度情報化がさらに加速する世界の情勢の中で，日本の子どもたちが世界の子どもたちと価値を共有し共存していくためには，遠くを見つめ十分な時間を掛けて醸成する言語教育とその基盤が必要である。本大系第2巻『英語教育政策』が，その一助となることを祈っている。

第3章

英語教育と文化

はじめに

　言語を文化から引き離すことはできない。言語は文化の一部であり，言語により，特定の集団のコミュニケーションが成立し，その文化が保持されるからである。言い換えるならば，文化が言語を規定し，言語が文化を保持するという相互補完の関係にある。たとえ，文化的要素をそぎ落とした英語を話そうと努力しても，人間がその英語を話す限り，その人間の所属する文化特有の発想形式やコミュニケーションスタイルがその英語に現れることは自然であり，避けることはできない。また，すべての人間は自分の経験，言い換えれば自分の「文化」というスクリーンを通して世界と関わっている。よって，特定の国や文化の匂いのしないニュートラルな英語を話す人など世の中には存在しない。ここに，外国語学習において文化背景に関する知識や態度も，語学と同時に学ぶ必要性が生まれる。

　外国語として英語を学ぶ主な目的は，英語を使ったコミュニケーション能力の獲得にある。だが，コミュニケーション能力とは，「言語能力」以外に，キャネイルやスウェイン（Canale & Swain, 1980）の言う「談話能力」「社会言語能力」「方略能力」，あるいはバックマン（Backman, 1990）の「語用論的知識（機能能力）」などが含まれる。これらは話者の文化により，その形式や目指すものが大きく異なる。さらに，社会の中で適切に言語を使うには，論理的思考力，予測力などの「認知能力」，自分を取り巻く「世界に関する知識」，異なる文化背景を持つ者の考え方を尊重する「態度・情意能力」などが不可欠である。

　そこで，第3巻では，このような言語と文化の関係を網羅的に考察していく。その上でこれらが英語教育にどのように関係するかについても触れてみたい。

1. 異文化と英語教育

　第3巻第1章では，英語教育における文化とは何か，英語教育との関わりは何かを整理したい。その上で，異文化理解・国際理解・国際交流・国際協力・異文化間コミュニケーション・平和教育・異文化適応など，似て非なる分野を明確に定義し，英語教育との関係を考えることを主な目的とする。また，文化と意味の関係を語用論・発話行為・意味論・談話分析・待遇表現の観点から考察する。

1.1　言語と文化

　文化は人間が生活を営む様々な事象と関連していて，衣食住から経済・政治・宗教・道徳まで広範囲にわたる。言語は人間活動の1つであるから文化の1つに過ぎないとも考えられるが，思考を発現させる媒体という点からは，言語が文化の強力な象徴となり得る。ここに，言語を学ぶには文化も学ぶ必要が出てくる。だが，英語教育の中でどこまで扱うべきなのだろうか。英語の実用性という点に絞るべきか，あるいは英語圏の人々の文化をも明示的に学習をすべきか，という問題である。まずこの点を整理する。

　次に，上記の延長として，言語の伝達機能と象徴機能について考察したい。伝達機能は，社会を構成する人々の間の伝達（コミュニケーション）を担う。この機能ゆえに人々の間で情報が共有されるようになる。一般的な英語教育は主にこの部分を担う。一方，象徴機能とは，その話し手や文化を象徴する機能である。象徴機能では，ことばの効率性という価値よりも，文学性や歴史性といった他の価値が重んじられる。特に，大学レベルの英語教育では，単なる伝達手段としての英語教育を超えて，文化の象徴として英語（文学や言語を取り巻く価値観）などを学ぶ必要性もおろそかにできないだろう。

　上記を突き詰めると，英語教育の目的論を考えざるを得なくなる。これには3つの主張があるように思われる。1つは，英語の実用的運用能力だけを習得すべきであるとする考えである。次は，実用的な能力に加えて，英米文化という側面も学ぶべきであるという考えである。そして，近年は，英語は国際語となったのであるから，英語を通して世界の様々な文化をも学ぶべきである，という考え方である。言語相対論の考え方を援用し，この3つの考え方の整理整頓をしたい。

　本節の最後では，言語，思考，文化と英語教育の相互関係を考えて，英語教育における様々な問題を問い直す。それは，①英語と文化は切り離すことができる

のかどうか。②英語を学ぶことは，英米人のような発想を学ぶということなのか。③英語帝国主義論が唱えるように「精神の植民地化」に結びつくのかどうか。④日本という西洋文化から離れた社会において，英語の存在はどうあるべきか，などである。これらを整理するかたちで，まず言語と文化の関係を明らかにしたい。

1.2 異文化理解と英語教育

ここでは，異文化理解と英語教育の関係について考える。まず，異文化理解とは何かについて概説する。異文化理解を外国の文化に関する知識を得ることと同義に捉えることがあるが，知識は異文化理解の一部でしかない。「理解」するとは，「態度」や「行動」も含めた総合的な能力であることを主張したい。

もともと国際理解教育とは，ユネスコが，1974年に国際教育勧告として「国際教育」(International Education) の重要性を指摘したことから始まる。民族や国家が平和に暮らすためにお互いを知ることが重要であり，平和・人権・開発・環境の観点から，国際理解教育の重要性を世界に勧告したのである。これが，「国際理解，国際協力及び国際平和のための教育ならびに，人権および基本的自由に関しての教育に関する勧告」として第18回大会で採択された。その精神は30年以上たった現在においても変わらない。異文化理解教育とは異なる文化を持つ人々の考え方や生活文化を知り，尊重し認め合う態度を育成することである。まず，その意味を確認したい。

次に，異文化理解と英語教育の接点について考える。言語は異文化を理解するために不可欠なものである。だが言語教育の観点からは，異文化理解は英語教育の補助的な手段であり，異文化理解を目的に英語を教え，学んでいるのではないと言える。英語教育でいう異文化理解とは，あくまで英語を通しての異文化理解であるべきであろう。突き詰めれば，英語運用能力に必要な文化的知識・態度・コミュニケーションスタイルなどの獲得に異文化理解と英語教育の接点がある。もちろん，その言語活動の中には国際交流がある。また，交流し，相手を理解するための手段として外国語教育があることは間違いない。その意味ではここでも異文化理解と英語教育は相互補完の関係にあることは間違いない。

異文化理解，異文化交流の1つの方法として，もっとも効果的な「留学」についても考察する。近年，留学が教育プログラムに組み込まれた大学も増えてきた。希望すれば，その多くが留学できる環境にある。留学プログラム参加者は様々な異文化体験をする。英語ができないというだけで人格まで否定され，辛い

経験をする場合もあれば，反対に外国語で互いに通じ合えることの喜びなどを味わう場合もある。また留学は，英語を使う機会をふんだんに提供してくれる。これほどリッチな言語習得と異文化学習の環境はない。だが，留学生活のどの部分がどのように，またどの程度まで異文化理解や言語習得に影響を及ぼしているのかという本質的な部分での研究はまだ少ない。そこで，ここでは，留学体験の何が，どの程度，言語習得や異文化理解と関係しているかを実証的に示していく。

　最後に，異文化適応と英語教育の問題を扱う。海外で生活する人や，異文化背景を持つ人々と日常的に学習や仕事をする人の数は無視できない。各学校に少なくとも1人は海外からの教員が常駐し，職場では頻繁に海外からの客がみえる中で，私たちは英語を単に文法と単語と音声の総体として教えているわけにはいかない。異なる文化背景を持つ人々といかに上手に付き合うか。これを教えることも，異文化間コミュニケーションの教師としての英語教師の役割であろう。媒体としての英語と異文化適応の関わりを考えてみたい。

1.3　異文化間コミュニケーションと英語教育

　ここでは，異文化間コミュニケーションについて概観する。言語教育との関連で異文化間コミュニケーションを論じる際，「コミュニケーション能力」をどのように捉えるかにより，2つのアプローチが考えられる。発話行為・談話の組み立てなどの観点から，文化と切り離せない言語使用の側面を扱う「異文化間語用論的アプローチ」と，ステレオタイプ・エスノセントリズムへの気づき，異なった他者への共感的理解や，批判的思考などを養うことを目的とした「異文化理解的アプローチ」である。英語は民族語と国際語という二面性を有しているが，本節では，この両面から，以下のように異文化間コミュニケーションを考えたい。

　まず，文化の定義として「ある集団が，学習を通して共有する，認知・情意・行動のパターンや価値観で，常に変化し，また必ずしも均質ではないもの」という概念化を行い，コミュニケーションを「意味を共有するプロセス」と捉える。そのうえで，異文化間コミュニケーション研究の課題として，伝統的な文化の価値次元や行動様式の比較研究に加え，文化の違いとそれがコミュニケーションにもたらす影響を考えることとする。

　次に，「異文化間語用論的アプローチ」から主にコミュニケーションスタイルの文化差を論じ，特に日本人が英語でコミュニケーションをする際に起こりがちな誤解や問題の例を考察する。また，ジェスチャー・表情・視線・対人距離などの非言語コミュニケーションの種類と機能をまとめたうえで，言語と非言語の関

係（代替，補完，強調，否定）や，英語を使用する際の周辺言語（間，沈黙，あいづち，声の質など）をまとめる。

さらに，異文化に移動した人の第二言語習得とアイデンティティの問題を扱った研究をまとめ，2言語使用の心理という観点から異文化接触やコミュニケーションについて考えたい。その中で帰国子女の問題にも触れる。最後に，異文化間コミュニケーションの教育的側面として，上記の議論を英語教育の観点から総括し，「異文化間語用論的アプローチ」と「異文化理解的アプローチ」の両方から，異文化間コミュニケーション能力の育成課題と可能性を検討する。最後に異文化間コミュニケーションの問題を言語政策レベルで捉えた研究を概観し，そこから明らかになる英語教育の課題を展望する。

1.4 国際理解と英語教育

ここでは，社会科学を学習の核とする英語教育の方法を述べる。本節は，英語学習を補助するための国際理解教育という視点ではなく，国際理解（平和教育，人権教育，国際協力）のための，英語教育のあり方を考える。この意味で1.2の「異文化理解と英語教育」と本節とは目的とする方向性が180度異なる。具体的には，多様な価値観への気づきから始まり，地球市民としての思想と世界観の拡大を学習目標とする場合の英語教育のあり方について論じる。地球市民共生の前提条件は，多言語と多文化の受け入れである。多言語主義を中核とし，英語を世界共通語「リンガ・フランカ」の1つとして使用する複合型コミュニティの創生の可能性を考えたい。現代の英語教科書は，途上国やグローバルな問題を扱った題材が増えてきている。教材のメッセージを学習者にどう伝え，学ばせるかという方法論の確立が急がれる。こうした理念に基づいた大学レベルのカリキュラム試案も提案したい。

また，共時的な観点から，日本の英語教育においてその内容と方法を飛躍的に改良しうる考え方として，英国や北米などで展開されているグローバル教育に言及する。「相互依存性，プロセス志向，多様性」をキーワードに学習者中心の教育手法を提案する。このエクスポージャー型の教育では，学習者は自分で作業をし，問題との関わりを持って対人力を養いながらネットワーキングするのだが，その過程に英語が介在する。英米や英語圏の異文化理解の概念の枠を超え，多様な文化を背景に持つ人々が，共に生きる多文化共生社会に英語教育がどう貢献するかを考察する。

最後にこうした潮流が，現在，国際協力の最前線で指摘されている住民参加，

参加型開発の方向性と一致することを示す。国際社会ならびに地域社会においても様々な課題の解決にあたり行政，企業，市民セクターとの相互の連携・協同が欠かせない。外国語としての英語能力を獲得するとともに，国境を越えて市民の結びつきをつくる力量を身につけることが，英語教育の具体的目標になり得るだろう。グローバルな視野や主体的な問題解決能力の育成は，より基層の部分で人間教育にもつながることを示したい。

1.5 文化と意味

ここでは文化と意味の関係を，語用論・発話行為・意味論・談話分析・待遇表現の観点から考察し，英語教育との関わりを明らかにする。

まず，語用論については，言語形式を客観的に記述する音韻論・統語論・形態論などとは異なりコンテクストを含めた言語使用に注目する。コンテクストとはとりもなおさず文化である。語用論は発話行為・会話の公理などの哲学的論考を理論的基礎とし，ある話者がどのような意図により発話を行い，聞き手がそれをどのように理解するかを明らかにする。このように発話や意図の理解に関わる語用論は，話し手と聞き手の文化の違いとも密接に関連し，外国語教育においても重要性が認識されている。

次に発話行為と英語教育の関係を概観する。イギリスの哲学者オースチン（Austin, 1962）によって理論化された発話行為は，発語行為・発語内行為・発語媒介行為の3種に分類されるが，語用論で「発話行為」という場合，発語内行為を指すことがほとんどである。発語内行為とはその文を発することで「依頼」「謝罪」「約束」などの発語内の力を行使することである。特に「謝罪」と「依頼」に関しては言語により異なるストラテジーが用いられることから多くの研究がなされている。本節では，これらの研究の知見を英語教育と文化の関わりにおいて紹介する。

次に，意味論における文化と英語教育の関係を考察する。意味論は言語構造の持つ普遍的意味特性を記述する一方で，言語使用における各地域の文化的特性の記述にも重要な貢献をしている。文化的な差異に注目し，まず概念構造を反映するメタファーを取り上げ（Lakoff & Johnson, 1980），どのような文化的な差異が見られるかを日英語の例で示す。さらにユーフェミズムに見られる地域差・文化差を取り上げることにより，このような知識が英語学習に役立つことを示す。

談話分析は，言語学的研究手法の延長である談話文法による談話分析と社会言語学の分野に属する会話分析に分かれ，会話分析はさらにハイムズ（Hymes,

1972) 等のコミュニケーションの民俗誌とサックス等 (Sacks & Schegloff, 1974) のエスノメソドロジーに分類される。前者の談話分析の cohesion の研究などでは,論理展開の方法は文化に影響されると指摘され,教育との関連が深い分野である。また会話分析では文化の違いにより会話の含意の解釈が異なる。外国語教育においてもその知見がどのように利用できるかについても言及したい。

最後に,ブラウンとレビンソン (Brown & Levinson, 1987) により提唱されたポライトネス理論の枠組みをもとにして文化を考察する。ネガティブおよびポジティブ・ポライトネスは FTA (フェイス侵害行為) に対して取られる緩和策を指し,それはフェイスという概念を基底にしている。何が FTA となるのか,どの程度重大な FTA となるのか,そして具体的な個々の緩和策は何か,は文化によって異なる。対人関係構築や維持に重要なポライトネスを,英語教育の中で明示的に教授する重要性を示した研究などを取り上げる。

2. 民族・国家と英語教育

第3巻第2章では,英語教育と社会・民族・国家との関係を扱う。英語学習は学習者本人の「動機づけ」が最大の要素であると思われがちである。だが,それ以上に,英語学習や英語教育に結果として大きな影響を持つのは,学習者本人と社会・民族・言語政策などとの関係である。本人の意識しないところで,学習者自身の英語学習や第二のアイデンティティにまで大きな影響を及ぼすこれらの領域を整理し,考察する。また,日本人として英語を使うことの意味を考えたい。

2.1 言語と民族・国家

ここでは,言語と民族・国家の関係について考察する。民族の定義は難しいが「同一言語話者共同体」を指すとする考えは有効な定義の1つとなっている。ESL 地域には多民族国家が多いが,そこでは「国民」意識より各自の所属「民族」への帰属意識の方が強い場合が多く,その拠り所は言語である。そのような場合,国は共通の公用語を複数制定している場合が多く,歴史的な経緯から英語がその1つに選ばれていることが少なくない。日本のような EFL 地域でも定住外国人の増加により共通語としての英語の必要性が検討され始めてきている。このような状況における英語教育とはどのようであるべきかについて考えたい。

現代のボーダレス社会においては,旧来の区分による,国民・国家・民族とい

った概念の効力が失われてきている。そこで，ここでは，「エスニシティ」という新しい概念を導入する。エスニシティとは，宗教・習慣・言語などを共有する特定の集団への帰属意識を指し，主観的定義となるのだが，母語とは何か，母国語とは何か，母語話者とは何か，母語文化とは何かといった問題を考えるための手掛かりとなり得る。エスニシティと言語政策の問題を，コミュニケーション能力を重視する日本の英語教育の観点から考察する。

　次に，言語変化と英語教育の関係を考える。言語は常に変化する。特に，グローバル化が進む現代社会では，国際語としての英語使用がますます広がりをみせ，その結果，それぞれの言語や文化の特徴を取り込んだ多様な英語変種が生み出されている。言語は，音・語彙・文法・意味などあらゆるレベルで変化をみせており，言語的または非言語的な様々な変化要因が指摘されているが，はっきりとはしていない。新語や新用法も，インターネットやメディアなどを通じて広く流通し，定着していくものがある一方で，同種の表現が淘汰されていく場合もある。ここでは，英語教育の現場で取り上げるべき言語変化の問題を考えていく。

　最後に，「国際英語論」を文化との関わりで考察する。英語の世界的な流布によって生まれた様々な英語変種をENLと区別せず等価と見なす国際英語論の立場では，それぞれの民族・国家の言語的，文化的な特徴がその英語変種の中に組み入れられるのを是認する。しかし，それによって生ずる異文化間のコミュニケーションの齟齬を少なくするための方策が大きな問題となってくる。その方策の1つとして異文化理解教育の重要性があげられるであろう。英語変種が多様化する中で，どのように国際的汎用性（international intelligibility）を確保するかを英語教育の視点から考えたい。

2.2　言語政策と英語教育

　ここでは，言語政策と英語教育の関わりを考える。まず，「言語権」について考察する。近年，多種多様な人種・民族が地球社会で共生していく上で必要とされる「人権としての言語権」という概念が広がってきている。しかし，「言語権」をめぐっては，言語マイノリティの問題が1つとしてあげられるが，その解決への道のりには険しいものがあるのが現状である。この言語権の問題と英語教育の普及について考察する。

　次に，多言語主義と英語教育のあり方について考える。「多言語主義」とは多様な言語について各言語を同列に捉え，そのような同列化を望ましいという考え方・信念である。アメリカ，オーストラリア，カナダ，アフリカをはじめとする

多くの多言語社会における多言語主義は，複雑かつ重要な問題となっている。グローバル化時代における地球的規模での人間の移動は，今後，世界の各地で多言語使用状況をさらに生み出していくことが予測される。多言語主義の観点から見た時，英語教育は決して「英語の国際語としての優越性」を主張するものではない。英語と英語以外の多くの言語を同列に捉え，互いの価値を認知し合うものであることを確認しておきたい。

また，日本における外国人登録者数は年々増加傾向にあることから，地方自治体による外国人住民を対象とした日常生活に必要不可欠な「言語サービス」についても考察する。対応言語としては，英語をはじめとして実に多様な言語があげられる。言語サービスは今後日本人と外国人住民との「共生」に向けて，ますます力を入れて取り組まれなければならない施策の1つである。地方自治体による言語サービスを英語教育との関連から考察する。

上記と関連する動きとして，欧州では，多文化共生と多言語使用へのニーズを背景に，企業などの外国語対応能力を診断して助言と対策を提案する「言語監査」が注目されつつある。それは組織が多言語環境を生き延びるための経済戦術であると同時に，人々の言語権を尊重する社会活動ともなっている。グローバル化する日本においても言語監査の潜在ニーズは高まっている。言語監査などの活動が日本の大学英語教育に及ぼす教育上の効果や，社会言語学的な影響について考えたい。

最後に，「英語帝国主義」と言語教育との関係を考える。英語帝国主義とは，英語の広まりを帝国の植民地獲得を目指す膨張主義になぞらえた考え方である。英語のグローバルな広まりによる英語支配によって，非英語圏の国や地域が言語的，文化的，経済的，外交的に不利な立場に追いやられていると見なす。このような考え方が英語教育にどのような影響を与えるのかについて考察する。

2.3 日本人と英語

ここでは，英語を習得する場合に遭遇する日本人であるがゆえの難しさを指摘する。英語と日本語は言語類型論的にも異なり，文字・音韻・文法・焦点情報の提示順序も異なる。周囲との微妙な「関係性」や「場の論理」を文法内にまで取り込んでいる日本語と，文脈に左右されない中核要素を抽出して命題を組み立てようとする英語とでは，拠って立つ世界観が異なっている。よって，日本人が英語を学ぶ場合には，言語・文化類型論上，英語圏に近い学習者が学ぶ場合とは比較にならないほどの苦労が伴う。そこで，日英語の文化差に注目したい。その上

で，日本人のための学習アプローチの必要性を主張したい。それは具体的にはどのようなものか，いくつか例を示しながら解説する。

次に，日本の文化と日本人の英語の関係も考察する。日本人が自分のことばとして英語を使い始める時，日本語の影響，日本文化の影響はどのような形で英語使用に現れるのであろうか。日本人の英語使用にみられる日本語や日本文化の影響を文法や文体などの視点から取り上げる。ただ，日本人英語学習者の「英語の誤用」と「日本的特徴をもった英語」とは，区別があることも指摘したい。本節の目的は，英語への日本語の転移や日本的な価値観の現れた表現を否定するのではなく，あくまで「日本人の英語」とはどのような特徴があるのか，国際的な場面での使用にどのような影響が出てくるのか，さらに教育・学習上どのように扱えばよいのかを考えるものである。

また，日本文化の特徴とも言える受動型の英語学習方法について歴史的に考察する。飛鳥時代以来の漢文受容，江戸中期からの蘭学，そして幕末以来の英学など，日本人の外国語学習に対する伝統的なアプローチは，外国文化を吸収するための受動型の学習であった。しかし，今日の日本では，発信型の英語教育への転換を余儀なくされている。それは具体的にどのようにすれば可能になるのだろうか。あるいは不可能ならどのような修正や工夫が必要となるのだろうか。大学レベルでの具体的実践例を示しながら考察する。

英語の日本文化への影響についても言及する。日本社会の様々な場面で英語由来の外来語が氾濫しているにもかかわらず，日本人の日常的コミュニケーション手段として，英語が本来の機能を果たしてきたとは言えない。外来語としての英語表現は，日本人特有の「あいまいさを好む表現意識に添う仕掛け」として利用されてきた側面があり，日本人の精神構造を変化させるだけの影響は与えてこなかった。そこで，英語が日本文化にどのような影響を与えてきたのか，いくつかの観点から論じたい。さらに英語を学ぶ上で外来語はどのような問題を起こすのか，あるいはどのような利用価値があるのかを考える。

最後に日本人がグローバルな英語能力を身につけるためのカリキュラム・教材・教授法・評価・教員養成等のあり方について考察する。国際化が進む今日，日本人が学ぶ英語はいわゆる英米の英語だけでは不十分であり，非母語英語を含めた「国際英語」の学習が時代の要請であると言える。文化的にも言語的にも多様な英語を理解できる能力，および自己表現に適した独自の英語を産出する能力が必要となる。本稿では，EIL (English as an International Language)，WE (World Englishes)，ELF (English as a Lingua Franca) など，国際英語の様々

な理論モデルにも触れながら、国際社会で通用する英語の話者を育成するにはどのような考え方・方法論・カリキュラムなどがあるかを考えたい。

2.4　言語と社会階層

　ここでは言語と社会階層を取り巻く様々な現象と教育的示唆について述べる。言語の使用が社会的行為である以上、そこでは、社会的力関係が構築されていく。話者は、数ある選択肢の中から、1つの言語形式を意識的にまたは無意識的に選択しており、それは、自己のアイデンティティを構築するとともに、聞き手との社会的関係を強化したり、さらには破壊したりする1つの手段となっている。ここでは、言語がアイデンティティ構築や社会構築を担っている現状に焦点を当て、社会行為としての言語使用と、特定の社会集団を表す言語表現に関する考察を取り上げる。

　具体的にはまず、地理的・社会的ダイアレクトを取り上げ、ダイアレクト使用が話者の意図的選択で行われる社会行為であるという側面を踏まえつつ、英語教育への応用を考えていく。ダイアレクトの使用は、それが地理的要因によるものであったとしても、社会階層との結びつきが強いため、社会的評価とつながりやすい。学校教育によって学習される「標準的」な言語使用に対して、ダイアレクトには一種のスティグマがつきまとう。現在では、国際語として英語が広く流通している現状から、我が国の学習指導要領においても、英語の多様性を容認する方向性が示されているものの、教室では、どのような英語変種を「標準的」であるとみなして提示していくべきなのか、どの程度、他の変種を許容していくべきなのかという問題が残されている。

　次に、レジスタ・スタイルによる様々な英語変種を取り上げ、英語教育において変種を取り扱う意義について考える。円滑なコミュニケーションを行うためには、話者は、文法的に「正しい」だけではなく、場面に応じた適切な表現を選択する必要がある。ネイティブ・スピーカーは、コミュニケーションに使用するメディア（書きことば・話しことば）や、話題・目的・役割関係など、状況に応じて適切な変種を選択している。我が国の英語教育においても、話題や場面に応じた言語の働きを理解させることは、重要な課題の1つとなっている。特に学校教育の仕上げとしての大学英語教育では、重要な領域となろう。

　最後に、英語教育の関連において、ジェンダーおよびポリティカル・コレクトネス（PC: political correctness）の問題を考察する。ことばが時とともに変化することは自明のことであり、語彙や文法も様々な外的・内的要因によって変化

するが，英語の中で，とりわけ変化の激しいものの要因の1つに，ポリティカル・コレクトネスの存在がある。これは，意識的であれ無意識的であれ，差別的表現の使用は，差別的社会の構築に関わっているとし，特定の社会集団を表す差別的表現の使用を避けるものである。ここでは，1960年代に新たに生まれたPC概念によって，英語の語彙や文法がこの数十年の間に，どのように変化してきたのかを論じる。そして，それらの変化を英語教育にいかに反映させるのかも併せて考えていく。

3. 文化と教授法

　最終章では今までの知見が具体的に教育の現場でどのように具現されているか，多くの実践例を紹介する。文化的要素がどのように扱われているか，また異文化コミュニケーション能力としての英語運用能力養成がどのように展開されているか，様々なレベル・教育目的・使用教材・活動形態などの切り口から，多くの実践を紹介したい。

　最初に，もっとも一般的な大学の教養教育の中の英語教育がどのように文化を扱っているのか，その実践例を紹介する。また，専門教育として文学の授業や英語科における口頭運用能力養成を目的とする現場で，どのように言語と文化が取り上げられているかを示したい。同様に，初等・中等教育の中での扱いも紹介する。技能別の切り口からリーディング・ライティングの授業，リスニング・スピーキングの4技能に関わる授業での文化の扱いも紹介する。さらに，コンテント重視型授業，特定の意図を持った授業，メディアを利用した授業，プロジェクト型授業などで，今までの知見が具体的にどのように実践されているかなどを，実践例を示しながら紹介する。

おわりに

　英語が実質的に世界共通言語として重要な地位を占めるに至っても，それは，英語が話者の文化を離れて使用されるという意味ではない。それどころか，人間が英語を話す以上，その話者の文化背景が反映されたバラエティに富んだ英語がますます増えていくことは避けられないだろう。世界のグローバルビレッジ化が

進み，多様な文化背景を持った様々な英語に接触する機会が今後さらに増えるに違いない。言い換えれば，私たちは，英語を話す人の数だけ異なる文化と接触し，適切な対応を迫られる可能性が出てきたということである。この意味で今後，文化に関する知識や寛容的な態度はますます重要になっていくであろう。

だが，多様な英語や文化と付き合うということは，ことばで言うほど簡単なことではない。異なる文化背景を持つ人々が話す英語のなまり，独特の表現，ジェスチャー，行動様式などは，頭では理解できても情意レベルではなかなか受け入れられないものである。方法を教えれば，理解でき，それに基づいて行動できるようになるという類のものでもない。知ることと，行動できること，また心地よいと情意レベルで感じることはまったく別物であるからだ。ここに異文化間コミュニケーション能力養成の難しさがある。よって，私たちは日々の教育実践の中で常に異文化を意識しながら，英語教育と関わっていく必要がある。

しかし，私たちは，英語教育という枠組みの中でどの程度異文化を扱うことができるか，あるいは，どのように扱うべきなのだろうか。英語の授業の中で，知識としての異文化情報の提供以外に，感情や態度のレベルでの異文化間コミュニケーション能力をどのように養成すればいいのだろうか。語学教師としての英語教員がどこまで関わるべきなのだろうか。今後の課題は，これらの疑問に答えるべく，英語教育と異文化の接点における異文化間コミュニケーション能力養成の具体的な理論的枠組みや教授法を確立していくことであろう。言い換えれば，コミュニケーション学から独立した，英語教育の枠組みの中での，自前の異文化教育論や教授法が必要なのかもしれない。そのヒントをこの第3巻が提供できるとすれば，筆者らにとってこの上ない幸福である。

第4章

21世紀の ESP

はじめに

　ESP とは English for Specific Purposes の頭字語（acronym）であり，日本語訳としては「特別の目的のための英語（に関する研究および実践）」，あるいは「専門英語教育（あるいは研究）」と呼ばれるのが一般的であるが，ヨーロッパではむしろ English for Special Purposes の頭字語としての認知度の方が高い。そもそも言語はコミュニケーションを行うために存在しており，ゆえに，古代ギリシャやローマ帝国時代においても特定の目的のための言語に関する研究は行われていた。さらに，15世紀に英国で「ビジネスのための英語とフランス語」を学ぶための教科書が存在し，それがオックスフォード大学の図書館に保存されている (Howatt, 1984)。

　本章では，まず ESP プロフェッショナルとは何か，そして，21世紀において ESP プロフェッショナルがなぜ必要なのかについて言及する。次に ESP の歴史を振り返りながら，ESP プロフェッショナルを育成するために，大学英語教育では何をすべきかを提言する。

1. ESP プロフェッショナルへの道

　この第4章は「ESP プロフェッショナルへの道」ということが共通テーマとして貫かれている。では，その「ESP プロフェッショナル」を養成するためには一体どうしたらよいのであろうか。次の「ESP の歴史」で詳しく説明するが，現代につながる ESP の概念は1960年代に始まったと言える。そしてその ESP は「第1期」と「第2期」とに大きく区分して考えるべきである。Swales (1990)

が提唱した「ジャンル分析」という手法をとっているか否かがその分岐点となる。1960年代のレジスター分析から1980年代のニーズ分析の導入までを「ESP第1期」，ジャンル分析を導入した1990年以降を「ESP第2期」と明確に区分し，自分がどのポジションにいるのかを見定めてほしい。そして，「ESPプロフェッショナルを育てるために，あるいは，自分がなるために何をすべきか」という視点でESPを捉えているかどうかが「21世紀のESPと言える」かを決めるであろう。図1はESPプロフェッショナルへの道を示すために作成したものである。読者の方それぞれが，自分がどのポジションにいるのか，そして，ESPプロフェッショナルの育成を目指しているのかどうかを再確認するためのベンチマークとなっている。なお，図1において，たとえば1980年以降に「評価」と「ストラテジー」が入っているが，これはESP教育・研究に入り込んだ時代を示しているのであり，応用言語学はもちろん教育学といった分野で議論され始めた時代ではないことを改めて断っておく。

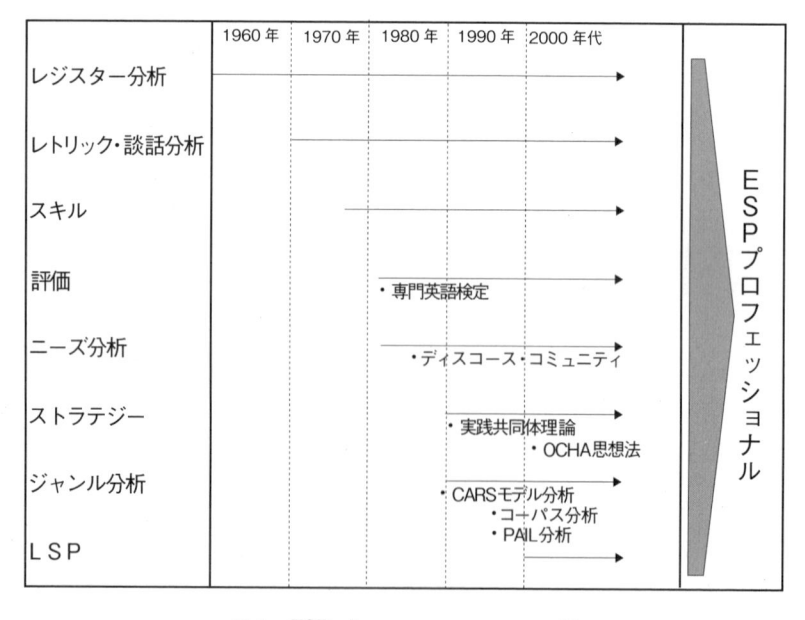

図1　ESPプロフェッショナルへの道

1.1 ESPの多面性

現在，日本の英語教育において，ESPということばが一人歩きしてしまい，あたかも，ESPが何種類も存在するかのようである。何をもってESPと言うのかがはっきりしないのは，個人のレベルはもちろん大学などの組織のレベルにおいてもESPの捉え方にあまりにも差があることに起因している。さらに，日本の英語教育界においてESPが誤解されていることも事実である。野口（2009）は，以下のような誤解が日本の大学英語教育においてESPというものの認識を誤らせてきた原因であると指摘している。

① ESPとは科学技術領域のみを扱う英語教育である。
② ESPとは論文執筆など学術目的に限られた英語教育である。
③ ESPは難しく，EGPは簡単である。
④ ESPは専門表現や専門用語だけで捉えられる。
⑤ ESPを教えるには対象とする専門領域の専門家になる必要がある。

また，なぜ日本ではESPが広まらなかったのかは，日本の英語教育史に関連させて寺内（1999）が詳しくまとめているので参照してほしい。

さらに，Orr (2002) は，ESPとは一般には「専門英語教育」と定義されるが，次の3つの観点から捉えることも可能だとし，ESPの多面性を指摘している。

① 特定の目的を達成するために，特定のタスクを実践することが要求される英語の種類の1つである。
② 学習者がある特定の目的を達成するために，特定のタスクを効果的に実践できるように手助けする英語教育の1つである。
③ ESPのプロフェッショナル（専門家）の連携を形成して仕事を広げてきた社会的な行為である。

このように，ESPを示すのが，①言語そのものなのか，②教育方法なのか，③教育だけでなくその他の仕事，たとえば，編集・翻訳・教材開発などをも含んだ行為なのかが曖昧なまま今日に至っていて，ESPについての理解をしばしば混乱させているのである。

1.2 第4巻の構成

第4巻は「英語教育学大系」の中に位置するので，「ESPプロフェッショナル」の養成という②の教育方法の視点からESPを捉えるのを第1義とし，②の

もとで当該行為をする実践者の視点を第2義として整理してみることとする。

具体的には,「英語教育学大系」第4巻『21世紀のESP——新しいESP理論の構築と実践』では以下の内容を含むことになる。

「第1章 ESPの歴史と定義」では,提言となる「ESPプロフェッショナルへの道」のフローチャートを提示することにより,どうして今ESPが必要となったかを示す。21世紀の情報爆発型社会では情報を選択しないと大切な情報を効率よく手に入れることができない。グローバル化で,英語の国際語としての地位が確立しているにもかかわらず,日本が立ち遅れている現状に言及する。「第2章 ESPの理論と実践」では,世界のESPの趨勢が「ジャンル分析」で進んでいるという状況を説明し,ジャンル分析を中心にした理論を紹介し,その基本となる「ニーズ分析」においてどのような「ジャンル」が特定されているかなどの例を示す。「第3章 ESPの現状把握」では,実際の教育現場がどうなっているかの現状を示すとともに,どの分野にも共通して言えることにポイントをおいて概論的にまとめる。「ESPプロフェッショナルへの道」の図1 (p.138)においてそれぞれの教師がどこに位置しているかを明確に提示する。「第4章 ESP教育の現状」では各機関での実践を報告するが,「ジャンル分析の視点」で授業を行っている例をできるだけ取り上げている。「第5章 大学英語教育とESP」は第1章から第4章の概観である。特に,大学英語教育という視点から将来の展望を盛り込んでいる。最後に「英文要約」という構成になっている。

1.3 ジャンル分析

図1で明らかなことは,1960年代に始まったとされるESPにおける「レジスター分析」はもちろん,1970年代に盛んになった「レトリック・談話分析」や1980年代の「ニーズ分析」という手法は,現在でもESPプロフェッショナルになるためにマスターすべき大事な要素であり,こうした手法を使ってESP教育を実践している人が存在しているのも事実である。しかし,これらだけではESPプロフェッショナルになるためには不十分なのである。それは「ジャンル分析」という概念が欠けているからである。1990年代以降のESPは,「ニーズ分析」理論をさらに発展させ,国際社会のニーズとは何であるかを分析し,それに見合ったESP教育を行うという「ジャンル分析」の時代である。

「ジャンル分析」の詳細については次節の「ESPの歴史」で説明するが,ここではその特徴を図2として簡単にまとめてみる。学問的背景や職業などによる固有のニーズを持つことで同質性が認められ,その専門領域において学問上・職業

上の目的を果たす集団である〈プロフェッショナル・〉ディスコース・コミュニティでは，「学術論文」「スピーチ」「講演」「宣伝」など様々な種類のコミュニケーションのイベント（形態）が行われている。

このコミュニケーションの各イベントのことを「ジャンル」と言う。そして，こうした目的を持った一連の発話である「テクスト」を「ジャンル」によって識別する方法を「ジャンル分析」と言う。つまり，21世紀のESP教育やESP研究は，それぞれの専門分野のディスコース・コミュニティを考慮して，その中で使用される「テクスト」をもとに教育や研究を行うことを意味するのである。

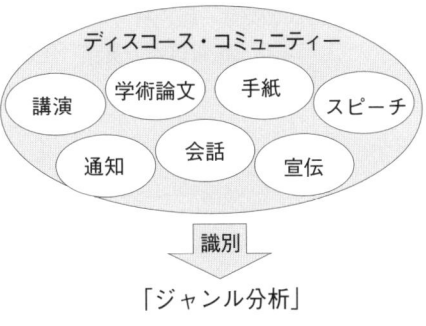

図2　ディスコース・コミュニティ

すなわち，「工業英語」「法律英語」「医学英語」というのは専門分野であり，「ジャンル」ではない。たとえば，同じ「法律英語」という専門分野においても「契約書」と「条文」では特徴のまったく異なる「テクスト」となる。さらに「学術論文」という「ジャンル」であっても学会が異なればコミュニケーションスタイルは当然異なってくるという理解も必要である。こうした視点をもってコミュニケーションを実践できる者が「ESP プロフェッショナル」であり，そうした者を育てていくのもまた「ESP プロフェッショナル」と言える。

1.4　ESP プロフェッショナルの分野の種類

ESP はその使われ方により，English for Occupational Purposes（職業上の目的のための英語，以下 EOP）と English for Academic Purposes（学術的な目的のための英語，以下 EAP）とに分類することができるというのが一般的な見解である（次頁図3）。EOP は，医者，弁護士，エンジニアなどの職業専門家の English for Professional Purposes（以下，EPP）と店員や電話のオペレーターなどの一般の職業人のための English for Vocational Purposes（以下 EVP）に，EAP は大学や研究機関で行われるものであり，English for General Academic Purposes（一般学術目的のための英語，以下 EGAP）と English for Specific Academic Purposes（特定学術目的のための英語，以下 ESAP）に再区分される（EGAP と ESAP に関しては田地野・水光（2005）を参照のこと）。

```
特定目的の英語 (ESP)
├── 職業目的の英語 (EOP)
│   ├── English for Professional Purposes
│   │   ├── English for Medical Purposes
│   │   └── English for Business Purposes
│   └── English for Vocational Purposes
│       ├── pre-vocational English
│       └── vocational English
└── 学術目的の英語 (EAP)
    ├── 一般学術目的の英語 (EGAP)
    └── 特定学術目的の英語 (ESAP)
```

図3　ESPプロフェッショナルの専門分野の種類

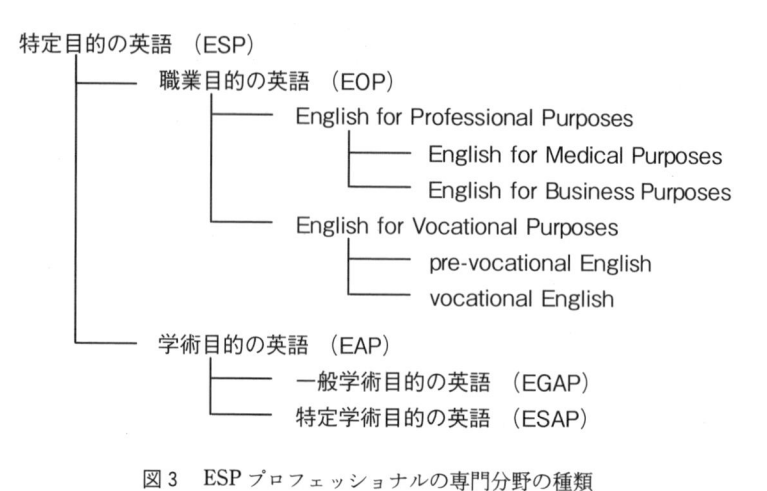

2. ESPの歴史

本節はジャンル分析が登場する以前を「第1期」，その後を「第2期」と分けてESPの歴史を顧みる。

2.1　ESP第1期

前述のように，ESPは，1960年代に，当時，言語教育の主流が文学であることに対する反動が次第に高まり，「学習者自身の目標や現実に即したコースを立案し，教授法を考える」という，より実用的な観点が主張されるようになってきたことに始まる。当時，研究者たちは，もっぱら専門分野別に英語の文法やレトリックなどの言語的特徴を記述することに専心していた。そして，理工系英語 (EST: English for Science and Technology) 研究がESP研究の中心であった。ESPはESTの同義語として捉えられていた。また，応用言語学ではこの「理工系」の「レジスター（言語使用域）」は，当時「ジャンル」と同義語とされていた。

Dudley-Evans & St. John (1998) によれば，1990年頃（ESP第1期）までのESPの発展の歴史は以下のように区分されるという。しかし，1.1節で指摘し

たようにこの分類方法は分析方法がその時代に盛んになったということであり，1960年代のレジスター分析が1970年代に急に消滅してしまったわけではない。彼らの分類自体が誤解を与えやすいものであったことは否定できないが，彼らがまとめた特徴自体は有用なので，ここではそれぞれの特徴を引用してまとめてみたい。

> （1） レジスター分析時代（1960年代）
> （2） レトリック・談話分析時代（1970年代）
> （3） スキルに対する研究の時代（1970年代後半～1980年代前半）
> （4） ニーズ分析時代（1970年代後半～1980年代初頭）

（1） レジスター分析時代

「レジスター（言語使用域）」とは，ある言語使用者が使用することばは，その目的，扱う内容，伝達手段，発信者と受信者の関係などによって異なる，こういった発話状況の条件を指す。そのレジスターの特徴を抽出する方法を「レジスター分析」という。この「レジスター分析」時代のESP教育は語法中心の英語教育に終始し，学習者のニーズに十分には対応できなかった。理論面では，ESPの理論的基盤を確立したHalliday他（1964）の *The Linguistic Sciences and Language Teaching* があげられる。しかし，当時のESP教員は，社会言語学的な視点から教育を受けていないのはもちろん，ESPで非常に重要な言語使用についても関心は持っていなかった。すなわち，深山（2007）が指摘するように，代表的な単語や文章の例（「工学系では受動態がよく使われる」とされていたが実際にはジャンルによって異なるなど）を集めて分析していたのである。そのディスコース・コミュニティで使用されるテクストを無視して，単語や文章構造のみに特化しすぎた研究は，実態とかけ離れてしまうような場合も多かった。理系英語の専門用語を知っていて，理系英文法を知っているだけでは理系英語のプロフェッショナルとは言えないということである。

（2） レトリック・談話分析時代

「レトリック分析」とは，書き手・話し手が読み手・聞き手に自らの意見を理解し受け入れてもらうために，言語をどのように使用・記述したら，どういう効果を生むことができるかという視点からテクストの特徴を分析するものをいう。

また、2つ以上の文がつながって、1つのまとまりを構成する時のまとまりである「談話」がいかにして形成されているかという分析を「談話分析」という。この「レトリック分析・談話分析」は共に文レベルを超えた言語分析であり、文と文がどのように組み合わされて、意味のある談話がどう作り上げられるのかという研究である。その結果、学問分野別や職業別のテクスト構造が次第に明らかになった。代表的なものとして、Lackstrom 他（1972）が「形式と言語使用の関係」を詳細に紹介した研究がある。

しかし、V. K. Bhatia (1993) は、特定のジャンルが存在する理論的根拠を説明するための研究、具体的には、そのジャンルの社会的または文化的背景に関する研究や、社会が持つ制約やその社会の期待がそのジャンルにいかに影響を与えるかといった考察が当時の研究には欠如していたと、その弱点を指摘している。

（3） スキルに対する研究の時代

「スキルに対する研究」がコミュニカティブ・アプローチを中心にした応用言語学の考え方に連動して発展した時代である。特に、Widdowson (1978) が、*Teaching Language as Communication* の中で、形式や言語使用よりもコミュニケーションの観点の方がより重要であるとし、科学論文や学術論文の定義、分類、描写、仮説の立て方などの機能に着目した。テキストブックとしては Allen & Widdowson (1974 and later) が English in Focus Series を刊行している。

（4） ニーズ分析時代

「ニーズ分析」とは、学習者が将来どのような目的や状況で外国語を使うようになるのかを予測し、それをもとにどのような言語能力を伸ばす必要があるのか（ニーズ）を分析することである。理論的側面では J. Munby (1978) のニーズ分析を足がかりとしたコース・デザイン研究が大きい。この「ニーズ分析」の登場によって、言語構造や言語そのものの特徴を対象としていた ESP 教育が大きく変化した。すなわち ESP 教育は「言語の使用される場面や状況をも考慮に入れて」準備されなければならないことになったのである。具体的には ESP のコース・デザインを行うためには、まず学習者が将来属する可能性がある専門家集団のニーズを分析して、それに合ったジャンルを選択し、学習者に合った教材を作成し、教授法を施すことになったのである。

ここで注意すべきことがある。それまで英語教育の分野でのニーズ分析として一般的に行われてきたのは、学習者対象のアンケート調査に基づくニーズ分析で

あり，これらの分析結果は社会のニーズを反映したものではなかった。

2.2 ESP 第 2 期
(1) ジャンル分析の時代

　1990年代以降の ESP は，先述の Munby の「ニーズ分析」理論をさらに発展させ，国際社会のニーズを調べ，そしてそれに見合った ESP 教育を行うべきであるという考え方に基づいていると言える。その考え方の柱となったのは Swales (1990) の「ジャンル分析」である。それぞれの学問領域や職域には固有のニーズが存在し，そのニーズによって同質性が認知されていく。その同質性が認知された各専門家集団ではコミュニティが形成され，その目的を達成するために様々な言語活動が行われるからである。このコミュニティに属している専門家たちは物理的に近接しているわけではなく，その目的に応じたディスコースが結びつけているので，「ディスコース・コミュニティ」と言われている。このディスコース・コミュニティは「ジャンル」という概念で示されるコミュニケーションのイベント（形態）を使用するのが特徴である。「ジャンル」とは，時には，ディスコース・コミュニティの内部の者同士で，時には外部の者とのコミュニケーションを行う上で認知され，繰り返して現れるイベントで，各イベントはみな特別な内容・形式・目的を持っていることが共通点である。つまり，学術論文，スピーチ，講演，講義などディスコース・コミュニティで行われる様々なコミュニケーションのイベントをいう。そしてこうした目的を持った一連の発話である「テクスト（書きことばと話しことばを含む）」を「ジャンル」によって識別する方法を「ジャンル分析」という。

　ESP 教育はこのジャンルの Form〈言語特徴〉を教えることを主とするが，Form に加えてジャンルの Substance（文書の内容）と Action（社会への働きかけ）の計 3 つの要素がお互いに密接に関わっているために，合わせて考慮する必要がある（野口，2005）。社会への働きかけはコミュニケーションを遂行する目的を表す。その働きかけには明確な内容がなければならない。そしてその内容を実際に具体化するためには，その「ジャンル」に独自の言語特徴が必要となる。これら 3 つが合体してジャンルが構成される。

　重要なのは，ESP 教育や ESP 研究はそれぞれの分野のディスコース・コミュニティを考慮して，その中で使用される「ジャンル・テクスト」を基本にしなくてはならないことで，これらのことを考えられるかどうかが「21世紀の ESP」となるかならないかの分水嶺となる。

21世紀になり，インターネットの普及によって，急速な情報爆発型社会への移行が進んだ結果，必要な情報にたどり着くまでに多大な労力が必要となり，情報収集に膨大な時間と労力を費やさざるを得ないのが現状である。この情報爆発時代においては，自分にとって必要な情報を上手に効率よく選ぶ能力を身につけることが重要なのである。このジャンルの概念を利用したESPというアプローチは，膨大な言語情報を整理し，利用する効果的な教育方法そのものなのである。

それでは，「ジャンル分析」を念頭においた「21世紀のESP」を，特に，日本の大学英語教育の現場で実践するためには一体どうしたらよいのかを提示する。

(2) 21世紀型ESPプロフェッショナル育成のための5つの課題

大学時代は，プロフェッショナルの世界に参加する直前の場である。卒業すればプロの世界に入る大学生に，様々な場で応用できる基礎英語能力を身につけさせるためにはどうすればよいのかを教育者は考えるべきである。概して，入学時の英語運用能力が高いとは言えない日本の大学生にとって，このジャンルの概念を利用したESPの考え方は有力な教育方法の1つとなる。「ジャンル」に基づいて情報を整理し，言語パターンを認識していき，さらに応用させていくという手法を身につけさせることによって，自分が活動する分野でどのような英語が使われているかを理解し，どのように英語を学んでいくかを考えられるからである。

4年間という短い学生時代にすべての種類の「ジャンル」を把握させることは不可能であるが，ジャンルの捉え方をマスターさせることにより，大学生はESPプロフェッショナルの世界への入り口に立つことができるのである。

グローバル化が進み，英語が多くのプロフェッショナルな場面で使われるようになっている21世紀において，日本の大学英語教育はESPをどう利用していけばよいのかをいくつか提言してみたい。この提言は，ESPを日本の教育事情に合わせた利用方法であり，言い換えれば，「日本型」と言ってもよいだろう。大学英語教育のあり方には様々なアプローチが考えられるが，以下は，21世紀の大学英語教育におけるESP指導実践の原則である。ESPプロフェッショナル（教員）は，この原則を基本に考えることで効果的な大学英語教育が展開できる。

① 自律した学習者を育成するという意識を持つ。

ESP教育は，専門用語やその専門領域の複雑な文構造をマスターさせることのみを目的としてはいけない。各自の専門分野で社会活動に必要な英語を必要に応じて使えるような手法を身につけることが真のESP教育なのである。グローバル化が進み，専門性が細分化されている21世紀において，専門領域のすべての

言語活動を身につけさせることは不可能に近いし、またそれを大学教育の中で行う必要性もない。重要なのは、大学が、将来参加するかもしれないプロフェッショナルの世界という社会への入り口であり、そうした社会で生き抜いていくために必要とされるジャンルの捉え方を身につけさせ、必要に応じて言語特徴を分析できる言語能力をマスターさせることを目的とした教育を行わなければならない。つまり、学習者自身が関わる分野や仕事で英語を使って活動できるように、ESP 理論に基づき自律した学習者を育成することを目的とする教育、それが ESP 教育であるという認識を持つことが重要なのである。

② ESP をコア・カリキュラムに入れる。

①を実現させるための1つの方策として、ESP を大学英語教育のコア・カリキュラムに入れるべきである。ESP を一部の学生に対しての「特殊な」授業であるような、カリキュラムの付随的なものとして捉えるのではなく、コア・カリキュラムとして扱うべきである。ESP は、仕事や専門分野に必要なコミュニケーションの手法を学ぶ効率のよいアプローチである。ESP アプローチを用いれば、実際の英語使用の場面、たとえば、新商品の売り込み、アポイントメントの取り方、仕様書の書き方、カルテの書き方など、様々なタイプのコミュニケーションのジャンル・テクストが、どんな目的のために (Purpose)、誰に向かって (Audience)、どんな情報内容を (Information) 伝えているのか、そして、その内容を効率良く伝えるために、どんな特徴を持った言語が使用されているか (Language features) を分析できるようになるので、学習者が新しいジャンル、つまり新しいコミュニケーションのイベントに遭遇しても、対応できるようになるからである。もう1つ重要なことがある。ESP はただ専門語彙だけを学ぶのではないことを述べたが、しかし、それでも、専門語彙も、ある程度は習得しなければならないのも事実である。さらに、日本において、中等教育段階まで英語教育を受けて一般の大学に入学したばかりの学生は、特に語彙力に限りがあることを認識しなければならない。いきなり、専門用語を学ぶのではなく、準専門用語 (Sub-technical または Semi-technical 語彙と呼ばれる) 教育を ESP 教育のスタートに置くことも有効な手段であることを確認しておきたい。

③ ESP の基本的な特徴を理解する。

Dudley-Evans & St. John (1993) が提示した3つの基本的特徴が ESP には存在することを理解し、相手に合わせて実際にどのように利用するのか応用ができることが必要である。

(a) 学習者のニーズ分析に基づいていること

(b) ジャンル（学問的背景や職業などの同質性）が認められること
(c) ESPが提供できる教授法と言語活動を利用できること

さらに，学習者の置かれた「状況」によっては必要とされない基本的特徴を4点列挙している。

(d) 特定された分野に関連するか，そのために用意されること
(e) General English（一般英語）とは違った教授法を使えること
(f) 学習者は成人であること
(g) 一般的にいって英語初級者ではなく，中級あるいは上級者をターゲットにすべきであること

しかし，21世紀に入り，上記4点のうち(f)と(g)に対しては新しい見解が出されていることに注目すべきである。すなわち，中等教育レベルでも，初等教育レベルでもESPは有効であるという事例が出てきている。たとえば，日本では武庫川女子大学付属高等学校のスーパーサイエンスコースなどの実践がある。また，オーストラリアでも小学校レベルからジャンルを取り入れたESP教育が実践されていることも意識する必要があろう（Gibbons, 2005）。つまり，ESPは英語運用能力の高くない学習者を対象としても対応できるということである。

④ 専門教員と連携する環境を準備する。

ESPは専門英語を扱うために，専門的な内容と言語的な内容の2つを扱ってきたのは周知の事実である。このバランスをどうとるかを明確にできていなかったことが，今までESPが日本の大学英語教育に浸透できなかった理由の1つであるとも考えられる。対象分野の専門家からは内容に関する情報が，言語教育者からは言語特徴の情報が提供されるが，どちらも重要である。すなわち専門教員と英語教員の「連携」がカギである。Dudley-Evans & St. John (1993)が指摘するように，ESP教育は授業実践だけでなく，ニーズ分析，教材開発，カリキュラム開発，授業実践，評価などすべてを含んだ教育プログラムである。このプログラムを構成するすべてのプロセスにおいて，専門領域の教員と英語教員との連携は必須の条件である。また，専門領域の内容の提供者には教員だけではなく学生をも含むことができる。いずれにせよ，「連携」をすることにより，英語の教員と専門教員の役割分担が明確になり，理想的なESP教育を実現することが可能になる。

⑤ ツールとしてコンピュータ（ICT）を活用する。

技術革新が著しい学習システムとしてのe-learningや，言語分析のためのコンコーダンス・ツールをフル活用することが求められる。また，様々な質の高い

無料ウェブサイト（ニュース，解説，文学の podcasts, webcasts）も言語学習に利用できる。さらに，携帯電話など違うタイプのコミュニケーション・ツールをも学習に取り入れて発展していくことも予期しなければならない。ESP 教育にこのような学習ツールを取り入れることにより，共通のディスコース・コミュニティを理解し，ネットワークなどを構築し，それらを利用できるようになるのである。

おわりに

　今日の ESP はコンピュータ技術の飛躍的な進歩により「ジャンル分析」がより発展し，さらにコーパス言語学，修辞学，エスノグラフィーの考え方をも取り入れた研究が行われるようになっている。実践面ではそうした理論を背景にして，以下の5つの方向に発展することを Hewings (2001) が予測している。各々の具体例は第4巻『21世紀の ESP ―新しい ESP 理論の構築と実践』で紹介しているので詳細は第4巻を見てほしい。①国際化（グローバル化）として，ESP 研究と ESP の実践は地球規模に広がりをみせ，特に，東ヨーロッパ，中央ヨーロッパ，中国で今後このような動向はますます進むと考えられる。②より詳細なコンテクストの分析が行われることにより，専門的な ESP コースを作り出す。③ビジネス・コミュニケーションに関する研究が多くなされ，様々なタイプのビジネス英語のコースが作り出される。④21世紀になって ESP の発展に影響を及ぼしてきたジャンル分析とコーパス分析の理論と方法により，英語教育自体をより学習者のニーズに合った内容にし，より効果的な ESP 実践が可能となる。⑤ディスコース・コミュニティで学問・職業上の目的として，コミュニケーションを地球規模で行うためには，そこで使用されるジャンルを使いこなさなければならない。しかし，そのコミュニティの構成員の大半が英語を母語としている人たちではないので，この分野の ESP プログラムの開発が進むと考えられる。日本の大学英語教育もこうした視点に立つべきである。

　以上がグローバルな視点から見た「21世紀の ESP」である。日本の大学英語教育における ESP もこうしたグローバルな視点に立って理解し，実践していくことが重要であろう。それが21世紀（日本）型 ESP の発展につながるのである。

第5章

第二言語習得研究

はじめに

　日本人にとって「英語を習得する」ことは，言語学習環境をはじめとする数々の理由から容易いことではない。いかにしたら効率よく習得できるか，に関する研究も行われているが，様々な要因が複雑に絡み，第二言語習得のプロセスの解明は容易ではない。

　第二言語習得研究は学習者言語の分析とともに発達した。言語習得のプロセスを解き明かす最大の鍵は学習者言語にあると言って過言ではないだろう。研究の初期には，学習者が発する言語，それも誤用を観察，記録，記述する方法が用いられた。それを代表するのが Corder (1967:167) で，「学習者がおかす誤りは第二言語の習得の進展」とする中間言語の概念を主張した画期的な研究であった。

　その後，学習者から言語データを引き出す様々な方法が考案され，第二言語習得のプロセスが見えてくるようになった。誤用に着目した対照分析や誤答分析，正用法に目を向けたパフォーマンス分析，談話分析と，新たな手法が次々と開発された。これらに加え，学習者言語の機能的側面や言語の語用論的能力の発達を分析する方法，学習者によるインタラクションや会話を分析する方法が開発され，第二言語習得プロセスの解明は進みつつある。

1. 第二言語習得論とその関連理論

　本節では，第二言語習得の定義づけとその研究の守備範囲を示し，第二言語習得のプロセスを解き明かすアプローチのうち主なものを紹介する。また，大学英語教育の場での実践とどう関連するかを論じたい。

1.1 第二言語習得の諸相
(1) 第二言語習得の定義
　一般に，第二言語習得とは母語が発達した「後」に学ぶ母語以外の言語の習得と定義づける。したがって，同時に習得するバイリンガルの場合は，これに該当しない。さらに，何をもって「習得」とするのか，ある言語項目が初めて使われた時点とするのか，正確に使えるようになった時点とするのか，また，どのような方法でどのようなデータを収集して「習得」を測定するのか，についても様々な考え方があり，複数種のデータをもとに統合的に考察しなくてはならないほど，言語習得のプロセスは複雑である。

(2) 第二言語習得研究の枠組み
　第二言語習得研究は研究分野としてはまだ40年あまりの歴史しかないが，急速な発達と展開を見せ，その守備範囲はますます広がっている。Ellis (1994) では4領域であったものが，Ellis (2008) では表1に示すように，脳との関連，教室における第二言語習得，などが新たに研究の枠組みに入り，7領域に増えている。

表1　第二言語研究の枠組み（Ellis, 2008を参照）

一般的な第二言語習得	1)	学習者言語の特徴
	2)	学習者をとりまく外的要因
	3)	心理言語学的プロセス
	4)	学習者の内的個人差
	5)	脳と第二言語習得
教室における第二言語習得	6)	教室内でのインタラクションと第二言語習得
	7)	中間言語への直接介入（言語形式に焦点を当てた指導）

(3) 第二言語習得研究のアプローチ
　第二言語習得のプロセスを説明するのが第二言語習得研究であるが，そこには多くのアプローチが存在する。これは，母語獲得には関与しないような要因が関与するからである。ここでは，そのうち4つのアプローチを紹介する。1つ目と

して，生成文法に基づく第二言語獲得研究があげられる。この研究アプローチでは，第二言語知識を音と意味を結びつける計算システムとして捉え，生得的資質としての普遍文法と，母語，言語経験の相互作用を考慮に入れて，次の4点を基本的問題として設定している。1）第二言語学習者の言語知識とはどのようなものであるのか，2）この知識はどのように獲得されるのか，3）この知識はどのように使用されるのか，4）この知識の脳内基盤はどのようなものであるのか。普遍文法に基づく第二言語獲得研究は，第二言語獲得を，語彙の獲得と，母語パラメータの第二言語パラメータへの再設定（re-setting）と考える。つまり，創造的構築仮説（Creative Construction Hypothesis）で明らかになった第二言語獲得の普遍的側面を原理に，対照分析研究が明らかにした母語の影響をパラメータに還元しながら，自然科学の研究法を用いて反証可能性の高い第二言語獲得モデルを構築するのが，普遍文法を基盤とした第二言語獲得研究の基本的な枠組みである。

　2つ目は，脳研究からのアプローチである。この手法による研究はバイリンガルの失語症研究から始まったが，機能的MRI，脳磁図，光トポグラフィーといった非侵襲的脳機能画像技術の発達により，脳科学の研究と第二言語獲得研究との関連が深まってきている。最近の脳科学では，第二言語使用者がどのように第二言語データを処理しているのか，知識の自動化，教授効果，年齢効果などに関して興味深い研究結果が発表されている。事実，日本人大学生を被験者とした研究も増加しており，感受性期を越えた日本人大学生の英語教育に関して，新しい知見を与えている（Sakai, et al., 2009）。本節では，第二言語獲得と脳科学との関連，教室での外国語教育に関する脳科学からのデータを紹介する。

　3つ目として，認知面からの言語習得へのアプローチがある。教室でどのような認知的プロセスが進んでいるのかを解明する認知言語学的視点では，学習者の注意，知覚，記憶，知識といった人間の認知メカニズムを通して明示的言語知識と暗示的言語知識をどう蓄積・発達させるか，そのプロセスの解明を試みる。この考え方による研究はいくつかの類型に分けることができる。「気づき」を学習の発端であり第二言語習得に必要な条件と考える立場では，気づき，意識，注意といったトピックを中心に第二言語習得プロセスの解明を試みる。そのほか，外国語指導の立場からのスキル獲得など様々な立場があるが，共通点は，明示的知識と暗示的知識をどう育成・発達させ，それを実際の言語使用の場でいかに使用するかという学習から言語使用へのプロセスの解明に取り組んでいることであろう。目標言語が生活言語ではない学習者にとって，どの習得方法がもっとも効果

的か，様々な認知面を捉えて検討する。

　最後に忘れてはならないアプローチとして，社会文化的アプローチがある。第二言語習得を社会文化的視点で捉えると，ことばの習得はインタラクションの「結果」として学習者の頭の中で起こるのではなく，インタラクションの「最中」に起こる，という解釈である。より上級の学習者や教授者とのことばのやりとりの中には様々な気づきと学びがあり，それによって学習者の言語使用がより正確にそして複雑になり，第二言語が上達していくことを示すものである。

1.2　母語獲得

　母語獲得研究で重要なのは，内的な仕組みである生得的（遺伝的）要因と，外的な環境要因がどのように相互作用を生むのかを解明することである。生得的要因とは，言語に特化した「言語獲得装置（language acquisition device: LAD）」が機能するのか否か，機能するならばその特質は何かという問題であり，環境要因とは，外部からの刺激により内的変化をもたらす（つまり中枢神経回路を構築する）言語経験の解明である。

（1）　統語の獲得

　統語論では，英語を母語にする子どもの統語獲得に焦点を当てながら，これまでの母語獲得過程に関する知見を概観する。具体的には，普遍文法の属性である「原理」の早期発現と，「パラメータ」の値の固定を取り上げる。

（2）　音韻の獲得

　音韻論では，母語の音声獲得過程を「知覚」および「産出」の2領域に分け，論じる。音声知覚は，音声の分節化やプロソディ認識に関わるもので，言語獲得過程全般に対し主たる役割を担うものである。他方，音声産出は構音技術の運動的様相であると同時に，主要な言語情報伝達手段である。これら2つの領域で見られる諸相は，母語音声獲得独自のものもあれば，第二言語習得過程に見られる様相と酷似しているものもある。これらの相違点を明らかにし，背後に潜む音声に関わる能力の仕組みを考えることで，第二言語獲得研究理解の基礎とする。

（3）　母語の知識と外国語教育

　第3節では，大学英語教育の再生の鍵として，母語の知識を用いた外国語教育を扱う。母語についての知識（「ことばへの気づき」）を基盤として進める方が外

国語学習は効果と効率の面で優れているからであり，母語知識を基盤に「ことばへの気づき」のきっかけづくりを行い，外国語の学習を進める。母語と外国語という複数の窓からことばを立体的に捉えようとすることにより，「ことばへの気づき」が深まるのである。「ことばへの気づき」をキーワードとした考えは，母語と外国語の効果的な運用につながり，大学英語教育への大きな刺激となるだけでなく，「ことばへの気づき」をさらに豊かなものにし，母語知識のさらなる深まりにも資するものである。

1.3 バイリンガリズム

「バイリンガル」とは何かを定義づけする時，一般に「均衡バイリンガル」を連想するが，よく観察すると，バイリンガルと呼ばれる人でもその言語能力には差があり，一人の2言語能力にも，分野や技能によって差異があることが分かる。この事実を踏まえた上で，社会的バイリンガリズムとバイリンガルの個人的な側面を検討していく。

(1) 社会的バイリンガリズム

本節では，多言語社会における言語事情を考察する。多言語事情を地理的，歴史的，文化的，さらには政治的要因によって分析しながら，1つの社会で複数の言語がどのように使い分けられているのか，そしてそこにはどのような問題が潜んでいるのかを議論する。世界の複雑な言語事情を一般化することは容易ではないが，どのように捉えることができるか，枠組みを示し，類型化を試みたい。

(2) バイリンガルの個人的な側面

2言語の習得には様々なパターンがあり，それらを分類するとともに，それぞれのパターンにおける習得と発達の過程を概観し，これまでのバイリンガル研究の知見をまとめる。また，バイリンガルが置かれた状況によっては，一方の言語が衰退する現象を踏まえ，近年発達してきた言語喪失研究についても述べる。主にバイリンガル個人の心理言語学的側面を扱うが，バイリンガリズムとは個人が置かれた社会的，政治的，経済的，教育的側面と複雑に絡み合った現象であることへの理解を深めたい。

さらに言語使用における理解過程と表現(産出)過程，また言語と認知との関係において，2言語がどのように使われているのか，言語運用能力として体系化されているのかを論じる。併せて，BICS / CALP などの概念を紹介し，新しい視

点からこれらの概念の意味を捉え直し，2言語話者特有のコードスイッチングという現象を考察し，使用言語の選択に潜む語用論的，心理言語的要因を探る。

2. 学習者言語を通した第二言語知識の解明

学習者の言語がどのようなものなのかを描写し，学習者の第二言語発達と実際の使用について検討する。これまでの研究で明らかにされていることを概観し，日本の大学レベルの英語教育の発展に資するものとしたい。

2.1 学習者言語の特徴
(1) 習得順序〈中間言語〉と母語の影響
第二言語の習得過程は非常に複雑で，誤りの減少が必ずしも第二言語能力の伸長を意味するものではない。対照分析仮説では，学習者言語を不完全な状態にある目標言語と仮定していたが，1970年代に誤答分析が主流となると，子どもの母語と同様に第二言語学習者の言語を，規則に支配された習得順序も予見できる1つのシステムであると捉えられるようになった。このシステムは「中間言語」と呼ばれ，学習者の母語や第二言語ばかりでなく，すべての学習者に共通する言語特徴を持ち，規則的であると同時に，学習者がより多くのインプットを得るほどに目標言語に関する知識を徐々に変更して，常に発達し続けるものと考えられている。形態素の習得順序の研究はやがて，いくつかの特定の構文発達の道筋の研究へと移行した。ここでも次のステージへの発達が必ずしも誤りの減少を意味していないことが確認されている。

(2) 変異性
学習者言語の特徴は組織的である一方，変異性を持つことも指摘されている。社会言語学的モデルの1つである応化理論（Accommodation Theory）は，話し相手を第二言語使用者がどう評価するかによる変異性を検証し，学習者言語研究にも応用されている。心理言語学的モデルの言語生産モデルでは，第二言語学習者の計画（planning）や訂正など，より完成した発話にするためにある特定の要素に集中して注意を払うモニター行為などを解明する試みが行われている。

（3） 語用論的側面

学習者が十分な語彙と構文の知識を持っていても，言語使用のための十分条件にはなり得ない。直接性や丁寧さ等の様々な語用論的適切性についても知る必要がある。様々な発話行為を通して，どのように学習者が意図や意味を表現する能力を発達させるのかについての研究は，中間言語語用論と呼ばれ，1990年代には「要求」を中心とした発話行為の習得過程の研究が盛んに行われた。

これまでは，様々な発話行為を指導することは難しいとされていたが，近年，コミュニカティブ，内容重視，タスクに基づいたアプローチ等が提唱され，試行が繰り返されている。さらに，語用論的特徴は明示的な指導によって教授が可能であることも示されている。授業でどのように指導すれば効果が上がるのか，また，学習者の語用論的能力をどのように測定し評価したらよいのかについての検証も行われつつある（JACET SLA 研究会，2005）。

2.2 学習の個人差をもたらす要因

個人差が生まれる要因は様々であるが，主なものを取り上げて検討する。

（1） 年齢

第二言語学習の開始年齢は，その到達レベルへの影響がもっとも顕在化しやすい学習者要因の1つである一方，その影響の複雑さは一般的にあまり知られていない。言語学習開始年齢を低くすれば第二言語習得が効率よく進むのか，到達度が高まるのか，などについて，一致した意見はまだ出ていない。

1960年代から応用言語学者たちは，第二言語の習得に年齢が大きな要因として関わることに注目し，リサーチを通じてその実態を客観的に検証しようと試み始めた。初期には英語圏への移民の子どもを対象としたESL環境下の研究が目立ったが，1970年前後から次第にEFL環境下の学習者を対象とした研究も増え，さらに量的研究だけでなく質的研究も加わった。近年日本でも小学校教育への英語の導入などにより，小・中・高・大が連携した英語教育カリキュラムの必要性が指摘されている。年齢と第二言語習得の関係から得られる知見は，これらの連携カリキュラム，および日本の大学英語教育改革を考える上で，大きな示唆を与えるものである。

（2） 適性

学習者の第二言語習得の適性を調べることには様々な利点がある。学習成果の

予測が立つこと，それを利用してクラス分けや指導法のきめ細かな計画が可能になること，適性で足りない部分が見つかった学習者にはそれを補う指導や育成のための指導が可能であること，などがあげられる。最近では学習初期における10の認知力とそれが貢献する5つの適性要因モデルが提案されており（Robinson, 2005），これに基づいた適性の測定に関する研究が進めば，適性と暗示的・付随的・明示的学習，適性と注意・言語形式へのフォーカス，適性とタスク中心の言語学習の関連などの基礎的データを収集でき，今後の利用が期待される。

(3) 動機づけと自己調整

　第二言語習得において動機づけが中心的な役割を果たすことに関しては，疑念の余地がない。過去50年にわたり様々な動機づけ研究が行われ，いくつかの転換期を経て，現在ではさらなる多様な広がりを見せている。しかし，動機づけ研究における多様性は，その成果が十分に整理されておらず，研究者を混乱させてしまう危険性もある。背景理論・研究目的・文脈および参加者・研究手法・結果から，動機づけにおける先行研究を概観し，研究を行う上での視点と注意点を整理した上で，今後の動機づけ研究のありようについて検討を進めたい。

　また，その他の学習者要因（言語学習ストラテジー・学習スタイル・学習不安・ビリーフ，自己効力感，自己調整など）の諸理論も概観し，自己調整学習の枠組みにおける学習者要因が果たす役割について論じる。大学の英語学習者の学力低下が叫ばれる今日，本節では，第二言語習得を阻害する要因にも焦点を当てながら自己調整学習の支援についても言及する。

3. 大学生と第二言語習得

　大学英語教育での指導の効用を議論する前に，実際に学習者は指導によってどのような習得への影響を受けるのか，第二言語知識，および第二言語習得プロセスの解明がきわめて重要である。外国語環境での教室での教授が脳に及ぼす脳機能の変化についての研究は，大学生を対象とした英語教育に大きな示唆を及ぼす。教室ではどのように習得を促進できるのかについて解説を加える。

3.1 教室における第二言語習得の促進
(1) インプット, インタラクション, アウトプット

　インプットを得ることは第二言語習得プロセスの第一段階であり, インプットなしでは習得は始まらない。しかし, 日本のような外国語学習環境にあっては, インプットは豊富には得られないので, 教室での第二言語習得を目的とした実践を行うなら, どのようなインプットをどのように与えたらよいか, 十二分に吟味する必要がある。

　インプットはただ大量に与えればよいというものではなく, インプットに含まれている言語のある特徴に学習者が「気づく」ことがもっとも重要である。新しい情報として「気づいた」インプットは理解できるものでなくてはならない。理解できたインプットは, 学習者が既に持つ「母語の知識」や「中間言語知識」と照らし合わせ, 矛盾なく納得できるものであると「摂取」され, 既に持っている知識体系と統合される。これはいったん「明示的知識」として意識的に記憶されることが多く, 一部は意識しないうちに「暗示的知識」に組み込まれることもある。

　学習者自身が読んだり聞いたりするもののほかに, 聞き手や読み手からの反応としてのフィードバックもインプットの一種であるので, インプットは大きく2つに分類できる。1つは正用法のデータとしての肯定証拠, もう1つは誤用であるという情報としての否定証拠である。ここで指導上大切なタイプのインプットは, 肯定証拠であれば, 言語データとしての教材だけでなく, インタラクションによる「修正されたインプット」であろう。学習者にとって理解できるように修正されたインプットだからである。一方, 否定証拠としてのインプットであれば, 誤りを予想して提供された文法規則の説明も重要であるが, 学習者の誤りに反応したフィードバックも学習者自身が自分の誤りに「気づく」機会を提供することになり, そこに学習が生まれ, 意義深い。

　このように, インタラクションの重要性は多くの研究者が認めるところとなり, 気づきが意味の理解を起こすことを検証するために, リサーチデザインにもインタラクションのもち方にも工夫が重ねられ, ますます広く研究が行われるようになっている。その結果, 学習者の誤りを含む発話を正しい形に直して言い直すリキャストや, 学習者自身に誤りを訂正させて正しい形を引き出すようなインタラクションなど, どのタイプのインタラクションがその後の言語習得に貢献するかに関する研究が盛んに行われている。

　さらに, アウトプットの役割と重要性も広く認識されるに至り, スピーキング

やライティングは単に言語技能としてだけではなく、第二言語習得を促進する要素として捉えられるようになった。アウトプットは、意味処理から統語処理への移行を促進し、気づきを促進し、仮説検証の機会を与え、メタ言語的省察を促進し、明示的宣言的知識の自動化を促進することが多くの研究で実証されつつある。大学の4年間、学部によっては2年間という限られた期間に正確でかつ適切なアウトプットへつなげるためのインプット源としての教材開発と、指導法の開発が急務である。

(2) フォーカス・オン・フォーム (FonF)

コミュニケーションが中心となる外国語教育の利点を失わずに、いかに学習者の注意を言語形式に向け、より高度な言語能力を身につけさせていけるかが、近年の外国語教育の大きな課題となっている。そこで登場したのが、フォーカス・オン・フォーム (FonF) である。FonF とは、意味ある言語使用のコンテクストの中で学習者の注意を言語形式に向けさせる試みである。本節では、FonF の理論的基盤を説明し、FonF の研究と実践に向けての課題を検討する。流暢でかつ正確な英語が使える人材の育成は急務であり、とかく形式偏重か、もしくはコミュニケーション活動一辺倒に陥りがちな英語の指導において、いかに FonF の考えを取り入れていくかは、今後の英語教育の方向性を決める上で重要である。

(3) 認知力の育成を目指したコミュニケーション・ストラテジー指導

第二言語による対話において、インタラクションがスムーズに進むように努めたり、互いの理解を深めるために工夫したりするなど、伝達能力の不足を補い問題を解決するために用いる様々な方略がコミュニケーション・ストラテジー (communication strategies: CS) と定義されている。1980年代にコミュニケーション能力の1つとして方略能力 (strategic competence) が含まれるとする見解が示され、第二言語習得研究でもこの分野の研究が盛んになった。

Bachman (1990) が方略的能力を言語能力から独立したものと位置づけてからは、より広義にこの能力を捉えた研究が続けられている。中でも注目すべきは、コミュニケーション・ストラテジー (CS) の指導可能性である。CS の意識的な指導は、日本人英語学習者の対話における問題を克服し、積極的にコミュニケーションを図る態度の育成も可能にすると思われる。今後この領域での実証研究が積み重ねられ、大学レベルの授業でも活用されることが期待されている。

（4） バイリンガル教育

　バイリンガル教育と一口に言っても，外国語教育からイマージョンまで多様な形態があり，それぞれ目的も異なる。バイリンガル教育は大きく分けて「2言語使用に消極的な教育形態」と「2言語使用や2言語での読み書きに積極的な教育形態」の2つに分類でき，それぞれがさらに様々な形態に分類できる（Baker, 1993；岡, 1996）。これらの類型を概観し，後者の代表的な例である「イマージョン教育」について日本と海外における実例を紹介し，日本の大学英語教育の将来に対する示唆を論じたい。なお，JACETバイリンガリズム研究会では，2003年に『日本のバイリンガル教育——学校の事例から学ぶ』（三修社）を編集出版している。

3.2　英語教育学への取り入れ

（1）　教材開発の基礎として——気づきを起こすインプットとアウトプット

　学習者が第二言語を習得するためには，インプットは必要欠くべからざる言語データである。外国語学習環境におけるデータ源としての教材は，ただインプットを大量に与えるという観点だけではなく，インプットの中のどのような特徴に気づき，理解し，納得するのか，を十分に吟味した教材でなくてはならない。自己の既存の知識と新しい情報・知識とを有機的に結びつけるために，いかに良質で適切なインプットを与えるか，いかに気づきを起こす機会としてのアウトプットとインタラクションの機会を提供するか，が重要である。

（2）　英語科教育法の基礎として

　日本人学習者にとって最適な英語の学習法，指導法はどのようなものであるか，という問いに対し，様々なアプローチで探究が試みられてきた。北アメリカやヨーロッパで提唱された教授法が導入されたり，多読・精読のすすめが提唱されたり，ALT制度が導入されたりしてきた。それらの中で，第二言語習得のプロセスに着目し，戦後，日本に導入された英語指導法を集めて検討を加えた試みがある（田崎, 1995）。これを継承するかたちで，第二言語習得研究の文献を広く集め，日本の英語教育の場に示唆を与える文献と，研究分野の動向を示す文献を集めて解説を加えたのが，大学英語教育学会SLA研究会（2000, 2005b）である。気づき，暗示的・明示的知識といった認知科学の領域にも広がりを見せ，言葉の変異性などを扱う社会言語学や，動機づけなどの学習の個人差要因を扱う学習心理学をも包含する研究領域になっている第二言語習得論の中でも，特に日本

人学習者の英語の習得をいかにして教室で促進させるか，という視点で基本的文献を集めて検討を加え，インプット・アウトプットの重要性，学習成果の個人差要因の探究の必要性を訴え，外国語教育への取り入れを示唆している。

最近のこれらの研究から示唆されることは，1）教職科目の中の「英語科教育法」のシラバスへの第二言語習得研究のトピックの取り入れ，2）大学での教職科目の1つとしての「第二言語習得論」の開講，3）現職教員の研修プログラムへの「第二言語習得論」の取り入れであろう。既に大学の専門科目としての英語科教育法のシラバスには，第二言語習得研究のトピックが取り入れられている例が増えているが，教員教育の場ではまだ例は少ない。学習者の頭の中でどのような変化が起こって英語が習得されていくのか，そのプロセスに関する理解なしでは，英語指導は適切性を欠くことになる。

おわりに

大学生を社会に送り出すまでに，いかに人間力，仕事力を支える英語力をつけておくかが，大学に籍をおく英語教育関係者の責務である。そのためには第二言語習得の知見に基づいた教育を実践することが望まれる。第二言語習得研究の今後の展望として，以下の3点に特に着目したい。

① 第二言語習得と脳の機能や仕組みとの関連が解明できれば，第二言語習得の神秘の解明ができるのではないか。
② 動機，学習ストラテジーなどに関する研究手法を精緻化することで，認知的，心理的にも複雑な個人差要因の解明ができるのではないか。
③ 第二言語習得プロセスの大きな要因である「インプット」「アウトプット」「インタラクション」「気づき」の役割などが具体的に英語教育とどのように関わるかをさらに探究することが急務である。

これらの研究成果を教授法の中にどのように取り入れていくかを探ることも併せて必須の研究課題である。並んで，それらの研究結果を蓄積し，小・中・高・大の英語教育をどのように体系的づけるかを研究することが，日本の英語教育促進のためにはきわめて重要である。

第6章

成長する英語学習者

はじめに

　近年，英語教育を含む教育全体において，学習者オートノミー (learner autonomy) の育成の重要性が，世界的に認識されてきていると思われる。学習者オートノミーは，2000年前後にヨーロッパ各国のカリキュラムに明示的に取り入れられた。我が国の英語教育界では，コミュニケーション能力 (communicative competence) の育成が目標として強調されてきたが，学習者オートノミーの教育的意義については，一部の研究者を除けば理解が遅れてしまった。さらに，欧州評議会 (Council of Europe) は，複数の言語同士が相互関係を築き互いに作用し合う中で広い意味でのコミュニケーション能力を身につける複言語主義 (plurilingualism) を提唱している。早期外国語教育の世界的動向に伴い，日本でも外国語活動の小学校導入が始まったが，英語偏重の傾向が否めず，英語教育における理念・哲学も相変わらず曖昧なままである。全人教育につながる「ことば教育」の重要性が教科の枠を越えて再認識されている今日，日本人英語学習者のコミュニケーション能力の向上のみならず自律的成長をどのように促すべきか，いよいよこの問いかけを強調する必要がある。

　本「英語教育学大系」の中で「学習者論」の1つとして論じられる「成長する英語学習者」は，学びの成り立ちに大きな影響を及ぼす多様な学習者要因 (learner factors) を解明し，学習者の主体的な学びを促す自律学習 (autonomous learning) のあり方を理論と実践の融合の立場から考える。まずは言語学習者に関する研究を総論的に概観し，続いて学習スタイル (learning style)，動機づけ (motivation)，学習ストラテジー (learning strategy)，コミュニケーション・ストラテジー (communication strategy)，学習者オートノミー (learner autonomy)，ポートフォリオ (portfolio)，セルフ・アクセス (self-access)，教

師オートノミー（teacher autonomy）などが，英語教育者としての専門的視点から説かれることになる。このことを踏まえ，本章では大学英語教育における「教え中心」(teaching-centeredness) から「学び中心」(learning-centeredness) へのパラダイム・シフトを念頭において，とりわけ英語学習者の成長に光を当てながら，自律的な学びについて読者とともに考える。

1. 大学英語教育のパラダイム・シフト

　我が国の高等教育機関では，教員が教育のプロフェッショナルとして自覚を持ち，指導内容・方法の改善に努め，研修を通して自らの教育力の向上を図ることを奨励している。そうした教育事情の中で，日本の大学で期待される「学び中心」の教育の特徴，また英語教育における新パラダイムについて説いてみる。

1.1 「学び中心」の教育
　日本の大学教育では，しばしば「知識の権威者」と見なされる教員が教師主導で学生に知識を伝授する「教え中心」の授業が，伝統的なアプローチとして長年受け入れられてきた。戦後，このようなアプローチによって効果を上げてきた教育現場の体質を，学習者の主体的な学びを奨励する「学び中心」へと転換することは容易ではなかろう。しかしながら，「学士課程教育の構築に向けて（答申）」（中央教育審議会，2008）が出され，学士課程教育の質の維持・向上のために，高等教育改革の必要性が指摘されてもいる。こうした動向は，「日本のFDの未来」をテーマとする国際シンポジウム［2009京都大学］「ことば教育」とからめ「大学における『学びの転換』と学士課程の将来」を構想した特色ある大学教育支援プログラム［2009東北大学高等教育開発推進センター］などに例証される。

　教育のパラダイム・シフトをより効果的に展開するには，大学教員と学生双方の大胆な意識改革と理論・実践・研究の有機的な統合が必要である。今後，日本の大学で期待される「学び中心」の教育とはいかなるものか，その基本的な特徴をこれまでの研究（大学英語教育学会授業学研究委員会，2007；Johnson, Johnson & Smith, 1991）を参考にして以下のようにまとめてみる。
・知識は，教員が学生に対して一方向的に伝授するものではなく，両者が協働的に構築するものである。
・学生は，受け身的な学習態度を改め，学びへの自己責任を認識し，知識を生成

する主体として学習ストラテジーなどを効果的に活用しながら,学習者オートノミーの向上に努力する。
・教員は,実践的指導力を身につけるためには相当の自己訓練を要することを認識し,自律学習の促進者として新たな役割を担いながら,省察的実践・リサーチを通して専門職能・教師オートノミーの向上に努める。
・授業プログラムは,教員・学生・教材(活動)・コンテクストの特性が有機的に統合されるように考案され,学びの結果のみならずプロセスが評価の対象となる。

1.2 英語教育の新パラダイム

大学教育のパラダイム・シフトは,大学における教育活動の全分野に影響を与え,時代の求める外国語教育へのアプローチにも反映される。英語教育における世界的な動向としては,人間性心理学(humanistic psychology)(Rogers, 1961)の影響を受けて,授業の中心的役割を果たすのは学習者であるとする学習者中心主義(learner-centeredness)の考え方が,1970年代後半から英語教授法の基調となっている(Tudor, 1996)。その代表的アプローチであるCommunicative Language Teaching (CLT)の英語授業への応用が,近年我が国の中等・高等教育においても文部科学省から推奨されてきた。しかし,実質的には期待通りの成果が上がっていないと見なされがちである。日本人言語学習者のコミュニケーション能力の向上を阻む要因については,日本人としてのアイデンティティのレベルから,教育的・文化的・社会的・経済的・政治的レベルに至るまで多様な要因が複雑に交錯していると思われ,容易には解決しがたいものがある。

大学英語教育における日本の事情を考えてみよう。まずは,日本人英語教員によって学習者中心主義的発想が十分に理解され授業に反映されているとは言いがたく,むしろコミュニケーション能力の定義を含めてCLTの基本理念を誤解している教員も多くいることが懸念される。また,「教え中心」の教育文化に慣れ親しみ自らの学習経験を積み重ねてきた日本人英語教員が,一夜にして「学び中心」に切り替えることはとうてい不可能であろう。自らの教育理念・哲学の再考を必然的に要する。

CLTは,たしかに学習者のコミュニケーション能力やバランスの取れた言語スキルの向上を大きなねらいとするが,「学び中心」のクラスの中で「学習者オートノミー」の涵養をも重視するアプローチであることを認知し直す必要がある。そのうえで,我が国の教育的コンテクストに適した新しいアプローチを創意

工夫することが求められる。コミュニケーション能力の総合的育成を図ることはもちろんながら，多様な学習者要因を配慮して，動機づけやオートノミーを高めるためのストラテジー指導を盛り込んだ自律的・省察的・協働的アプローチ (autonomous, reflective, and collaborative approach) が，英語教育の新パラダイムの中で，継続的に実践・研究されることを提起したい。

2. 自律を育む学習者

「学習者オートノミー」の重要性に気づき，その育成を授業のねらいとする日本人英語教員が徐々に増えてきている。「優れた言語学習者」の特徴や多様な学習者要因の理解に基づく効果的な指導法が，自律を育む学習者を支援するために創意工夫される必要がある。

2.1 優れた言語学習者

優れた言語学習者（good language learners）の研究は，海外において1900年代後半によく見受けられる (Naiman et al., 1978; Nida, 1957; O'Malley & Chamot, 1990; Oxford, 1990; Rubin, 1975; Rubin & Thompson 1982; Stern, 1975)。我が国でも先行研究を総括した新たな研究の成果が発表されており（竹内，2003），学習者への関心が高まりを見せている。さらに，John Rubin (1975) の30周年を記念して，優れた言語学習者に関する最新の論文集 (Griffiths, 2008) も刊行されたばかりであるが，こうした一連の研究を参考にすると，日本の英語教育で期待される学習者像は以下のようになるであろう。

- 言語学習者として個人差（ニーズ，能力，興味，動機づけ，学習スタイル，学習ストラテジーなど）に対する自己認知を深め，学習の目的・目標を明確にして，できるだけ内発的動機づけを意識しながら言語学習を持続する。
- 自分の言語学習に対して積極的な姿勢と強い責任感を持ち，メタ認知ストラテジー（metacognitive strategy）を働かせ，学習の目標設定・計画・モニタリング・評価を行う省察的サイクルを持続しながら，自己調整（self-regulation）あるいは自己管理（self-management）の過程を通して，自律的な学習能力・スキルを育む。
- 優れた言語学習者の特徴，コミュニケーション能力の様々な構成要素などを理

解し，言語スキルの統合を図りながら，教室の内外における学習の機会を有効に活用して豊かな言語活動を推進する。
・対象言語に関する体系的な知識のみならず文化的・社会的な背景にも興味を持ち，母語や母文化を再認識しながら，異文化間コミュニケーション（intercultural communication）を通して多元的な価値観を身につける。
・互恵的な言語学習の場を通して，責任感・社会的スキル・協働学習評価力などを養い，ともに達成感を分かち合いながら個々人の自律的成長を育み，社会的な存在として時代を生きる力を養う。

　海外で本格的な言語学習成功者の研究が始まって以来30年以上になるが，いまだに解明されていない問いかけが研究者の間で続いている。「言語学習成功者はどんな特徴を持っているのか」「なぜ他の者よりも成功する学習者がいるのか」「学習者の性格要因は効果的な言語学習にどのように関係するのか」「学習者は様々な学習場面にいかにして対応するのか」「これまで何が分かっており，今後何を知る必要があるのか」「指導者は支援のために何ができるのか」（Griffiths, 2008: 1-2）といった問いに対する答えが，「成長する英語学習者」を論じる中で示唆されることになる。特に日本人学習者の自律的成長を促すためには，我が国の教育的コンテクストを軽視せず，学習者が置かれている独自の環境・コンテクストに適合する自律学習，自己調整学習，セルフ・アクセス学習などのための指導法を提案することが重要と思われる。学習者が言語学習への確固たる信念（belief），英語利用の必然性（necessity），到達目標（goal）のそれぞれを認知できるように，言語教育政策の視点を踏まえた提言も求められる。

2.2　学習者要因に基づく支援指導

　英語指導に影響を与える多様な学習者要因について，特に学習スタイル，動機づけ，学習ストラテジー，コミュニケーション・ストラテジー，学習者オートノミーに注目してみる。これらの要因は，大学生を含むあらゆる年齢層の言語学習者の成長プロセスに関わるものであるが，ここでは学習者要因が特に大学英語教育との関連でいかに重要な位置づけにあるかについて考慮する。「成長する英語学習者」に関わる共同執筆者たちは，お互いにどのような視点から学習者要因を捉え支援指導をしているのであろうか。彼らの想いをできるだけ生かすように，また読者の興味・関心を喚起できるように配慮しながら紹介する。

(1) 学習スタイル支援
　第二言語習得研究が万能薬的学習法の研究から個人差の解明へと向かう流れを踏まえ，学習者の多様性として特に学習スタイルに焦点を当てる。外国語教育の立場からは，指導場面において意味を持つ個人差の研究を優先することが求められる。年齢・性別・知性・適性については外界からの介入による変更が困難であるが，動機づけ・学習ストラテジーなどは大学教員の指導や学生の意図的行動によって統御可能であり，それらの選択には，個人の性質や認知様式など，いわゆる学習スタイルが大きく関わっていると思われる。学習者と指導者の間，あるいは学習者と教育プログラムの内容・方法の間に，学習スタイル上の齟齬があれば対立が生じる。英語教員は自らの教授方法を絶対視して学生に一律に押しつけても，それが学生全員の学習スタイルに適しているという保証はない。指導者は自らの教授スタイルを自覚し，学習者を主体的に生かすように指導法を改善する必要がある。一方，個々の学生は自分の学習スタイルを認知し，もっとも適した学習方法を見つけ，学習ストラテジーなどを創意工夫しながら，自律的な言語学習者として自己成長を遂げることが期待される。リメディアル教育（remedial education）が日本中の大学でブームとなり，専門を意識した発展的学習のために学生たちの「学びの力」を促進することが急務となっている現在，「学び中心」の大学英語教育が成功・発展するためには，学習スタイルの認識に基づく支援指導が重要である。

(2) 動機づけ支援
　英語教育関係者の大多数は，学習の成否を左右する個人的要因として動機づけの重要性を指摘するであろう。しかしながら，動機づけとは何かを十分に理解し，シラバスや教材の立案に効果的につなげながら英語授業を展開している指導者の数はどうであろうか。動機づけ研究の観点から効果的な英語学習法・指導法を考える必要がある。そのために，「特定の行動を生起し，維持する心理的メカニズム」であることを踏まえて，①行動の目的・目標（質的側面）を規定する「動機」（motive），②これに加え実際の行動の強さ（量的側面）を規定する「動機づけ」（motivation），③教師の指導や学習者の自己動機づけによって行動の質的・量的側面への介入を志向する「動機づける」（motivate / motivating）の3つの観点から整理し，そこから得られる実践的示唆を考察する。心理学の重要な領域として多くの動機づけ研究がこれまで行われてきたが，実際の英語授業における具体的な適用方法を提示した例はそれほど多くはなさそうだ。一例として

は，学生が身につけるべき英語運用能力の到達目標を調査・研究し，学士課程4年間の各時点で到達すべき具体的な教育目標とその到達度を評価する英語運用能力判断基準（Can-Doリスト）の開発があげられる。このリストの開発・運用のプロセスにおいて，動機づけに関する研究成果が学習支援のためにいかに有効に活用されているかが示される。多様な動機に支えられた学習の遂行・支援，動機づけに肯定的な影響を与えると想定される要因の活用，そして学習者を積極的に動機づける指導が求められる。

（3） 学習ストラテジー支援

　学習ストラテジーは，言語学習者のコミュニケーション能力，問題解決能力，そして何よりも学習者オートノミーの育成を可能にすると考えられる。学習者が使おうとする学習ストラテジーは，本人が言語学習に対して持っている個人差と連動し相互に影響を与える。学習ストラテジーの定義に関しては，研究者の間で完全な意見の一致が見られていない。しかしながら，「学習者がとる学習方法・行動において，特定の活動に単独もしくは組み合わせて利用すれば，言語習得の過程をより円滑的・能率的にする」という共通認識がうかがわれ，言語学習に効果的な役割を果たすことが期待される。海外の研究者（Cohen, 1998; O'Malley & Chamot, 1990; Oxford, 1990）によって学習ストラテジーの体系的な分類・整理が試みられてきたが，とりわけ学習を進めるうえで司令塔的な役割を果たすとされるメタ認知ストラテジーは，学習プロセス全体の円滑化を図るために有効であることから，学習者オートノミーの育成に大いに関連すると考えられる。自律学習能力を必要とされながら，「教え中心」に慣れてしまっている日本人大学生にとって，もっとも必要とされるストラテジーの1つであろう。認知・記憶・補償・メタ認知・情意・社会ストラテジーを統合的に応用した大学英語授業で訓練を受ける学生は，徐々に教員の介入レベルを減らし学生にストラテジー使用の責任を委譲していくことによって，自律型の学習者として成長が促され，その結果高い到達目標を達成する可能性があろう。学習ストラテジーに関しては，「行動・思考プロセスのいずれを指すか」「スキルとの相違点は何か」「文化的・社会的背景をどのように考慮するか」など，研究上の問題点も考慮する必要がある。一般に，知識重視の授業で「何を学ぶか」に重きがおかれ，「いかに学ぶか」が強調されてこなかった日本の教育事情を省みる時，学びへの内発的動機づけや自己責任能力を欠く傾向が一般に見られる日本人大学生が，個人的特性や学習ストラテジーを生かして自律学習を効果的に継続することにより，優れた生涯学習者

へと成長することが望まれる。

（4） コミュニケーション・ストラテジー支援

　コミュニケーション能力とコミュニケーション・ストラテジーに関する理論的・実証的研究に言及する。具体的な方略指導の実践モデルを提示した後に，コミュニケーション・ストラテジー指導が自律的言語学習者の育成に果たす役割が考察される。西欧では，語学教育のための新アプローチである Communicative Language Teaching (CLT) の発達に伴い，1970年代から応用言語学の分野で理論化が進められ，近年では，コミュニケーション能力に関する考え方が，「ヨーロッパ言語共通参照枠」(Common European Framework of Reference for Languages: CEFR) にも取り入れられている。コミュニケーション・ストラテジーについては，発話者の意図する発話内容（意味）をいかに的確に効率よく相手に伝え円滑なコミュニケーションを行うか，に重点がおかれる。教育における指導実践では，学習者の熟達度，発話の内容や意味交渉の度合いに応じた方略指導が配慮されなければならない。コミュニケーション・ストラテジー指導が大学英語教育に果たす役割に関しては，マクロ的役割からすれば，社会言語学的能力 (sociolinguistic competence)，談話能力 (discourse competence)，語用論的能力 (pragmatic competence) を高める狭義の役割に加え，リンガ・フランカ (lingua franca) としての英語を異文化間コミュニケーションで使用する方法や心得を習得させる広義の役割があろう。一方，ミクロ的役割としては，言語知識の不足を能動的に補い，より円滑なコミュニケーションを行うためのスキルを養成する心理方略的アプローチに中心がありそうだ。大学卒業後に社会に巣立つ大学生が，英語学習の最終段階における訓練を通して，基礎的な言語能力を備え，社会体験に関連づけて考える準備ができるとすれば，個性豊かなメッセージ性とそれを表現する手段を持ち合わせた自律的な言語学習者として成長し続けることが可能になるであろう。

（5） 学習者オートノミー支援

　学習者要因との関連で共通のキー・ワードと見なされる学習者オートノミーについて焦点化して論じる。後に続く自律学習への新アプローチを考慮すれば，自律学習の実践効果に重要な影響を与えるコンセプトとして「協働」(collaboration)「省察」(reflection) も重要である。学習者オートノミーは，1970年代以降において欧州評議会の主要な関心事であった。子どもたちの多種多様な言語学

習や異文化経験を記録し公的な形で認める仕組みともいうべき「ヨーロッパ言語ポートフォリオ」(European Language Portfolio: ELP) で，学習スキルと同様に学習者オートノミーの促進が図られた（Lenz, 2004）こととあいまって，学習者オートノミーは徐々に世界の多様な教育的コンテクストで実践・研究されてきている。日本の大学英語教育においては，学生たちが自らの言語学習に責任を持ち，学習内容・方法の決定およびプロセスに積極的に関わり，学習効果を反省・評価しながら自律的な成長を遂げることができるように，自律学習への効果的なアプローチを開発することが重要な課題である。また，個人的責任に加え社会的責任を併せ持つ存在として，異文化人を含む他者と協働しながら成長できるように，オートノミーの社会的アスペクトを生かした協働的・省察的アプローチの実践研究が，学習者オートノミーの育成を可能にするための潜在力を秘めていると考える。

2.3　自律学習への新アプローチ

自律学習の今日的意義を認識しながら，21世紀の日本人英語学習者の学びのあり方を考える際に，理論と実践の融合という基本理念を柱にして，「成長する英語学習者」を取り巻く理論とともに指導上のアドバイスや実践的アプローチの紹介が求められる。また，学習者が自分の学習スタイルへの気づきを高め，多様なストラテジー訓練を盛り込んだタスクを通して学習者オートノミーを養う授業実践が注目される。学習者要因に基づく支援指導を踏まえ，特に英語学習者の自己省察やオートノミーの育成をねらいとする新アプローチとして，ポートフォリオ学習とセルフ・アクセス学習を紹介する。

(1) ポートフォリオ学習

教室を学習者オートノミーや自己省察を育む協働的な場として捉え，学びの社会的・文化的コンテクストにおける効果的な英語教育のあり方を検討する。北米などで標準テストの代替評価手段として使用されてきたラーニング・ポートフォリオ (learning portfolio) を，日本の大学生を対象とする英語授業で教授手段として応用し，その学習効果をリサーチする。北米と同様に日本でも大学の大衆化によって学生の学力低下に歯止めがかからず，従来の画一的な教授法が通用しなくなってきている。学生自身が自らの学びのプロセスに省察を加えそれを証拠資料で裏づけることが，学生の自律的成長に何らかの効果を及ぼすと期待され，ポートフォリオの英語授業への導入が注目されている。また，教育心理学・認知

心理学・文化人類学研究への関心が，近年教育の様々な場面で高まってきている。しかしながら，我が国の英語教育においては，このような理論的基盤に立った包括的な教育方法の検討，タスク開発，実証的研究はまだまだ未開拓である。ポートフォリオの導入は，国内外で教員養成プログラムへの応用が主とされ，一般の大学生を対象とする英語授業などでは応用例が少ない。事例研究では，ポートフォリオに加え英語テストやアンケートをも活用し，量的・質的分析手法を併用しながら，大学生のオートノミー・英語能力・自己評価力などの向上を観察する。大学英語授業の改善は，教員のティーチング・ポートフォリオ（teaching portfolio）だけでは十分ではなく，学生によるラーニング・ポートフォリオと有機的に結合することが望ましい（土持，2007: 102）。

（2） セルフ・アクセス学習

セルフ・アクセス学習（self-access learning）には様々な形態があり，学習施設も単に教室にある学習用教材の棚から最新のマルチメディアを駆使した学習センターまで多様である。一定の目的を持った学習施設であることが共通点であるが，明確な理論的枠組みに基づくことが重要となる。自律学習を支援する目的で設立された施設は，授業外で様々な教材・設備を通して言語の学習・使用の機会を提供し，学習共同体の形成を促すであろう。個人差に応じた学習の個別化・自律化を可能にする施設で，学生はアドバイザーの支援を受けながら主体的に学習計画を立て，学習教材・形態を選択し，様々な仕掛けをうまく活用して自律学習を遂行する。実践事例の考察から，セルフ・アクセス学習を成功させる施設の特徴として，専任アドバイザーの役割，学生スタッフの役割，英語カリキュラムとの連動，様々な学習モジュール，アクション・リサーチ（action research）とそれに基づくフィードバックが指摘される。英語力・ニーズ・学習スタイルなどが千差万別な今日の大学生の英語運用能力を向上させるには，教室外で行う自律学習が鍵を握っている。自ら学ぼうとする意欲を支援するセルフ・アクセス学習施設では，インプットの量を増やし，協働学習エリアでインタラクションを豊かにすることができる。また，個々の学生がメタ認知能力を駆使して自己管理できるようになれば，語学を含むあらゆる学びを自律的に発展させ，時代を生きる力を導くことも可能になるであろう。自律学習へのアプローチを考案し授業で実践する仕掛け人として鍵を握る存在は，いうまでもなく英語教員である。「学び中心」の英語授業においては，教員は指導者であると同時に一人の学習者として周囲の者たちとともに学び合いながら，自律的に成長し続けなければならない。

2.4 共に学び続ける指導者

「成長する英語学習者」を論じる場合には,多様な個人的要因を理解し自らも自律を育む教員の姿,「学び中心」の授業における教員の新しい役割,省察的実践者・リサーチャー (reflective practitioner and researcher) としての教員の成長 (teacher development) が必然的に問われる。つまり,学習者・同僚とともに学び成長する英語教員の存在について考えることが必要である。学習者オートノミーの優れた促進者 (facilitator) となるためには,教員自身が自律学習の自己体験を通してその意義を理解していなければならない。また,優れた指導者が備える専門的知識・教育学的スキル・人間関係スキル・個人的特性をバランスよく磨くために,自らも生涯にわたって学び続ける必要がある。

大学生が自律的言語学習者になれるように支援する英語教員の新しい役割については,「教え中心」の教授スタイルで果たしてきた役割とは質的に異なる (Scarcella & Oxford, 1992; Tudor, 1996)。すなわち,情報収集・意思決定・動機づけ・ストラテジー訓練・フィードバック・カウンセリング・省察などに関する多様な役割をこなす教員の姿が浮かび上がってくる。教育的コンテクストを生かし,学生同士,学生と教員,教員同士の互恵的な相互依存により,お互いの自律を高め合うことができる「学びの共同体」(learning community)(佐藤,1999),あるいはテーマに対する関心・問題意識などを共有し,当該分野の知識・技術を持続的な相互交流を通して深化させる「実践コミュニティ」(community of practice)(Wenger, 1998) の構築も重要となるであろう。

大学英語教員は,学生たちがオートノミーの育成に向けてどの程度支援を必要としているのかを見定めなければならない。学習者の発達と教育の相互関係を考える時,「最近接発達の領域」(zone of proximal development)(Vygotsky, 1978) とは,「子どもがある課題を独力で解決できる知能の発達水準と,大人の指導の下や自分より能力のある仲間との共同でならば解決できる知能の発達水準とのへだたり」(中村, 2004: 11) を指すが,このへだたりはやがて独力で解決できる知的発達の可能性の領域を意味する。これと類似の考え方に「足場組み」(scaffolding) がある。指導者と学習者が協働的に何か問題解決を図る際に,指導者が提供する多様な支援を指す (Richards & Schmidt, 2002: 466) このストラテジーについては,学習者の自律の度合いに応じて徐々に「足場組み」を外し,いずれは学習者個人が単独でやれるようにすることが基本的な考え方である。

学びの促進者として自律学習に貢献する英語教員は,学習者要因の傾向を把握したうえで,学びを効果的にするストラテジー訓練を入れた授業法を開発し,指

導の開始から評価に至るまで学生の声を取り入れ主体的な関わりを奨励する。また，学生たちが学習に対する積極的な姿勢と自己責任・オートノミーを育むことができるように支える「足場組み」を工夫し，学習の結果と同様に成長のプロセスを重視して評価する。さらには，同僚性（collegiality）を生かして個人的・全学的なリサーチを継続しながら授業改善を図る。したがって，これまで以上に学生や同僚との信頼関係を築き，共に学びを持続しながら，指導者としての専門職能やオートノミーの向上を図るように努めることが求められるであろう。

おわりに

　本章では，「成長する英語学習者」の視点から主として英語学習者と自律学習について説いてきた。すなわち，日本の英語教育で期待される学習者像の特徴を皮切りに，学習者要因（学習スタイル，動機づけ，学習ストラテジー，コミュニケーション・ストラテジー，学習者オートノミー）に基づく支援指導について紹介した。自律学習への新アプローチに関しては，自律的・省察的・協働的アプローチの実践例（ポートフォリオ学習，セルフ・アクセス学習）に言及した。

　大学英語教育において，「教え中心」から「学び中心」へのパラダイム・シフトを基軸に据えると，学生たちは学びへの自己責任を認識して自律学習に取り組みながら学習者オートノミーを育むように奨励される。一方，英語教員は自律学習の促進者であることを踏まえて省察的授業実践・リサーチを持続しながら専門職能・教師オートノミーの向上を求められる。「オートノミー」については，文化や教育的コンテクストが異なれば解釈も自ずと異なるであろう（Sinclair, 2000: 12）。学生の「学びの力」と教員の「教育力」がともに気がかりとされ，改善に向けて組織的な研究・研修の強化が求められる日本の高等教育機関の実情からすれば，学生による自律学習の成立は欧米に比してまだまだ現実的ではない，と感じる読者が少なくないかもしれない。21世紀における学びのあり方を長期的な展望で見つめ，国内外の異なる教育現場での理論・実践・リサーチに関する情報を分かち合いながら，自らの教育的コンテクストに適した効果的なアプローチを自律的・省察的・協働的に開発することが必要である。さらに，学び続けることでともに成長し合う学習者と指導者が，個人的な学びのプロセスのみならず組織的な「学びの共同体」や「実践コミュニティ」を通して，自らの自律的成長を効果的に継続することを願いたい。

第7章

大学英語教育と教員養成・現職教員研修

はじめに

　本章では，大学における英語教員養成と，現職英語教員研修の今後のあり方について考察する。まず，この2つの課題の背景を明らかにするために，日本の教師教育と英語教育の改革の動向を記述する。次に，日本の教師教育の今後のあり方に示唆を与える海外（特に欧米）諸国の事例を，海外調査で入手した資料に基づいて紹介する。これらの背景と示唆を前提に，これまで実施してきた日本での教員養成や現職教員研修等の実態調査の研究成果を踏まえて，英語教員に限定した養成と現職研修のリサーチの課題について論じる。さらに，英語教員が備えるべき英語力と教授力を中心とした専門性基準の特定と研修・評価の枠組みの策定の必要性を述べる。特に本稿においては，教員と教師という2つの用語を用いるが，教員は主に学校組織の一員としての教育職員といった意味で用いる。一方，教師は知識技能を備えた専門職業人だけにとどまらず，人間性にも力点を置き，あるべき教育者といった規範的な意味合いを含めて用いるが，適宜両者を使い分けて論ずる。

1. 日本の教師教育改革

　若年人口の急激な減少の時代にあって，我が国でも教師教育のあり方を抜本的に見直し，良質な教員の育成・確保のために教師教育の改革を図ることが求められている。

1.1 英語教育改革の動向

　情報コミュニケーション技術の進展により，日本の内外の環境が急加速で変化をしてきている。国際的なコミュニケーション活動が世界各地に広がり，英語が国際的に幅広く使われる言語となっている今日，国際コミュニケーションの道具としての英語という観点からは，我が国の英語教育の実効は上がっているとは言えない。この状況を改善し，多くの国民に適切な英語によるコミュニケーション能力をつけることは大きな課題となっている。この課題解決のために英語教育改革の議論が行われてきた。「21世紀の日本の構想懇談会」(1999年度)，「教育改革国民会議」(2000～2001年度)，「英語指導法等改善の推進に関する懇談会」(2001年度)からは，英語の位置づけ，指導方法の改善や制度の見直し等を含めた提言がなされた。それを受ける形で文部科学省は「『英語が使える日本人』の育成のための戦略構想──英語力・国語力増進プラン」(2002年度)に続いて「行動計画」(2003年度)を発表した。「英語が使える日本人」を育成すべく，教員の英語力の数値目標(英検準1級・TOEFL550・TOEIC730)を設定し，全国の公立中学校・高等学校の英語教員に対する悉皆研修が実施された。

　コミュニケーション能力の育成については，1970年代以降の日本の言語政策の一貫した方針であった。コミュニケーション能力の養成を意図した科目に力点を置く動きは，1971年度の学習指導要領改訂の実施から本格的になり，2003年度の『高等学校指導要領』の改訂から，外国語(英語)が必修となった。2011年度から全国の公立小学校において英語活動が必修化となった。2013年度の高校指導要領では，科目の再編が行われ，それまでの「英語Ⅰ，Ⅱ」が「コミュニケーション英語Ⅰ，Ⅱ，Ⅲ」に組み替えられ，「授業は英語で行うことを基本とする」という方針が出された。

1.2 教員養成課程の改編

　日本では1946年の学校教育法施行以来，教員養成は高等教育機関が担ってきた。現行制度では，教職課程の認定を受けた教員養成系大学・一般大学・短期大学では，所属学部・学科にかかわらず，所要の単位を履修する限り教員免許の取得が可能である。しかし，その制度施行から年数が経ち学習環境の変化が急激に進み，教員には現場に即応する力量の向上が期待されている。このような状況に対応すべく，教員養成課程では，1998年度改正の『教育職員免許法施行規則』により中学校1種教員免許状取得では，教育実習は5単位，高等学校1種免許状取得では，教育実習は3単位となった。そして，中学校段階においては，教育実習

期間も増加した。また，実践力を身につけた実習生の育成を図るために，2010年度の教職課程カリキュラムに「教職実践演習」が新設されることとなった。

1.3 教職大学院の設立

現職教員が備えるべき資質（教授に必要な技能や知識・経験）の向上を図る公的研修制度が設けられているものの，必ずしも教育現場のニーズを満たしていないという声が少なくない。これに応えるために，1978年に兵庫教育大学と上越教育大学が，初等中等教育教員に研究・研鑽の機会を提供する修士課程から成る教育大学として創設された。しかし，その大学院での指導教員の任用基準が研究的業績であったために，それらの大学院での指導が研究者の育成に重点が置かれ，目標とした理論と実践の理想的な融合が図れたとは言いがたい。そのため，2008年度より実践派教員の任用基準を大幅に緩和した教職大学院制度が発足した。

1.4 教員免許更新制の導入

中央教育審議会（以下，中教審）は2006年7月に今後の教員養成・免許制度改革に関して文部科学大臣に答申した。同答申では，改革の具体的方策の1つとして，「教員免許更新制」の導入が提言された。さらに，同年10月に発足した内閣の基本政策として，教育改革が1つの柱に位置づけられ，教員免許更新制の導入が明記された。10月下旬には首相直属の教育再生会議が発足し，2か月の審議の結果，2007年1月に首相に提出された第1次報告書において，再生会議もこの制度の導入を提言した。この提言を受けて，中教審は教員免許法改正案を了承した。その主なポイントは，「有効期間は10年，更新には大学等が開設した約30時間の講習が必要，優秀教員や管理職は講習を免除」であった。同年6月の改正教育職員免許法の成立により，2009年4月から制度が導入された。この制度の今後の施行については不確定な部分もあるが，いずれにしても，教員養成・研修・採用・評価システム等に，この制度の考え方が様々に波及していくものと考えられる。

1.5 教員評価制度の導入

文部科学省は，2000年度に指導力不足教員に対する人事管理システムの調査研究の実施を16教育委員会に，そして2001～2002年度に，59の都道府県・指定都市教育委員会のすべてに委嘱した。2003年度中には人事管理システムの運用を開始するように通達された。一方，2003年度に，全都道府県・指定都市教育委員会に

教員評価システムの改善に関する調査研究を委嘱するための予算を計上した。2003～2005年度においては，可及的速やかに教員評価システムの改善を図るよう指導して，全道府県で導入が進められているが，その取り組みには少なからず差異が見られる。

2. 海外諸国の教師教育改革

欧米諸国と日本，韓国の25か国の教員の教育力に関する調査報告によると，教師教育と教員の成長を評価するスタンダード化（専門性基準化）を進める国が増大しつつあるが，教員免許更新制を採用している国はまれである（OECD, 2005）。また，欧州共同体委員会（Commission of the European Communities）の調査報告書（2007）では，教師の質が国の国際競争力の鍵であり，学校における生徒の学習成果を決定づけ，現職教員研修が生徒の学力向上にもっとも効果があり，クラスの少人数化や授業時数の増加よりも経費がかからないと結論づけている。これらの報告を踏まえ，欧米の教師教育の管轄組織とスタンダード，教員養成課程，「EUの語学教員養成のためのポートフォリオ」（European Portfolio for Student Teachers of Languages: EPOSTL）を概観する。これらの事例報告は，2007年と2008年にJACET教育問題研究会のメンバーが行った訪問調査に基づいている。

2.1 教師教育の管轄組織

イングランド，カナダ・オンタリオ州，ニュージーランド等では，教師教育を一元的に管轄する組織を教育省から独立させている。それぞれ名称が異なるので，ここでは一括して，仮に「教員評議会」と呼ぶ。スコットランドでは世界に先駆けて1965年に設立しているが，大半は1990年代から2000年初頭にかけて創設されている。教員評議会の組織・運営は各国の事情により多少の相違が見られる。共通しているのは，公立教員に会員登録を義務づけて，その会費とファンドで運営し，運営会議のメンバーの過半数は就学前教育から中等教育の現職教員によって構成されている点である。その主な責務は，大学の教員養成課程の認可，養成課程修了の資格認定，新任研修修了の認定，教師教育のスタンダード（専門性基準）の策定・維持・改善，新任教員の研修・実践・評価に対する支援，現職教員の専門性を高める研修機会の提供等である。

一方，アメリカでは，教育は各州に任されているが，1987年に全米教育専門職基準委員会（National Board for Professional Teaching Standards: NBPTS）が創設された。運営資金は，連邦政府約35％，民間約65％である。目的は，優れた教育専門職基準を開発し，教育と学習の向上を目指すことである。熟練教員を対象とし，2007年末現在，全米で25分野，64,000人が上級専門職教員（National Board Certified Teachers: NBCT）として認定されている。

2.2　教師教育のスタンダード（専門性基準）

OECDの調査報告の通り，欧米諸国・諸州では教員のスタンダードを定めているところが多い。スタンダードのフォーマットや規定している領域に違いが見られるが，設定の主旨はほぼ共通し，教育職の全キャリアを通して，専門性の向上のための枠組みを提供している。スタンダードによって，教員養成・研修・実践・評価の一貫性を図り，教育に携わる関係者の説明責任を果たし，教育効果を高めるという理念に立脚している。たとえば，イングランドでは，5段階のキャリアステージ（資格取得段階，新任教員，中堅教員，優秀教員，上級能力教員）を設定し，3つの領域（教職に対する価値観と姿勢，専門知識と理解，指導に関するスキル）で構成されるスタンダードが，キャリアステージごとに整備されている。カナダ・オンタリオ州では，教職実践基本要件として倫理基準，実践基準，研修指針を定めている。アメリカでは，州によって専門性基準が設定されているが，NBPTSでは，上級教員資格認定基準として5つの理念を掲げ，それぞれの理念の下位に達成すべき数項目のベンチマークが示されている。

　教師教育のスタンダードについては批判的な意見もある。教育の本質を考えれば教師の能力を規定すべきではない，スタンダードは教師の説明責任を果たそうとするだけである，スタンダードは細かく規定するのではなく，様々な解釈が可能な領域のみを設定すればよいという意見等がある。しかし，教師の水準と教育効果を高めるためのスタンダードの開発・策定・運用は，世界の趨勢としてその重要性を認識する必要があろう。

2.3　教員養成課程

日本の養成課程で課題となっているのは，大学と教育委員会・学校との連携である。連携関係は実習期間の長さにも影響を与えるが，その関係を構築する意味は，理論と実践の融合にある。海外では，養成課程において両者の融合を図る試みが展開され，実習期間は，日本より圧倒的に長い。

スコットランドの養成課程は，教育委員会・学校との連携関係が認可の基準の1つである。教員志望の学生は，大学，教育委員会，学校の3者で構成される面接で選別されている。養成大学には，研究と教育の両方に携わるスタッフと教育に携わるスタッフがいる。後者は非常勤の現職教員である。教育実習期間はコースによって異なるが，18〜30週間である。

アメリカ・マサチューセッツ州のボストン・カレッジでは，現場対応型の実習(on-site training)を実施している。理論と実践を融合させるために，小・中・高の現場で，教育実習だけでなく教科教育法等の大学院の授業を8時間行う。また，カリフォルニア州では，学区内の公立学校と連携を取りながら教員養成を実施しているロサンジェルス・ノースリッジ校の例がある。

2.4 EUの語学教員養成のためのポートフォリオ（EPOSTL）

EPOSTLは，ヨーロッパ評議会の言語政策部門の勧告に基づき，教員養成担当の国際チームにより2007年に開発された，「ヨーロッパ言語ポートフォリオ」(European Language Portfolio: ELP)の1つである。ELPは，「ヨーロッパ言語共通参照枠」(Common European Framework of Reference for Languages: Larning, teaching, assessment=CEFR)の教育実践ツールとして開発された。EPOSTLは，語学教員志望者に，教職に必要な知識・技能を考えさせ，将来の教育者としての成長をチェックすることを奨励する。具体的には，7分野200項目弱の，CEFRと類似した'can-do'の記述文で構成された自己評価表が含まれている。EPOSTLは，2008年までに11か国語に翻訳されているが，各国の教育事情やナショナルシラバス等との整合性に検討の余地があると言われている。しかし，日本の外国語教育政策担当者や教員養成担当教員が考慮する価値はある。日本の英語教育実習生に具体的な省察（振り返り）の観点を与えるようなEPOSTLのバリエーションの構築と活用が望まれる。

3. 英語教員の養成と現職研修の課題

2000〜2009年の10年間にわたり，JACET教育問題研究会とその主要メンバーが中心となって立ち上げた英語教員研修研究会（Teacher Education Research Group: TERG）が実施した調査により判明した事実に基づいて，英語教員の養成と現職教員研修の課題と改善の方向性を考察する。

3.1 中・高の英語教員の養成

　日本の養成制度はあらゆる学部・学科から教員免許が取得できるという「開放制」を採っている。つまり，「幅広く教員免許を与え，優れた者を採用する」という理念に立脚している。この結果，免許取得段階で英語コミュニケーション力を十分に習得していない場合でも，関係科目を取得すれば，教育実習を受け，特段の問題がない限り，免許状取得が可能となっている。実力のない実習生を引き受けることは，実習校およびそこで学ぶ生徒にとっても益するものはなく，英語力や授業力がない学生が英語教員の免許状を取得できる制度自体も問題である。そこで，欧米のように，養成課程の履修基準や免許認定基準を設け，教育現場との連携を強める必要があるという課題が浮上する。もちろん，日本と異なる養成制度を採っている欧米と同じような基準を定義し，連携関係を構築することは決して容易ではない。しかし，その可能性を探る研究は推進すべきである。

　2008年11月にJACET教育問題研究会が実施した，認定大学・短大の英語教員養成担当教員対象の調査の主な結果は以下の通りである。

・英語科教育法担当の履修要件として英語力の基準を設定していると回答した機関は12％で，具体的には，英検準2級または2級程度の回答が多かった。
・教育実習履修要件として英語力の基準を設定しているのは2割程度で，具体的には英検準2級から準1級程度，あるいは学内の成績もしくは修得単位で，一定の水準を設けている。
・英語科教育法で扱う分野は，教担当者に任されているので，内容や方法は多岐にわたる。
・地域の学校と何らかの連携を図っている大学は63％である。主な内容は，授業見学や現場教員の研究会への参加，補助教員ボランティア，学校行事等の補助，懇親会・講演会の開催等である。

　現状では，英語教員養成課程において，英語力の基準さえも，統一的に設定することがかなり難しい状況にある。さらに，授業力の基準も，教育法の分野が多岐にわたるため，特定するには時間がかかるであろう。また，地域の学校との連携も，理論と実践の融合という観点からは程遠い現状である。こうした課題を解決するための研究は，個々の研究分野を横断的に統合しながら，研究成果を共有する協働型で推進されることが期待される。

3.2 中・高の現職英語教員の研修

　教育現場では，教員が教室の中で実際に直面する問題は多様である。一定のト

レーニングで得た教え方を忠実に実行するだけでは対応できない場面が少なくない。最近では，教員の成長（teacher development）という視点から，教員の育成を図ろうとする方向への転換がなされ，従来の教員トレーニングから教員の成長への転換の必要が求められている（横溝，2000）。教育が直面している課題は，教員が実践的な問題解決能力とコミュニケーションの指導力を高めることであり，それが研修のねらいとなる。しかし，研修を受ける側の教員の意識等について組織的調査が不足しているため，TERGは5か年（1999～2004年度）にわたり各種の調査を行った。

（1） 現職英語科教員の研修に関する意識調査
　全国6県の公的研修への参加者344名を対象に，研修の経験とその考え方，研修形態，研修頻度，研修目的，研修の障害等について調査を実施して得られた結果は次の通りである。
・月に1回の研修を含み定期的に自己研修をしている教員は45.9%。
・日常的な研修形態は自己研修が主体。
・5年次研修，10年次研修を除く公的研修はあまり行われていない。
・自己研修の目的は「英語のコミュニケーション能力を高める」「授業力を高める」「総合的な英語力を高める」が圧倒的多数。
・教科内研修を行っているのは3割程度。
　日常的にできるはずの教科内研修は7割の学校では行われておらず，その理由は「多忙である」と感じている教員が多いことも判明した。

（2）「英語力・英語指導力向上のための研修」に関する調査
　前年度の結果をもとに，全国の中学と高校に調査紙を配布した。回答数1,278通（回収率21.3%）を得た結果，以下のことが明らかになった。
・望ましい研修：「一定期間の海外研修」「平日の授業時間調整による校内研修」「公立教育センター研修」の順。
・望ましい研修期間：「1年間定期的・継続的」「1学期程度」「1週間程度」の順。
・科内研修を活発化させるための方法：「自由な授業公開と意見交換」「ALTの常駐」の順。
・教員研修のための費用負担：「一部私費負担」「すべて公費負担」「一部公費負担」の順。

この調査の結果から，研修の目的として，英語コミュニケーション能力の向上と授業力の向上が浮かび上がったが，授業改善を進めるために効果的と思えるアクション・リサーチ的授業改善法は，依然として一般的ではないという傾向も明らかになった。また，持つべき望ましい英語力としては，中学・高校とも半数以上が英検準1級を選んだ。この調査結果は，後の「『英語が使える日本人』の育成のための戦略構想」に影響を与えた。

(3)「英語で授業」を行う能力についての調査

TERGは文部科学省から委嘱を受け，標題の研究を行った。それに基づいて提言することが求められた。
① 英語力の目標値

「『英語が使える日本人』の育成のための戦略構想」において，英語力の目標値を達成している中学校および高校の現職英語教員58名を対象として，日常の授業での英語使用に関して質問紙と聞き取りで調査を実施した。その調査の結果から次の提言を行った。
・教室での英語使用度を高めるために，中学校では，スモールトークを中心とした「日常的に遭遇する場面で使われる言語能力」の訓練，高校では「復習」「教授」「まとめ」を，英語を交えながら指導できるスキルを養成する研修の機会を増やすべきである。
・達成可能な努力目標値の設定は，教員の英語力の維持向上や自己研鑽の動機づけに有効に働く。英語力以外に，英語教授力を養成するための研修を教育研修センター等で定期的に実施すべきである。その際，教員が参加しやすい環境を整備する必要がある。英語力以外の「英語教授力」の枠組みを構築すべきである。「授業の場面で求められる力」「授業の準備・終了段階で求められる力」「英語教授に必要な知識・教養」等に分類し，その内容を具体的に明示する必要がある。
② 授業分析

目標値を備えている中・高教員約20名の授業参観により授業分析を行い，教員の「教室における英語使用」の実態を調査した。教育段階，科目，英語使用領域，英語使用活動，授業内英語発話時間等を分析し，英語で授業を行うための英語力の要件は次のように構成されることが判明した。
・目標値以上の能力。
・授業で「教室英語」「練習」「導入」「スモールトーク」を英語で行う能力。

・自己表現活動を指導する力。
・絵等の補助教材を使って英語で説明する力。
・生徒に本文等を暗記させるまで音読させる力。
・ALTを効果的に使う能力。

(4) 英語教員集中研修に関する調査

　2003年に英語教員研修研究会が，英語教員集中研修受講者にアンケート調査を実施し，受講者が研修によって何を学び，いかなる影響を受けたか，そしてその影響を2か月後に保持しているかについて調査した。対象は，教育委員会主催の英語教員集中研修受講者。回答数は「研修直後」2,292名，「2か月後」1,082名であった。

① 授業改善に関して

　もっとも効果が現れたのは，「授業を批判的な態度で反省しながら，絶えず改善する」という項目である。直後調査において，日常の自己研修と関連する「自己到達目標の達成」「自己診断の適切さ」に対する肯定的回答は，他の項目と比べ低かったが，2か月後では「自主研修の目標や方法が明確になった」が，中・高揃って高かった。これは，この研修が教員の自己研修に対する意識を変化させるのに役立ったと推察される。また，直後調査で「話す力を向上させるための授業の工夫」と「コミュニケーション活動を増やす」に対する肯定的回答が高かった。2か月後調査では，中学校教員において，この傾向が保持されている。一方，高校では，中学ほど直後の高さを保持していない。中学校と高校での教科書，教材，言語材料，指導法等の違いが出ていると推測される。また，高校の教員の研修直後と2か月後で大きく変化しているのが，「コミュニケーション活動を工夫する」「明確な授業計画を立てる」「音読指導を工夫する」である。

② 英語コミュニケーション能力に関して

　直後調査でもっとも高い項目は，「英語運用能力を向上させるために，今後自己研鑽に努めたりその方法を工夫したりする」である。2か月後では，「聞く量」の増えた比率が中・高とも一番高い。また，「話す量」は中学校で50％程度であるが，高校では40％強となる。一方，「読む量」「書く量」では高校の方が高いが，「書く量」は20％台で4技能では最も低くなっている。英語運用力向上のための自己研修のやりやすさは，「聞く」「話す」「読む」「書く」の順になると推測される。

3.3 中・高の英語教員の専門性と研修・評価の枠組み

JACET 教育問題研究会による3年計画(2007〜2009年度：進行中)の調査では，英語教員の専門性を向上させるための研修と評価の枠組みと課題を明らかにするために質問票による調査を行った。

（1） 英語力と教授力の基準に関して

調査対象は，全国47都道府県の中学校・高校の現職英語教員で，回答数は2,897名であった。この調査の目的は次の2点であった。
・現職英語教員が重視する免許更新制実施への条件および現職英語教員が賛成する免許更新講習の設計および内容を明らかにすること。
・現職英語教員の「英語力の基準」および「教授力の基準」に対する意見を集約すること。

この調査結果から，免許更新制の実施および教員教育制度の再構築に向けた優先事項と，英語教員の資質・能力および専門性の基準策定に向けた提言を行った。本調査結果から得られた今後の課題は，次の5点に集約された。
・現職教員の意見を十分に反映した免許更新制の運用。
・教員に求められる能力基準の明確化とその達成のための動機づけの必要性。能力基準とは，効果的な授業展開をするために必要な英語力の基準，初任者の授業力基準，一般教員の英語力の向上のための基準，指導教員の職務や授業力の基準。これらの基準を踏まえた，体系的な教員養成，新任教員研修，現職教員研修システムの構築。
・地方自治体による教員評価の基準設定とその適正な方法の策定と，そのための教員評価・研修のための独立機関の創設の必要性。
・大学および教育機関の連携協力の促進。
・教育予算の拡大。

（2） 教員養成・研修・評価と専門性基準に関して

前年度の調査から導き出された課題の中から次の2点を目的とした。
・英語教員対象の研修に関する全国統一的なガイドラインの策定を目指すこと。
・英語教員の評価に関する全国統一的な水準または基準の策定を目指すこと。

調査対象は，全国103教育委員会の指導主事，回答数は32通（回収率31.7%）であった。この調査結果により次の課題が明確になった。
・教員のキャリア全体を通して，専門性を向上させることができるように研修を

体系化すること。具体的には，教員が自分の能力に応じて研修内容を段階別に選択できる研修システムを構築する。そのためには，校内の授業研修やアクション・リサーチ等を研修と位置づけ，計画的，継続的な取り組みを推進することから始める。
・教員が研修の目標を立てやすいように，英語力や授業力の基準化を図ること。具体的には，研修活動や研修成果を評価する統一基準の特定，教員の経験年数や能力段階に応じた研修内容モデルの策定，自己評価チェックリスト・研修記録・内省等で構成された研修実践ツールとしてのポートフォリオの活用等が考えられる。

3.4 大学の英語教員の養成と研修

　日本では中・高の英語教員になるためには免許状が必要とされているが，高等教育機関（大学・短期大学・高等専門学校）の英語教員になるための免許状は特に設定されていない。この現状は，成長し続ける教師の養成という観点からすれば我が国の教員養成制度の最大なる自己矛盾となっている。特に，中・高の英語教員を養成する立場にある課程認定大学の教職科目担当者になる資格の特定と，その教員になってからの研修とその評価については，中・高の英語教員を含めた総合的な統一基準を策定することが求められる。
　JACETは，創立当初から高等教育機関の現職教員の研修の必要性を認識し，高専・短大・大学の現職英語教員のための夏期セミナーを1967年に開始し，1989年まで毎年1回3週間から2週間の合宿による集中研修を連続23回実施した。その後，諸般の事情により一時中断したこともあったが，現在は再開されている。このような高等教育機関の現職英語教員を対象とした研修を継続している例は世界でも希有であり，特筆されるべき存在である。現在でも参加者を40名に限定し，3泊4日の英語を使ってのEnglish village方式の研修を毎年1回実施している。国際的に高名な学者・実践家を国内外から招聘して英語教育学や英語学等に関する集中講義を受けさせ，同時に英語運用力を強化するための訓練をするリカレント研修である。JACETが社団法人化された現在では，高等教育機関の現職英語教員に向けた再研修を今後とも継続していく使命があると同時に，その社会的貢献度は高く評価されよう。1992年から継続している中・高英語教員を対象とした春期英語教育セミナーの充実と相俟って，研修内容・研修期間・研修認定方法等も含めてさらなる拡充を目指して再検討が求められている。

おわりに

今後,我が国の高等教育機関は,従来の学部中心の枠組みを越えて教員養成の改革を断行することが要求され,また同時に大学院等での専門教育を通して,より高い専門性と実践的指導力を兼ね備えた現職教員の研修・再教育に取り組むことが期待されている。我が国の教師教育の再構築を進めるためには,少なくとも次の事項に関して,その実行可能性も含めて検討する必要がある。

・英語教員養成と現職英語教員研修の一本化した研修制度の確立。
・継続的教員研修を推進するための教師教育スタンダードの策定。
・英語教員の専門能力基準の設定。
・大学,教育委員会,地域の学校相互の連携の構築。
・課題別,領域別の指導方法の確立。

2009年度に導入された教員免許更新制を契機として,教員が備えるべき知識・技術・運用・実践に関わる資質・能力のリニューアルおよびその向上を目指した研究を行う意義はきわめて大きい。

第 8 章

英語研究と英語教育

はじめに

　英語の研究は，文法研究，語彙・辞書研究，文学研究など，多岐にわたる。「英語教育学大系」第8巻『英語研究と英語教育 —— ことばの研究を教育に活かす』は，様々な英語研究が（大学の）英語教育の改善や発展にどのように活かされるかについて考察する。このように多岐にわたる英語の研究を1冊にまとめた本も，また，1冊の本のすべての章を「英語研究の成果を（大学）英語教育の改善に活かす」という共通目標のもとに統合する試みも他に類を見ない。

　本章では，第1節で英語研究と英語教育の関係を一般的に論じ，第2節で「大系」第8巻の目的，構成，各章の概要を簡潔にまとめる。もっとも，第2節の内容は，様々な英語研究が（大学）英語教育の改善や発展にどのように活かされるかを具体的に例示していると考えても差し支えない。第3節では，大学の文法指導において文法研究の成果がどのように活かされるかについて具体例をあげて論じる。

1. 研究と教育の関係

　言語（英語）教育を考える場合には，①どのような教師が，②どのような学習者に，③どのような内容を，④どのような方法で，⑤どの程度，教えるかを考えなければならない。しかし，一番最初に考えなければならないのは言語（英語）教育の目的である。以下，第1.1節で英語教育の目的について論じ，第1.2節で言語研究と言語教育の望ましい関係について考察する。

1.1　英語教育の目的

　日本における英語教育の目的はいろいろあるが，①コミュニケーション能力の育成，②メタ言語能力（metalinguistic abilities）の育成，③正しい文法観・言語観の育成をその主要な目的として掲げることに異議を唱える人はいないだろう（cf. 本書第Ⅰ部第1章，第Ⅰ部第9章）。本節は，メタ言語能力の育成と正しい文法観・言語観の育成について考察する。

　メタ言語知識は，言語を運用（理解・発表）する場合に大いに有益である。英語の音声に関する明示的な知識を習得することにより，英語を聞き取ったり，発音したりすることが容易になったとか，語句や文法構文の意味を習得することにより，それらを正確に聞き取ったり，話したり，読んだり，書いたりすることが容易になったとかの成功体験を持っている学習者は少なくない。しかし，残念ながら，その一方で，英語のメタ言語知識だけが先行してしまい，英語の運用能力がついてこない例も少なくない。文法好きでも聞けない，話せないという結果にならないよう，メタ言語能力の育成と言語運用能力の育成のバランスをとることが肝要である。

　次に，メタ言語知識の1つである英文法知識の例をあげ，文法知識を正確に，適切に，迅速に操作することが，英語を運用する際に重要な役割を果たすことを具体的に見てみよう。

　文法能力の中には構造上の曖昧さ（structural ambiguity）を認識する能力が含まれる。多義文の中には，その句構造（phrase structure）を考えることにより，多義性を解消することができるものがある。たとえば，次の（ⅰ）の文は（ⅱ）aと（ⅱ）bの2通りに解釈することができる。

（ⅰ）　Kazuya read the book on the sofa.
（ⅱ）　a. 和也はソファーの上でその本を読んだ。
　　　　b. 和也はソファーの上にあるその本を読んだ。

　句構造の概念を用いて（ⅰ）の文の多義性を説明してみよう。（ⅰ）を（ⅱ）bで解釈する時には，the book on the sofa 全体が1つの名詞句（動詞 read の目的語）を構成している。したがって，受動文に変えると次の（ⅲ）ができると予測される。

（ⅲ）　The book on the sofa was read by Kazuya.

一方，（ⅰ）を（ⅱ）aで解釈する時には，the book だけで目的語の名詞句を構成

している。したがって，受動文に変えると次の(iv)ができると予測される。

　　(iv)　The book was read by Kazuya on the sofa.

確かに(iii)には(ii) b の解釈しかないし，(iv)には(ii) a の解釈しかない。
　次に，(i)の on the sofa を文頭に移動した次の(v)の文がどのような意味になるか考えてみよう。

　　(v) On the sofa Kazuya read the book.

on the sofa が the book といっしょになって名詞句を構成している時には，on the sofa を the book から切り離して，文頭に回すことができない。on the sofa を文頭に回すことができるのは，read と the book と on the sofa が対等の資格で動詞句を構成している時（言い換えると，on the sofa が直前の the book でなく，read を修飾している時）である。確かに(v)には(ii) a の解釈しかない。これらの例は，文が句構造を持つことを示している。
　多義文の中には句構造という概念を用いてもその意味の違いを捉えることができないものもある。次の(vi) a の文を見てみよう。

　　(vi)　a. I like Mary more than Jane.
　　　　 b. 私はジェーンよりメアリーが好きだ。

高校生や大学生の中には(vi) a が2通りに解釈できることに気がつかない者も多い。しかし，主語とか目的語とかの文法用語を使うことができる者が(vi) a の多義性に気づくと，「(vi) a が2通りに解釈できるのは，Jane を like の目的語ととる (I like Mary more than I like Jane.) ことと，like Mary の主語ととる (I like Mary more than Jane likes her.) ことの両方が可能だからである」という説明をするだろう。
　大学の英語の授業で使うテキストの中で(vi) a のような文に出合う時には，まず，上のような文法的説明を簡単に示し，次に，対応する日本語の(vi) b も2通りに解釈できることに着目させるとよい。学生の中には「今まで(vi) b の日本語が2通りに解釈できるなんて考えたこともなかった」という驚きの感想を述べる者もいる。

1.2　言語研究と言語教育の関係

　言語理論 (linguistic theory) は言語教育のあり方を決定する重要な要因の1

つである。事実，オーラル・アプローチ（oral approach）の盛衰は，その土台である構造言語学（structural linguistics）と行動心理学（behavioral psychology）の盛衰を如実に反映していた。しかし，言語教育に際しては言語以外の多くの要因を考慮しなければならないので，言語理論をそのままの形で言語教育に取り込む試みには最初から無理がある。

近年の英語教育界には，理論言語学研究が英語教育に貢献する余地はほとんどないという考えが広まっている。確かに，英文法知識を習得しても，必ずしも英語を正確，適切，迅速に運用できるとは限らないという現実がある。また，理論言語学は，理論上面白い発見につながると期待される現象しか考察しない。そのことは，次の(vii)の Chomsky & Halle (1968: viii) の記述からもうかがい知ることができる（岡田，2005: 146）。

> (vii) 本書では言語理論（普遍文法）と心的過程一般の性質を明らかにするのに役立つトピックをもっぱら取り上げる。本書で，たとえば，英語の強勢の程度を取り上げるのは，それを普遍文法の自明でない（nontrivial）仮説を設けることによって説明することができるからである。また，これらの普遍文法の深層にある仮説は心的過程の性質を考える上でも示唆に富む。それに対して，本書でアスピレーションの程度を取り上げないのは，それが言語理論（普遍文法）と心的過程一般の性質を解明する上で役に立つようには思われないからである。

このように，理論言語学者が面白いと思う現象は，必ずしも言語教育者が面白いと思う現象ではない。理論言語学研究の言語教育に対する影響力の低下と言語をコミュニケーションの道具としてしか見ない風潮が相俟って，言語の形式や意味に対する関心は希薄になりつつある（岡田，2001: 3）。そのことは，言語教育界において大きい影響力を持つ言語教育研究者のことばからもうかがい知ることができる。たとえば Newmark (1970: 218) は，「外国語としての英語の教授に携わる者は，言語の形式的特性のいかなる分析も，学習者に言語を使うことを教えるわれわれの義務に優先させてはならない。[中略] われわれは言語教授を文法理論から解放し，文の構成法ではなく，言語の自然な使用を教えなければならない」と主張している。また，Widdowson (1979: 234) は，「応用言語学は，言語学のヘゲモニーからみずからを解放し，応用言語学という名前の含意を否定する程度に応じて自律した学問領域になれる」と述べている。

英語を母語としない人が英語を学習する場合には，英語を第二言語として学習

するケース (ESL: English as a second language) と，外国語として学習するケース (EFL: English as a foreign language) の2つがある。英語を母語としない人が，英語が日常生活の中で使われている場所で英語を学習するのはESL学習である。一方，日本人が日本で英語を学習するように，英語が日常生活の中で使われていない場所で英語を学習するのはEFL学習である。ESLの習得とEFLの習得が同じ原理・プロセスに支配されているかどうか，支配されているとすればそれはどのような面で，どれくらいの程度かなどは，十分な経験的証拠と説得力に富む外国語習得理論がないと軽々には決められないが，EFL学習において，英文法知識が英語を運用する時に有効であることは，私たち自身が，日頃，経験していることであり，そのことに疑念を差し挟む余地はない。

2. 理論的英語諸研究とその成果の英語教育への応用

「英語教育学大系」第8巻は3部から構成される。第Ⅰ部は文法研究，第Ⅱ部は語彙・辞書研究，第Ⅲ部は文学研究を取り上げる。第Ⅰ部は7章から，第Ⅱ部は4章から，第Ⅲ部は3章からなるが，いずれの章も各種の英語研究が英語教育の改善にどのように活かされるかについて具体的に考察する。以下，第2.1節で文法研究，第2.2節で語彙・辞書研究，第2.3節で文学研究の概要を示す。

2.1 文法研究
(1) 音声学・音韻論と発音指導

まず，英語教育の観点から英語音声学の概説を与える。特に，音連続と音変化，および強勢・アクセント・リズム・音調といったプロソディーについて新しい考え方を紹介する。また，現時点での最新の資料を用いることにより，類書には見られない英米の発音に関する最新の情報を提供する。執筆に際しては，単なる音声学的記述だけではなく，「どうすれば発音できるか」という具体的な教え方も含め，実践的な内容を心がける。次に，生成音韻論の枠組みで英語音韻論を扱う。しかし，音韻理論を論じるのではなく，これまでの研究成果から英語教育に役立ちそうな内容を分かりやすく紹介する。具体的には，異音規則と強勢付与規則を扱う予定である。次に，英語発音指導に関するトピックを扱う。どのような到達目標やモデルを設定すべきか，どのような発音表記が最適か，またどのような発音指導法が効果的かなどを，先行研究を紹介しながら論じる。

（2）　教育・学習英文法 ── 内容と指導法の改善

　まず，英文法指導の意義を，コミュニケーション能力の育成，メタ言語能力の育成，正しい文法観・言語観の育成という3つの観点から論じる。次に，科学的・理論的英文法と教育・学習英文法（pedagogical English grammar）の特性を明らかにし，両者のあるべき関係について考察する。次に，現行の伝統的な教育・学習英文法の問題点を内容上の問題点と指導法上の問題点に分けて論じる。指導法上の問題点の例として，形式至上主義，文法教育の文法用語教育への矮小化，一文主義，一答主義の4つを取り上げる。次に，近年の英文法研究が教育・学習英文法の内容面の改善に貢献することができるのは，主として，英文法の事実の発掘，新しい文法説明の提供，正しい文法観・言語観の提示を通してであるということを具体例をあげて述べる。最後に，大学の英文法ではどのような内容を取り上げ，それをどのように指導するかという問題について考察する。

（3）　生成文法と構文指導

　生成文法研究は，（a）人間の言語知識とはどのようなもので，（b）どのように獲得され，（c）理解や発話の際，どう利用されるのか，という3つの疑問に統一的な答えを出すことを目的とする。ここでは，生成文法研究から得られた知見の中から，英語の構文指導にとって有益な言語事実を選び出し，提示していく。be動詞に関しては，指定的用法と叙述的用法について，また，他の自動詞に関しては，非能格動詞と非対格動詞の違いについて述べる。他動詞構文に関しては，受動文，与格交替，結果構文，話題化文などについて，また，形式主語構文に関しては，外置文，（疑似）分裂文，there構文について触れる。疑問文に関しては，どのようなwh構文が可能とされるかについて述べる。命令文に関しては，自己制御可能性と疑問形式命令文について，感嘆文に関しては，how型，what型のみならず，Yes / No疑問文で表現される感嘆文も取り上げる。省略と照応に関しては，英語教育上利用しやすい深層照応と表層照応の2つを紹介し，最後に，条件文を指導する際に有益な事実を紹介する。

（4）　意味論・語用論・文体論と読解指導

　まず，いわゆる解読から脱却したより広範な読解を目指すために，具体的にミクロの「虫の目」とマクロの「鳥の目」，さらに，流れの中の「魚の目」といった多様な視点の導入を提言する。また，その関連で，近年の意味論・語用論・文体論の研究成果の中から，読解指導に反映できるトピックを選んで，その応用の

仕方を探る。解は1つではないということと，このような意味の不確定性を推論によりいかに絞り，よりまともな解釈に近づけていくことができるのか，を考察する。さらに，文脈の中で，広くは社会や文化との関連の中で読み取ることも射程に入れ，最終的には，読解はことばに託されたこころを読み取る主体的な行為であるということを述べたい。昨今よく言われるKY（空気が読めない）は詰まるところ，ことばが読めない，こころが読めない，につながると考えれば，ことばとこころを捉えようとする読解指導の重要性が浮かび上がってくる。

(5) 関連性理論

まず，認知語用論としての関連性理論を概観し，その基本となる理論的支柱のうち，特に本章に密接に関係する，手続き的コード化（procedural encoding）と高次表意（higher level explicature）を中心に紹介する。次に，語用論的能力と言われるものにはどのようなものがあり，また，それが普遍的なものであるのか，言語固有のものであるのかという側面に言及することによって，言語習得のプロセスの中で果たす重要性に言及する。次に，日英語の違いを念頭に置きながら第一言語獲得，第二言語習得について論じる。最後に，具体的にエラー・アナリシスを取り上げ，関連性理論による説明を試みる。

(6) 認知言語学 ── メタファー

1970年代以降，認知科学の急速な発達とともに，言語分野において「ひと」と「認知」に関わる興味と研究が増加した。それが認知言語学という研究分野の成立につながったのであるが，認知心理学，心理言語学，文化人類学，その他，「ひと」の身体的・精神的諸相に関する研究と連携し，急速に発展しつつある。ここでは，その経緯を簡潔に述べ，英語教育における認知言語学の研究と応用言語学の研究のフュージョンを述べ，伝統英文法に認知英文法の視点を取り入れ，総合的英語能力増強の提案を行う。次に，メタファーやスキーマ，イメージ・スキーマ，プロトタイプ（カテゴリー化も含む）に言及し，ことばの「多義性」について述べる。また，メタファーを活用した授業の例をあげ，ニュアンスに富んだ表現の理解と運用に役立つ方策について議論する。最後に，認知言語学の研究成果を豊かな言語力の養成にどのように役立てるかについて論じる。

(7) 英語史研究とその大学英語教育への応用

英語史の研究目的は，7世紀から11世紀（古英語期 Old English: OE），12世

紀から15世紀（中英語期 Middle English: ME），16世紀から19世紀（近代英語期 Modern English: ModE），20世紀以降（現代英語期 Present-day English: PE）といった時代ごとの文法・発音・語形・語彙を構築し，それらを比較して，何が変わったか，あるいは，変わらなかったかを明らかにすることである。また，どのように変わったか，さらに，なぜ変わったかを研究することも目標とする。たとえば，child, children は，OE では cild [tʃild], cildru [tʃildru] であったが，PE では [tʃáild], [tʃíldrən] になった。古い時代には，単数，複数ともに [i] と発音されていたものが，PE ではなぜ単数形が [ai] と発音され，複数形が [i] と発音されるようになったのだろうか。また，複数形の children の語尾はどのようにしてできたのだろうか。ここでは，現代語で，文法上，不可思議と思われる現象の多くが，歴史を紐解くと解明されることを示す。

2.2　語彙・辞書研究
（1）　コーパス言語学と英語教育

　コーパスを利用した言語研究と，ディスコース，音声・音韻研究，レジスターを含めた社会言語学上の研究を概説し，それらの研究成果の英語教育への応用について述べる。コーパスは，実際に使用されたことばを集積し，コンピュータ処理を可能にした言語資料であり，どの言語理論に基づく研究でも利用することができるが，コーパスから検索ソフトを介して得られる語句の用例や頻度，各種の検索結果表示や統計データは，従来にはない方法で言語の使用実態を解明することを可能にした。その結果，近年，コロケーションや統語的パターンの研究とそれに基づく類義語研究が発展してきた。また，多角的量的分析の結果，レジスターごとの言語の変異を明示することも可能になった。これらの成果は辞書編纂やESP教育に利用されている。また，教材作成で，対象語句文脈付一覧表示したKWICコンコーダンスを活用したり，日英対照コーパスを実際に使いながらデータ駆動型学習を行ったりすることも可能になった。

（2）　学習者コーパス —— 英語習得プロセスの記述と語彙指導

　第二言語として外国語を習得する学習者の言語産出データをコーパス化したものを学習者コーパスというが，ここでは学習者コーパスについて論じる。具体的には，まず，学習者コーパスの種類とその研究方法，および英語教育への応用の現状を概観する。特に英語習得プロセス研究への応用を中心に，単語連鎖，品詞連鎖，統語発達，コロケーション研究，母語の影響等の要因を発達的に研究した

一連の先行研究をまとめる。次に，学習者コーパスと英語語彙指導の関係を見る。具体的には，基礎語彙の「深さ」，日英比較，コロケーション，語彙の「広さ」といった語彙指導上の重要概念を解説しつつ，コーパスから得られた情報を語彙指導に活かす実践的な視点から研究を概観する。最後に，学習者コーパスの直接利用として，既成の学習者コーパスの利用，学習者コーパスの自作，学習者コーパスと検索ソフトの種類に関してまとめる。

（3） 辞書と辞書学

コンピュータコーパスが大規模化し，書きことばのみならず話しことばの膨大なデータを精巧な検索ソフトで分析できるようになると，「既成の記憶された語結合」（prefabricated combination）という概念が，語彙意味論・語彙論・言語教育・辞書学などの分野で支配的になってきた。変形生成文法では，語は文法規則によって生成された統語上の枠組みのスロット（slot）を満たすために語彙目録から選ばれる充填物（filler）にすぎなかった。この意味で文法は統辞的（syntagmatic）であり，語彙は範列的（paradigmatic）であった。しかし，ネイティブ・スピーカーは，日常の場面においては，文法規則によって新しい文を「創造する」（create）というよりも，何千あるいは何万という「既成の語結合」を自分のメンタル・レキシコンの中から文脈に応じて取り出して繰り返し使うか，その一部を変化させて使うにすぎないということが判明してきた。ここでは，慣用連語（phraseology）の観点から英語教育に不可欠な学習辞典のあるべき姿を議論し，難語註解集として出発した英語一般辞書からOED Onlineに至るまでの歴史的経緯を概観し，さらに，辞書と辞書学の発展を考察する。

（4） 辞書学と辞書指導

1980年代から使用者の立場に立った「ユーザー・フレンドリーな辞書」という概念が発達し，より使いやすい辞書の研究が進んできた。一方，ユーザー研究が進むにつれ，使用者に対する辞書教育の必要性も指摘されてきた。しかし，現行の学習指導要領において，辞書指導の必要性はごく簡単にしか言及されていない。そこで，まず，使用者のニーズや，情報検索技術，辞書の利用手法についての研究成果の報告を行う。次に，辞書の種類（学習英和辞典，学習英英辞典など）や媒体（紙の辞書や電子辞書）によって必要な指導内容を論じる。また，実際の指導・学習を個人レベルで，または，教育現場で助ける各辞書の工夫や，補助教材の発展を概説する。最後に，より効果的な英語学習のための系統的辞書指

導の導入と，各教育機関における今後の辞書指導のあり方について提案を行う。

2.3 文学研究
（1） 文学テクストの語彙と文体 —— コーパス研究の視点から

文学テクストとその他のテクストを峻別する特性について，コーパス言語学の手法を用いた量的な検討を行う。文学テクストへの計量的アプローチは，主として著者推定の目的で従前より広く行われてきたが (Burrows, 1992; Holmes, 1992)，テクストの文体的理解に対するコーパスの寄与については，いまだはっきりした結論が出ていないのが実情である (Hunston, 2002)。ここでは，はじめに文学テクストの教育的利用の可能性について概観を行った後，いわゆるテクスト文体論の概要と歴史を整理する。ついで，身近な文学作品のテクストを取り上げ，語彙や文体（特に法助動詞・時制・品詞使用など）の特徴を具体的に例証しながら，テクストの文体構造の解析を行う。ここで紹介する分析の方法は，単に文学テクストの分析・鑑賞にとどまらず，広く言語テクストの理解の深化に有益なものである。

（2） 英米文学研究と読解指導

英米文学の研究方法を英文読解指導に応用することを考える。まず，文学作品（小説）を理解する上で欠かせない作品の構成要素について解説し，作品のテーマの捉え方を考察する。次に，文学理論を概説し，文学理論と読解指導との関係を述べる。次に，文学理論を応用した読解の実践法を示す。具体的には，はじめに伝記的批評を用いて，ボズウェルがジョンソンの伝記観を踏襲し，対象人物との直接体験に基づいて人物を描き，読者との距離感をなくし，具体的な姿を提示していることを作品で示す。次に，精神分析的批評と『息子と恋人』における主題，オイディプス・コンプレックスとの関係について考える。その次に，フェミニズム批評を利用してホーソーンの女性観を作品から読む。次に，デフォーの時代が，初期資本主義から近代資本主義への移行期であり，産業革命へとつながる画期的な時代であったことを作品から読み取る。最後に，ポストコロニアル批評を応用し，『マンザナールよさようなら』に描かれた日系人のアイデンティティを読み解く。

（3） 文学教材論 —— 英文学研究と文学教材づくり

英文学研究の今に触れつつ，英語教育における文学の教材としての可能性を

様々な授業実践例をあげて論じる。まず，文学を文化知識として取り上げる試みを紹介する。新聞・インターネット・映画などに文学が生きている例を示すことにより，学習者の興味を文学に向けようとするものである。一方，文学は豊かな情緒を育む上でも無限の可能性を持った教材である。文学に触れることで，学習者は想像力を働かせ，登場人物の様々な思いを感じることができる。昨今，青少年の感情的知性の低下兆候が報告されているが，情緒教育，特に共感する力の育成に文学が有効であることを論じる。また，文学を用いて分析的能力や批判的思考を養うことも可能である。文学を作文指導に用いた例では，背景文化や文字化されていない情報を含めてテクストを分析し，論理的な議論へと発展させていく。文学作品を通じて学習者は豊かな英語表現に触れ，文化や実社会への興味，学習意欲を高めていく。文学はこれまで精読中心の授業の中で用いられてきたが，学習者のレベルやクラスの目的を考慮し，使い方を工夫すれば効果的な教材となり得ることを具体的に論じる。

3. 大学の文法指導における文法研究の成果の活かし方

英文法研究と大学英語教育の有機的統合を図ることを目的にする研究者は，コミュニケーションか文法かという不毛の対立を乗り越え，文法がコミュニケーションを支える重要な要因であるという認識の上に立ち，近年の英文法研究の成果を現行の教育・学習英文法の内容の改善や，教室における文法指導の改善に活用することに努めなければならない。

教師が，教室の中で意味の伝達を中心にした指導を行っている最中に，適宜，一時的にテキスト内容の指導やコミュニケーション活動をストップし，明示的，あるいは非明示的に学習者の注意を言語形式に向けさせる指導を focus-on-form instruction という (Long & Robinson, 1998) が，大学の focus-on-form instruction が，たとえば，次の(ⅷ) a-e にあげるような表面的な文法事項を教えたり，その誤りを訂正するだけの指導にとどまっているとすれば大いに問題がある（文頭の＊は当該の文が非文法的であることを標示する）。

(ⅷ) a．*She don't care.
 → She doesn't care.
 b．*Mt. Tateyama is more higher than Mt. Daisen.

　　　　→ Mt. Tateyama is higher than Mt. Daisen.
　　ｃ．*The plane is approaching to Detroit.
　　　　→ The plane is approaching Detroit.
　　ｄ．*I have finished my homework ten minutes ago.
　　　　→ I finished my homework ten minutes ago.
　　ｅ．*We talked each other.
　　　　→ We talked to each other.

focus-on-form instruction をするにせよ，肝心なのはその内容である。どのような内容が大学にふさわしいかを十分に吟味しなければならない。

　大学の英文法教育で教えなければならないのは，（ａ）大学の英語のテキストで使われるいろいろな文法構文の正確な意味と，（ｂ）それらの文法構文がどうしてそのような意味を持つかを説明する原理である。たとえば，授業で読んでいるテキストの中に下の(ix) a-e の問いに関わる箇所があれば，学生が構文の意味を正確に捉えているかどうかをチェックし，指導する必要があると分かれば，適宜，指導することになる。

　　(ix) ａ．Mary sent John to the doctor. と Mary sent the doctor John. はどう意味が違うか。
　　　　ｂ．They loaded hay onto the wagon. と They loaded the wagon with hay. はどう意味が違うか。
　　　　ｃ．The old man died after eating I don't know how many mochi. はどのような意味か。
　　　　ｄ．At the wheel was O'Connor. というような倒置構文はどのような場面で使われるか。
　　　　ｅ．He kicked the ball. と He kicked at the ball. はどう意味が違うか。

　現在市販されている教育・学習英文法書には，上の(ix) a-e の問いに答えられる文法知識は書かれていない。もちろん，これらの文がどうしてそのような意味を持つのかが説明されることもない。授業の中では，機会があるたびに，これらの文の本質的な意味が何であるか，なぜこれらの文がそのような意味を持つかを教えたほうがよい。

　大学英語教師には，近年の英文法研究の成果に通じている，あるいは，通じて

いなくても，そのような英文法研究の成果を手に入れる方法を知っていることが求められるゆえんである。

おわりに

英語を対象とする研究分野は，音声学・音韻論，生成文法，教育・学習文法，意味論，語用論，文体論，英語史，関連性理論，認知言語学，コーパス言語学，学習者コーパス，辞書学，文学など，多岐にわたる。本章では，これらの分野の研究成果が英語教育の改善にどのように活かされるかを具体的に示した。もちろん，英語研究は本章で取り上げた分野に限定されているわけではない。また，本章で取り上げた研究も常に発展している。英語教員は，本章で取り上げなかった英語研究の分野にも目配りし，また，本章で取り上げた英語研究諸分野の発展にもアンテナを向けて，それらの研究の成果を日々の授業に活かす工夫をすることが強く望まれる。

第9章

リスニングとスピーキングの理論と実践

はじめに

　今日，経済・社会の急速なグローバル化に伴い英語が世界の共通語となり，「話せる英語」のニーズがますます大きくなってきた。文部科学省は「『英語が使える日本人』の育成のための行動計画」を策定し，国として取り組むべき施策を提案した。また，大学生の就職に際しても，リスニング力とリーディング力を評価する TOEIC などで，ある程度の点数が要求されるという現実がある。英語が使えるということの意味は，リスニング，スピーキング，リーディング，ライティングなどの技能がバランスよく備わっていることであろうが，社会一般では，特にスピーキングを中心としたコミュニケーション能力向上が求められ，そして多くの日本人には英語を流暢に話したいというあこがれがある。社会のニーズと学習者の希望が一致した状態でありながら，今なお日本人のリスニングとスピーキングへの苦手意識は続いている。

　これらを体系的に扱うことは難しいことではあるが，限られた紙数を通し，英語教育の現場を預かる者がぜひ参考にしたいと思うテーマを3つ取り上げた。「音声の習得と指導」「リスニングの習得と指導」「スピーキングの習得と指導」は，それぞれが言語理論，認知メカニズム，指導方法に関連したものではあるが，各テーマの性質上，理論やメカニズム，指導や評価方法への重さは多少異なる。これらの異なるテーマに一貫性を持たせるため，また読みやすさや読者の理解を深めるために，全体的な構成を以下のように統一した。

1. 音声の習得と指導

　中・高の6年間の学習を経た大学生に対する，新たな，もしくは今までの音声習得の問題点を補うような指導の枠組み・到達目標とはどのようなものであろうか。また，初学者ではないからこそ，クラス内のレベルの幅が広いと思われる大学生を対象とした音声指導として，取り上げるべき項目はどのようなものであろうか。

　前世代とは異なる，改良を加えた方法を新教授法と呼ぶならば，21世紀の新発音教授法とは，果たしてどのようなものとなるであろうか。市河（1976：147）の説明を読むと，発音指導の現場目標については，時代が変わっても，それほど大きな変化があるとは思えず，音声習得に関する種々の発見や提案も，古くからの方法にわずかに手を加えるほどにしかならないのかもしれないと考えてしまう。

　　　発音を有効に教えるのに，「音声学を利用する」ことは，Henry Sweet 以来，新しい教授法の常識になっているが，音声学そのものを教えよと主張している人はなく，Palmer も phonetic basis とか，based on the principles of phonetics というようなことを言い続けた。しかし，これは中等学校程度の学習者に対してのことで，教師自身はぜひ phonetics を研究しておかなければならない。ところが，問題は phonetics の知識はあっても，それで実際の発音が必ずしもよくなるわけではないということである。

なるほど，言葉は通じればよいのであって，外国語の発音まで美しくする必要はないという主張もよく耳にする。そうかもしれない。しかし，美しい発音であってもよいではないか。耳に心地よい発音でかつ正確，そして，はっきり聞こえる音であれば，コミュニケーションの手段としての音声言語の姿としては申し分のないものとなるであろう。

1.1　音声習得とは何か

　最初の節では「音声習得とは何か」の問いを，母語の場合と比較提示し，特に，日本人英語学習者の英語音声習得への日本語の影響について考察する。対象となる音声言語は，弓谷（2005：22）で指摘されているように，「学生のリスニング力が確実に上がり，それだけでなく，学生の話す英語が日本人以外の英語話

者にうまく伝わるようになる」ためにも,「文体の中で,音が変化したり落ちたりすることが多い自然な英語」とする。

対話で使われる音声を上手に聞き取り,ことばでのやり取りをつなげていくことは容易ではない。分かったつもりや,ふりでその場をしのぐことを繰り返しても,ことばによるコミュニケーションに関しては,先は明るくないであろう。音声言語の知覚や認識は特に正確を要する。同時に,話しことばの音自体が多様であり,また,曖昧である分,聞き手に回った場合には,音に対して寛容でなければならないという,非常に厳しい状況にある。他方,話し手としては,母語話者を真似たりして,早口で話してみたり,曖昧音を混ぜて,堅さを出さずに話そうなどとしてみても,通じないこともあるだろう。自分なりに,ゆっくり,はっきり発音したつもりでも通じないことがあるような状況では,少し崩してカジュアルにしても決して通じることはない。母語話者と学習者とでは,崩し方が違うのかもしれない。

言語学習には王道がないとよく言われる。確かにそうであろう。しかし,言語活動を楽しく,弛まず実践できれば,それに越したことはない。自国にいながらにして手に入る豊かな音声材料の中から,聞いて楽しそうなものをいくつか選び,必ず聞くようにするのも1つの方法である。しかし,だからと言って,音声学習のコツを使ってはいけないという理由はあるだろうか。効果的な方法は取り入れて,かつ楽しく音声言語と接してもかまわないのではないか。

1.2 音声習得に影響を与える要因

本節は「音声習得に影響を与える要因」について,最近の研究をもとに,英語音声学習・習得環境の種類や実情,さらに学習開始年齢が音声習得にどのような影響を及ぼしているかについて述べる。また,日本人英語学習者の英語母語話者とは異なる発音や,間違った,もしくは相手に通じない発音の原因を明らかにする。

外国語の音声習得に関してよく話題にのぼるのは,学習や習得環境の違いや,その開始年齢についてである。特に,第二言語習得に関わる学習者の要因として,客観的な測定が比較的容易だと思われるのは年齢要因であろう。言語を覚え,話す基礎的能力は,2歳頃から急速に発達すると言われているが,言語習得の最適年齢が何歳までであるかについては種々の主張がある。そして,9歳とも,10歳とも,11,12,13歳頃とも言われる,いわゆる臨界期を過ぎた子どもの外国語音声習得に関しても,母語話者に近い発音になるという結果と,母語から

の影響は避けられないというような,相反する結果が見られ,結論がはっきりと出ているとは言えないのが現状であろう。ただ,幼児の母語獲得と大人の外国語習得の過程や結果に顕著な差異が見られると言って良いのではないだろうか。

　少なくとも6年間の学習期間を経て,また,その気になれば豊かな音源を手にできる環境にあるにもかかわらず,けっして母語話者に近いとは言えない発音で英語を話す大学生が,時にクラスの大半を占めることもある実情のもと,一方では脳の働きや遺伝子の役割の科学的解明に基づく音声習得の仕組みのモデル提示を待ちながらも,他方,良い発音,正確な発音を身につける手法について論ずることも必要であろう。Yuzawa (2007: 127) の指摘によれば「英和辞典は,日本人が英語を学習するのに大切な情報源である。新しい版が出版されるごとに,内容は充実してきているが,発音記号に関してはまだ問題点がある」。身近な道具でさえ,解決法の提示により,まだまだ改善の余地があるだろう。

1.3　発音の指導

　本節は「発音の指導」と題し,日本人英語学習者の音韻知覚学習を促進する授業について考察する。母語にない外国語の音韻は学習が困難であるが,音に着目した訓練を行うことにより,成人でも新しい音韻カテゴリーを形成できることを明らかにする。

　外国語を学び始めた頃,その音を口に出してみるのはとても楽しかった,と学習の初期段階を懐かしむ声をたまに聞く。発音指導に関して,音声と文字の関係を同時に系統的に教えようとする指導法をあげることができる。英語の綴りと発音の対応には,例外も多いが,一定の規則もある。綴りと発音の間の規則性などはいつでも意識しているわけではなく,気がつけば,read と reed を両方とも同じ音で発音するようになっているし,決して -ea- や -ee- の母音を,日本語のエアやエに近い音で発音することもない。つまり,文字に対応した音素をつなげて単語を読んでいくというボトムアップの指導法は,こと自分の学習過程では必要ではなかったという読者の方もおられるかもしれない。とにかく,聞いたり話したりしているうちに,ある程度正しい発音が身についてきて,いわゆる音と文字の関係は,後から改めて学んでみて,なるほどと納得したくらいであるという方が多いかもしれない。この,ボトムアップの指導法かトップダウンの指導法かは,発音指導に関しては,何百年にわたり英語圏の初等教育界の大きな論争の的であったという。

　子どもの言語習得に関する記述に,たとえば,子どもは4歳から8歳頃は,こ

とばに対する好奇心や模倣能力が旺盛であり，9歳までは繰り返しをいとわないという特徴があるという報告からは，好奇心・模倣能力・繰り返しは，いくつになっても学習上の必須項目であることが分かる。大学の授業で発音練習を取り入れた時も，知っているはずの語や句が，考えていたのとは異なる音や，少し変わった発音で聞こえてきた時など，「満員だゾ，満員だゾ，Mind the door!」と自主的に模倣する学習者にも出会った。動画付教材でその箇所を繰り返すたびに，飽きもせず，声に出していた。子どものような大学生の英語学習者は，英語音声学習者の鏡であった。

1.4　発音テストの作成とその評価

最後の節は「発音テストの作成とその評価」と題し，発音測定を含む英語音声学習環境デザインの効果的活用について考察する。母語で話しているのに聞き返されたり，方言の音特徴を指摘されたり，真似されたり，はたまた発音を訂正されたりで嫌な思いをしたことのある人がいるのではないだろうか。母語に比べ，外国語の場合はまだよい。変で当たり前，うまくできて驚きであるからだ。音声の録音媒体や方法は時代によって変わるが，評価の枠組みはそれほど大きく変わってはいないのではないだろうか。いくつかの重要な評価項目に相当する音声上の特徴を取り上げ，それぞれについて人やソフトが分析的に，もしくは全体的な評価を行うのである。発音テストの，信頼性（テストがどんな状況でも一貫した結果をもたらすか），妥当性（テストが，測定しようとしているものを的確に測定しているか），実用性（自分のクラスで使用する際に実効性があるか）は，これらの評価項目の種類や数から大きな影響を受けると考えられる。英語母語話者や日本人英語教員による発音テストの項目を並べてみると，発音指導で用いられている項目とほぼ一致するかもしれない。たとえば，単母音，2重母音，子音，子音連鎖，帯気音，語強勢，文強勢，リズム，イントネーション，弱形，声の大きさ，テンポ，声の強さ，音の流暢さ，明確さ等であろう。

牧野（2005）は，発音の全体像に加え，個々の学習者の様々な癖が，重要な指導対象項目であると指摘している。さらに，これらの項目は，日本語の音体系に含まれていないことが多いため，特に日本人が苦手とする点として，測定項目に組み込まれ，ソフトとして利用できるものもある。RとLの発音テスト，母音発音テスト，子音発音テストは，項目の評価を行うにとどまらず，英語音全体の発音評価にもつながるという点は，各項目の集中訓練が当該項目だけの訓練にとどまらず，英語音全体の発音能力向上や，さらに聴解力にもつながるという考え

方と軌を一にする。音声の習得と指導は英語リスニングとスピーキング能力向上につながり，また，あらゆる英語の能力につながる道となるのである。

2. リスニングの習得と指導

　通常我々は「英語がしゃべれますか」と聞かれても，「英語が聞けますか」と問われることはない。なぜそのような質問はされないのだろうか。これは「話せる」ということが「聞ける」ことを前提としているからであろうか。相手が話すことは実際耳で判断できるが，聞くことができているかどうかは直接捉えられないからであろうか。あるいはまた，「話せる」ことの方が「聞ける」ことよりも日常的に大切だと考えられるからであろうか。いずれにしても，「聞く」ことより「話す」ことが全面的に表に出ていることは疑いのない事実である。

　この質問と同様に，「リスニング」は長い間，英語教育界でスピーキングやリーディング，そしてライティングと比べてやや軽視される扱いを受けてきた。しかしながら，コミュニケーション能力にリスニング力は不可欠なため，近年は他の3技能と同じように重要視されるようになっている。またFeyten (1991: 174) が指摘しているように，日常のコミュニケーションで占める割合はリスニングが45％以上，スピーキングが30％，リーディングが16％，そしてライティングがおよそ9％とされており，生活する上でも圧倒的に「聞く」行為が多く，この点からもリスニング力獲得の重要性が首肯できる。

　リスニングはそれ自体があまり重視されてこなかったことと同時に，その指導法も，先頃までそれほど注目されていなかった。その理由として竹蓋 (1989: 13) は，「ヒアリングの科学が遅れていること」と「指導の方策について，これならばといえるものが皆無の状態」だからだと指摘している。Mendelsohn (1994: 10) も，リスニングはESLでも徐々に受け入れられるようになってきてはいるが，おろそかにされ十分教えられていない分野だと述べ，その理由として次の3点をあげている。まず「学習者が毎日教師の話す目標言語を聞いており，あえて教えなくても身につくものだという考えがあること」，次に「教師がリスニング指導に十分な自信を感じていないこと」，そして最後に「従来のリスニング教材が，実はリスニング指導には適切でないこと」である。

　ここでは最初に「リスニング力とは何か」でリスニングのメカニズムを概観し，次に「リスニングに影響を与える要因」を考察する。そして，指導の遅れて

いたリスニングについて具体的な指導法を提案し，最後に実際に教えているリスニングの授業でどのようなテストを作成すれば学習者の能力を最大限に伸長させることができるのか，その方法を妥当性，信頼性および実用性を考慮しながら解説する。

2.1 リスニングとは何か

最初の節では「リスニングとは何か」という基本を押さえるために，「リスニングの定義」を行う。またいくつかの「リスニングのモデル」を紹介する。そして，最後にL1とL2のリスニングの違いを類似点も含め究明する。

我々は通常「聞く」と一言で言っているが，相手の言っていることをただ聞いているわけではない。聞きながら，自分なりに話者の言ったことを文脈や経験と照らし合わせ「あ，これは皮肉を言っているんだな」とか「これって私を責めているのかしら」とか，いろいろと解釈しているのである。その解釈の仕方が間違っていると，「とんちんかん」な返事になってしまうばかりか，その後のお互いの関係が気まずくなってしまう。つまり，「聞く」とは，単に音を聞き取るといった単純な行動ではなく，まず音素を認識して単語を文の中で適切に理解し，イントネーションやストレスから話者が何を言いたいのかを瞬時に解釈する複雑な作業なのである。さらに，そこには当然，談話能力 (discourse competence) も必要になってくる。話者の社会文化的文脈をある程度理解しなければ解釈できないような場面もあるであろう。また，話者が何を意図しているのか，状況によって判断しなければならない。その上集中力，内容に対する理解力や記憶力が大きく影響する。換言すれば，「聞く」とは全人格を総動員して行う行為なのである。

Rost (2002) は「リスニング力とは何か」の定義を著書の3分の1を費やし詳細に説明しているが，その中には音声の生理学的な面から言語心理学的要素まで網羅している。また松野 (2005) は，L2においてリスニングで求められるのは「想像力と創造力」だと述べている。この節ではリスニングがどのようなメカニズムになっているのかを中心に探る。

2.2 リスニングに影響を与える要因

本節では「リスニングに影響を与える要因」について，最近の研究を中心に述べる。「リスニングの種類」については，コミュニケーションのような双方向かテレビや映画を視聴するような単一かといった方向性など，各種のリスニングの

タイプを分類する。次に「リスニングの困難点」についてその要因を考察し，最後に「リスニングを促進させるもの」についていくつかを提案する。リスニングの困難点を突き止めれば，促進する方向を探り，より効果的な指導法を提供できると考えられるからである。

同じ文化を共有している者同士のコミュニケーションにおいても，時には「この人はいったい何が言いたいのだろう」とか，「今の返事はもしかして否定の意味だろうか」と悩むことがある。また，国内を旅行していても，その土地の人たちがお互いに話している内容があまり分からなかったといったことを経験したことはないだろうか。早口な人，訛のある人，あるいはつぶやくように話す人などのことばを聞き取ることは母語でも容易ではない。これがまったく文化を異にした場合，お互いの意思を通わせようとすれば，様々な問題が生じることは十分予想できる。

武井 (2002) は，日本人の「リスニング困難点」として音素，音変化知覚や発話速度あるいは韻律などの言語学的要因をあげている。ここではさらに，学習方略や学習スタイル，動機づけなどの学習者要因，話者のレトリックやノンバーバルに関連した社会言語学的要因，内容の専門性や複雑さなどの難易度の要因，そして話者との親密度等の心的要因など，様々な要因を考察し，リスニングを促進させるものを究明する。

2.3 リスニングの指導

本節「リスニングの指導」では，まず「リスニング指導の枠組み」を概観し，「リスニング活動実践例」ではいくつかのリスニング活動を習熟度や内容を考慮しながら紹介する。そして，最後の「リスニング活動での注意点」では，リスニング指導をより効果的に行うための留意点を示す。

一般的にリスニングを教える教員が「リスニング指導」と呼んでいるのは，TOEICや大学入試センター試験のリスニングテストのように録音された内容をいかに効果的に聞き取るかの指導を指し，コミュニケーションで相手の言ったことを聞き取るための指導を念頭においているわけではないことが多い。後者は，リスニングの授業で行うよりもむしろスピーキングの中で行った方が効果が上がるかもしれないので，この節は特に前者を中心に扱うことになる。

我々は母語でも自分に興味や関心のない話は聞きたいとは思わないだろうし，自分がいくら聞き取れても内容に対する知識がなければ，何を言っているのか理解できないだろう。このような場合，L2でのリスニングだったらどのような点

を考慮すればよいだろうか。また，リスニング指導は答え合わせをしてそれで終わりにしていないだろうか。本節では，このような場合の効果的な指導法に重点をおきながら，学習者への英語学習の動機づけや自律学習についても考えていく。

2.4 リスニングテストの作成とその評価

最後の節では，まず「リスニングテストの信頼性，妥当性，実用性」で，教員が自分でテストを作成する場合に注意しなければならない基本を説明する。次に「リスニングテストの種類と評価方法」では，特に授業で教えた内容についてどのようなテストを用いれば学習者の力をつけることができるのか，その方法について述べる。そして，最後に「リスニングテストの問題点と今後の課題」について考える。

「リスニングとは何か」の節で述べたように，リスニング力を構成する要素は多数ある。そのすべてを万遍なく評価しなければリスニング力は向上しないのだろうか。どの要素を中心にテストをすれば，より効果的に学習者のリスニング力を上達させることができるだろうか。またテストの方法はTOEFLやTOEICのように1回のみ聞くのがよいのか，あるいはセンター試験のように2回聞く方がよいのだろうか。靜（2002: ⅲ）は，望ましいテストとは「まずなによりも，受験者がそのテストのための準備をすることが能力の伸長につながるような，学習者のためになるテストである」と述べ，テストの波及効果を強調している。ここでは，リスニング指導のために教員が作成できる小テストや定期試験を中心に，それぞれの目的やプライオリティを考慮しながら測定と評価について検討する。

3. スピーキングの習得と指導

自分の母語は，誰でも当然のように話すことができるようになるし，話すことは日常生活の重要な部分を占めている。しかし，外国語，特に英語のように日本語と大きく異なることばであれば，母語のように簡単に話せるようになるとは限らない。大学入学まで6年間，そして多くの学生が入学して2年間ほど英語を学習することになる。しかし大学で英語を専攻している学生でさえスピーキングの自己評価は非常に低い。

私たち日本人がスピーキングを苦手とするもっとも大きな理由は，言語要因，

すなわち日本語と英語の言語間の距離の遠さである（白井，2008）。これに関しては，個人的な努力ではどうしようもない。2番目に考えられるのは，学習者要因であろう。すなわち，EFLという状況で，出版やメディアのインフラが進んでいる日本社会では，日常的に英語の必要性は低く，英語を話したいという希望はあっても，一部の学習者を除けば，強力な統合的，道具的モティベーションを維持することはどうしても難しくなる。加えて，学習者固有の学習方略や学習スタイル，ビリーフの個人差もスピーキングの向上に影響を及ぼす。

　3番目に考えられるのは，英語が指導される教育環境要因であろう。これには，私たち英語教員が深く関わっている。これまで中学から大学を通して英語がどのように指導されてきたか，それが多くの学習者の英語習熟度に影響を与えるからである。文科省の学習指導要領は，当然，英語教育の柱になるであろうが，現実には，大学入学試験を最終目的にした英語カリキュラムやシラバスが現場の英語教師を縛っているのは否定できないであろう。

　このような状況の中，これからの英語授業の中では，今まで以上にスピーキング活動を増加させる必要が出てくることになろう。そしてパタン・プラクティスや対話練習に加えて，より効果的なスピーキング活動を工夫していかねばならない。そのためには，スピーキングの背景にある理論的枠組み，スピーキングに影響を及ぼす要因などを知ることは，教室で有効なスピーキング活動を展開する上で重要なことである。そして，様々なスピーキングの活動の後は，学習者のスピーキング能力を測るテストを作成し評価しなければならない。適切なスピーキングテストの作成・実施・評価は容易なことではないが，これは，学習者のスピーキング能力を伸ばし，次のステップにつなげていくために必要不可欠なことになってくる。

　これらの背景を念頭に，本節ではスピーキングの習得について考察し，効果的な指導につながる提案を行う。

3.1　スピーキングとは何か

　最初の節では，「スピーキングとは何か」という原点から出発して本節における「スピーキングの定義」を行う。また，「スピーキングモデル」のいくつかを紹介し，「L1とL2のスピーキングの違い」を明らかにし，英語教師にとって必要なスピーキングの理論的枠組みを紹介する。

　スピーキングは複雑なスキルや，コミュニケーションに必要な様々なタイプの知識が関わっている。Levelt（1989）が提案した大人の母語話者のスピーキング

モデルは、もっとも完全で実証的な言語発話モデルと言われているが、de Bot (1992) は、このモデルを使って L2 の言語発話処理も説明しようとしている。しかし、de Bot の被験者はバイリンガル（フランス語と英語）の学生であることを考えると、日本語を母語とする EFL 学習者に対応するかは疑問が残る。これとは別に、スピーキングをコミュニケーションの中で位置づけることで、より具体的な枠組みとして捉えることができるかもしれない。このように様々な側面を持つスピーキングのメカニズムを知ることは教師として必要不可欠であろう。

3.2 スピーキングに影響を与える要因

本節では、最近の研究をもとに「スピーキングに影響を与える要因」について認知的な角度から概観する。

まず「スピーキングの種類」では、スピーキングの特徴を述べ、タスクの複雑さ（注意や記憶などの認知的要因）、タスクの条件（単一または双方向などの方向性や話し手要因）をもとに多様なスピーキングのタイプを分類する。次に、「スピーキングを困難にする要因」について言及する。要因としては、たとえば、学習動機や性格などの学習者要因、タスクの複雑さの要因、プラニングやモニターなどの心理的要因、発音・言語形式の難易などの言語的要因、応化理論などの社会言語的要因などが考えられる。これらの要因がどのようにスピーキングに関わるか、言い換えると、これらがスピーキングの流暢さ、正確さ、複雑さなどにどのような影響を与えるかについて考察していく。

英語教師にとって興味があることは、スピーキングの困難点を理解するのと同様に、どのような要因がスピーキングを促進するのかという点であろう。これは、実は、「スピーキングを困難にする要因」と表裏一体にあると言える。「スピーキングを促進させるもの」では、Swain (1993) の一連の研究であるアウトプット仮説や強制アウトプット（学習者は理解可能なアウトプットを作り出すように、ある程度強制される必要があること）、およびスピーキング方略などこれまでの先行研究をみていく。さらに、スピーキングに関して行われたこれまでの主要な先行研究を紹介しながら、スピーキングの促進につながる要因を考察する。

3.3 スピーキングの指導

本節は「スピーキングの指導」で、まず、「スピーキングの指導の枠組み」を考察し、「スピーキング実践例」で、具体的なスピーキング活動の実践例を数多く紹介する。最後に、「スピーキング活動での注意点」において、スピーキング

指導の中で，やるべきこと，やってはいけないことなどをまとめ，より効果的なスピーキング指導を提示する。

　約7割の英語教師は，スピーキング指導を困難だと感じていると言われるように（川村，2006），限られた時間と空間の中で，適切なスピーキングタスクを実施するのは容易ではない。私たちは，常に，クラスのサイズ，学習者のレベル，授業の目的などに配慮し，限られた時間の中で，どのようにしたら効果的なスピーキング活動ができるのだろうかと模索している。この節では，英語教師が日々の授業の中で，すぐに応用できる実践的なスピーキングの活用例が数多く示される。

3.4　スピーキングテスト作成とその評価

　最後の節は「スピーキングテスト作成とその評価」と題して，「スピーキングテストの信頼性・妥当性・実用性」を考察し「スピーキングテストの種類と評価方法」や「スピーキングテストの問題点と今後の課題」を提案する。

　つい最近まで，スピーキングは主要な英語習熟度テストのTOEFLやTOIECに含まれることはなかったし，今なお多くの大学入学試験では実施されていない。実際の教育現場においても，スピーキングの指導はするが，スピーキングテストは十分に実施されておらず，スピーキングが英語の評価に含まれていない状況である。このように，スピーキングの評価が他のスキルに比べると十分になされてこなかった理由は，なんと言っても信頼性・妥当性を持ったスピーキングテストの作成が難しいこと，そして，評価の一貫性を維持するのが容易ではないからであろう。たとえ，評価基準を明確にして事前訓練を実施していても，評価者間でスピーキングの評価が分かれることがよく見られる。要するに，手間がかかる割には，十分に学習者のスピーキング能力を測定しているか明確ではないからだ。また現実には，多くの教師は自分自身の英語学習の中でこれまでスピーキングの授業やテストを豊富に体験していないため，様々なスピーキングテストの作成や実施・評価は容易ではない。クラスでスピーキングテストを作成する場合に注意しなければならないと言われる，信頼性・妥当性・実用性について，教師はどのように扱ったらよいのであろうか。実際にどのような種類のスピーキングテストを作成し，実施し，評価していくべきなだろうか。この節では，そのような疑問点にいくつかの答えやヒントを提案したい。

4. 大学におけるリスニングとスピーキングの授業

　大学英語教育におけるリスニングやスピーキングの育成は，次の2つの事柄と深く関わっていると言えよう。1つは，限られた授業時間内でいかに効果的な指導と学習を行い，主体的に聞く・話す学習者に育てるか。もう1つは，学習者が将来仕事で使えるような実用レベルにつなげるために，それぞれが自ら継続学習を行うことができるようにいかに導くかである。

　指導法に関しては，リスニングやスピーキングのみを単独で教えるのではなく，それぞれライティングやリーディングと組み合わせ，文法や表現の定着を図ることも一案であろう。また，コミュニケーション・ストラテジーや言語学習ストラテジーを指導に取り入れ，より自律した学習者育成を目指すこともできよう。そして，大学での英語教育では，学習者にとって，将来どのような英語のスキルがどの程度必要なのかといったニーズ分析も必要になってくる。これは当然カリキュラムやシラバス作成に反映されなければならない。教える側は，毎回の授業を振り返り省察する時間を十分に設け，授業改善を行うことも効果的な授業を行うためには大切であろう。

おわりに

　外国語の習得が容易ではないことと同様に，理論化や効果的応用も「すぐにできます」と安易には言えない。この難問に関しては，大学英語教育学会の全国大会，支部大会，研究会でも常に議論の対象であり，意欲的な取り組みも多く提案されている。今後も試行錯誤を重ねながら，リスニングとスピーキング能力の向上を目指して，理論と実践に基づいた提案を継続して行うことが大切になろう。

　「英語教育学大系」第9巻で扱う理論の追求と実践への応用が，中・高・大連携の強化につながり，また入学試験の方向づけに波及効果を及ぼすことができればと期待している。そして多くの学生，一般人や専門家から問われ続けてきた「いったいどうしたら英語が流暢に話せるようになりますか」の問題を先送りせず，『リスニングとスピーキングの理論と実践』が本質を理解し，ともに考えるための書として少しでも役立つことを願っている。

第10章

リーディングとライティングの理論と実践

はじめに

　大学の英語教育において今，4技能の中で何に一番力点が置かれているだろうか。2008年に発表された高校の新学習指導要領で「英語の授業は英語で」という基本方針が出された。この指導要領が暗示しているように，現在の大学英語教育ではすでに英語を聞くこと，話すことが中心の授業展開がなされ，それを推進することこそが「使える英語」に通じる道であると考えられているようだ。事実，田辺（2004）や高田（2004）らの調査ではその点が事実として確認されている。

　このような潮流の中で，リーディングとライティングはどのように位置づけられるのか。従来，リーディングとは英文和訳のことであり，ライティングとは和文英訳のことであった。しかし，リーディングが本当に意味するものは英文和訳のことではない。また，ライティングが本当に意味するものも和文英訳でもない。リーディングのある側面を理解するために，また，ライティングのある側面を補強するために，それぞれ英文和訳があり，和文英訳があるとみなしたほうがよい。

　この章では，英語を主体的に「読む」「書く」とはどのようなことかを中心に，リーディング指導とライティング指導を展開する。適切なインプットがあれば，英語習得は可能になるという考え方で，「リーディングの理論と実践」を述べ，次に英語習得には不可欠であるアウトプットとして，「ライティングの理論と実践」を論述する。

1. リーディング —— 英語を主体的に「読む」

　大学で英語をどう読むのかという問いに答えるのは，まず英語を主体的に「読む」ことであろう。そのために使用する教材は，学習者の自信を育むものでなければならない。残念ながら今日のリーディング教材は，平易なタスクをすることで，達成できたと感じさせようとしてはいまいか。学習者は実際に彼らの脳を使っているのではなく，理解したと思うのは幻影にすぎないのではないか。この認識は逆に自信の喪失にもなりかねない。

1.1　リーディングの意義

　Tomlinson (1988) は，「刺激のあるタスクをさせることにより，学習者の習熟度を少し伸ばそうとする活動を通して自信をつけさせる。また，その活動が想像的で，創造的で，分析的であるようなスキルを使うことを勧めれば役立つことになろう」と言う。

　英語を主体的に「読む」には，楽しいものを多く読むことが有効であろう。しかし，リーディング力をアップさせたいなら，小説，エッセイ，新聞，詩など，様々なジャンルを読まなければならない。多くの異なるタイプの文章に触れることで，多様な表現で描かれた文章を理解するための「読む力」を身につけることができるからである。大学では，様々なタイプの教材を読む練習をするため，また学習者に自信を持たせるため，適切な教材の選択は重要な課題となる。

（1）　1950-1960年代：英米短編小説とエッセイ

　従来，大学のリーディングの授業は，イギリス文学（小説）作品を使って読解を主体としたものであった。1950年代の後半に入ると，イギリス文学にアメリカ文学作品も加わった。アメリカのユーモア小説家として特異な才能を発揮したThurberの小説や，ニューヨークの庶民生活の哀歓を描き読者にpathosとhumorとを満喫させたHenryの短編もあった。一方，60年代には小説偏重の流れに対してエッセイが登場し，Dibelius, Lucas, Russellなどのエッセイが読まれた。

【教材】Christie, A. *Poirot Investigates,* Henry, O. *The Best Short Stories,* Huxley, A. *Richard Greenow & Cynthia,* Lamb, C. *Tales from Shakespeare,*

Lawrence, D. H. *The Fox,* Lucas, E. V. *Old Lamps for New,* Maugham, S. *Mirage and An Official Position,* Orwell, G. *Shooting an Elephant & Other Essays,* Russell, B. *Common Sense & Nuclear Warfare,* Stevenson, R. L. *Treasure Island,* Thurber, J. *My life and Hard Times,* Walpole, H. *The Silver Thorn,* Wilde, O. *Lord Arthur Savile's Crime* など。

（2） 1970-1980年代：ジャンルの多様化

　この時期のリーディング教材は小説，論説・随筆，戯曲，時事英語のジャンルに分かれ多様化した。短編小説は少なくなり，70年～80年代の社会事情を反映したテーマで，アメリカ論，日米比較文化論，科学，大学問題などについての教材が主流となる。Hyland は現代社会の問題を俎上にあげ解剖し，英国と日本を対比し，Kirkup や Milward は日・英両国での豊富な生活体験をもとに書き下ろした比較文化論で，日本人が真の国際人になる方法を説いた。

【教材】Buck, P. S. *The Sacred Skull,* Dahl, D. *Person's Pleasure,* Greene, G. *The Innocent,* Hardy, T. *To Please His Wife and Other Stories,* Hemingway, E. *Indian Camp and Other Stories,* Hyland, P. *Far from England, Far from Japan,* Kirkup, J. *The Voice of Britain,* Mansfield, K. *The Garden-Party and Other Stories,* Mikes, G. *Switzerland for Beginners,* Read, H. *The Green Child,* Saroyan, W. *The Man Who Got Fat,* Steinbeck, J. *The Pastures of Heaven* など。

（3） 1990-2000年代：小説の衰退と総合教材

　1991年の大学設置基準の大綱化に伴って，柔軟に教育課程を編成することができるようになった。各大学ではカリキュラム改革を進め，これと呼応して実用的な教材が主流となった。英米の短編小説は極端に少なくなり，1995年頃には教材から姿を消した。イギリス・アメリカ事情，時事英語，異文化，科学，環境などのテーマで，平易な内容の総合教材が多くなり，セメスター制度の導入に合わせた半期用教材も用意されている。語彙数を制限した読み切り形式の多読用教材や，新しいジャンルとして TOEIC テスト対策用の教材，さらに大学生の学力低下の現実を受けて基礎的な英語を学ぶための教材もある。

【教材】Allen, B. *Environment and Health,* Anderson, N. J. *Basic Skills for Reading,* Cleary, K. *Science Square,* Greene, B. *Heartwarming American Columns,* Hill, L. A, *Amusing Tales,* McConnell, J. *Communicating Across Cultures,* Randle, J. H. *Style in Britain,* Rodgers, G. B. *Five Fun Cities in the USA,* Stawowy, M. *New American Crossroads,* Tilmant, J. *Economics in Our Life* など。

　これは50年間の教材の変遷である。リーディング力を向上させる要因として，教材に関わるものと読み手に関わるものがある。前者には語彙・構文・形態・教材の文化的情報が含まれる。教材は物語であれエッセイであれ，いずれにおいても高精度の教材の方が理解されやすく，内容が記憶に定着しやすいことは言うまでもない。一方，後者には読み手の読む能力・興味や読む目的・教材の内容についての背景知識・ストラテジーの使い方が含まれる。英語を主体的に「読む」には，教材に関わることと，読み手に関わることの2つの要因がうまく融合し，機能しなければならない。

1.2　リーディング指導

　たくさん読むことが有効であると言われているが，実際には，多読指導は大学の英語教育の中ではあまり行われていない。英語を主体的に「読む」には，①精読：興味のある分野の英文を丁寧に読み，②多読：比較的読みやすい英文をたくさん読み，そして，そのプロセスで語彙を増やすことである。いずれの読み方のスキルを使うかは，学習者に合ったものを使えばよい。つまり，精読と多読とを相対するものとして捉えるのではなく，補完的なスキルとして，それぞれの利点を活かした読みで，リーディング力の向上を考えるべきである。

　大学では小説でも新聞でも論説でも，読んで楽しいと思う教材をたくさん読むことである。英文に慣れ，英語の感覚を身につけるには，何よりも興味のある英文を読むことが一番効果的である。ベルトン (2008) は「読書のプロセスを楽しめば，びっくりするほどのスピードで英語が身につくだけでなく，一瞬一瞬を味わいながら大きな満足を得ることもできる。物語はメインメモリ（主記憶装置）を刺激してくれる。物語を読んでいると同じ単語，同じ表現，同じ構文にたびたび出会うので，物語に親しむにつれて脳は鍛えられ，ますます早い判断を下せるようになる」と述べている。また，野呂 (2009) は「多量のインプットを与える目的は，単語認知，統語解釈などの読みの下位処理能力の自動化を促進することである…多読によって自動化が進めば，やさしい表現は効率よく読めるようになる」と主張している。酒井・神田 (2005) は「多読によるインプット量を増やすため，多読3原則として①辞書は引かない，②分からないところは飛ばす，③つまらなくなったらやめる」を標榜している。多読3原則はインプット量を増やす

ための合理的な方法であることに疑問の余地はないであろう。

　読解プロセスを重視した指導方法も有効である。リーディングの理論において，Smith (1971) は心理言語学的読解モデルを提案した。それまでの読解理論では，機械的に単語の識別をすることで意味解釈を行っていたが，Smith は読み手が言語材料の中から必要と思われる情報を選択し，予測を立て，その予測を修正して読解を進めることを提示した。この読解プロセスの解明により，リーディング学習が教材中心主義から読み手へと移ったことは注目に値するものである。どのような推論を用いて結果に到達するのかを提示すると，学習者は読解プロセスを認識することになるので，これも有効な指導方法と言える。

1.3　リーディング研究

　Urquhart and Weir (1988) が提言するように，教材全体から読む Top-down approaches と，教材のより小さな単位として語彙，文法などに焦点をおいて読む Bottom-up approaches とでは，どちらかを否定する必要はない。「効果的な読み」は読む目的に応じて異なる組み合わせを必要とするのである。以下では，英語を主体的に「読む」とは，どのようなことかを中心に，「リーディングの理論と実践」を展開する。

(1)　第二言語メンタルレキシコン —— 語彙処理とそのモジュール性
　語彙処理のあり方を理論的に解明する。脳内に保持している言語知識に関する研究は，それがどのような形態で保持されているかという構造の研究と，それにどのようにアクセスし，運用するのかという処理プロセスに関する研究に分けられる。第二言語においても，既存の語彙・文法の知識へのアクセスの自動化を図ることで，語彙・統語処理の自律的モジュール化が可能になり，言語能力の育成につながる。

(2)　英文読解における読み手の理解修正プロセス
　様々な読解理論を概観しながら，読み手が理解を柔軟に修正するプロセスについて論じ，英文読解指導への応用について検討する。英文読解プロセスにおいて，文字情報は内容のすべてではなく単なるヒントにすぎない。読み手はテクスト情報を頼りに，自身が持つ知識を活用しながら頭の中で意味を構築していく。読み進めるにつれて，より適切な状況を思い描く場合もあれば，書き手の意図とまったく異なる状況にたどり着く場合もある。

（3） ICTを活用した読書コミュニティづくり

自律的な読み手を育てることを論述する。「自律的な学び手（読み手）を育てる」ことが，大学におけるリーディングの授業の存在意義であると考える。一例として大学の仲間と交流し合える環境，Interactive Reading Community というサイトを開設して，学生たちが毎週1冊のペースで本を読み読書を習慣化し「自律的な読み手」に育っていった成果を紹介する。

（4） 語彙密度と理解度

TOEICテストのPart 7に焦点を当て，リーディング指導で必要な対策を探る。Part 7では広告や社内の連絡文書，新聞記事などが出題されるため，学生は文書のスタイルや語彙を難しいと感じるようである。伝統的に読みやすさの指標とされてきた語彙密度が，正答率とどのように関係するかということを論述する。

（5） 第二言語による読みとワーキングメモリ

ワーキングメモリと第二言語リーディングとの関係について理論的・実証的・実践的な検討を行う。リーディングの理論モデルの構築，文章理解の個人差の説明，リーディング転移の解明，様々な読解方略の活用に対する制約などまだまだ未解明なテーマが多い。ワーキングメモリ研究は第二言語リーディング指導について多面的な検討を行う際の概念的・実証的な基盤の1つとなり得る。

（6） 多読の成果と課題

学習者が大量の英語を読むことでリーディング力，ひいては英語力を伸ばしていこうとする学習法である多読の成果と課題について述べる。これまで多読は授業やカリキュラムの中で取り上げられることはあまりなかった。しかし，1980年以降海外での多読に関する成功例が報告され，多読の実践方法が示され始めた1990年代から次第に注目を浴び，実際にカリキュラムの一部として授業で取り入れられるようになってきている。

2. ライティング —— 英語を主体的に「書く」

ライティングは，英語で自分の考えを述べることである。自分の考えは自分の

母語で深めればよい。英語で表現するからといって,考えるパターンまで英語文化圏の思考パターンに従う必要はない。国際語としての英語の視点が強調され始めた今日では,その点は重要である。そして,それができてこそ,英語を主体的に「書く」ことになると思う。つまり,英語を使うが,書かれた文章には日本人的思考法が色濃く反映する時,それが英語文化に対する日本人の貢献となる。

2.1 ライティングの意義

　文法訳読法に対する反省から,口頭作業を重視したオーラル・メソッドが登場し,それに続きオーラル・アプローチが流行すると,多くの日本人は「英語学習」をオーラル・コミュニケーションと同一視するようになった。しかし,インターネットの登場で,また「書く英語」の必要性が強調されるようになる。そういう時代背景の中で,英語で書くライティングの意義は何であろうか。いわゆる英語の4技能の中でライティングがもっとも難しいと言われているが,そのライティングを十分に指導できれば,学生は英語でもより深い思考ができるようになるであろう。その結果として,英語を学ぶ者の言語および精神をより高め,洞察力を持った人物を育てることに,すなわち学習者のより高い人格形成につながると思う。そして「書く英語」がそのような努力の結果である時,「話す英語」とはより明確に差別化される。またライティング指導では第一言語が第二言語と同じように重要であり,学習者にとって言語学習は試験のために必要というだけでなく,人間として生きていくためにも重要であるという認識に立ちたい。

2.2 ライティング指導

　ライティング指導法は即ライティングそのものではないが,少なくとも指導法の変遷を見ることによって日本人がライティングをどのように見てきたかはある程度まで知ることができる。
　まず,今までに行われた指導法を,特に「和文英訳」と「制限作文」についてメリットおよびデメリットという観点で分析する。そして,まとまった考えを表すライティングに対してそれぞれの指導法がどこまで効果的な方法だったかを検証した。今まで「和文英訳はライティングに役立つどころか,有害である」という印象すらあったが,今回の調査で,和文英訳がまとまった英語を書くためには,ある程度役立っていたことが分かった。
　また,ライティングの指導では,フィードバックが鍵を握るが,内容に関するフィードバックの方が,英語そのものに対するフィードバックより効果的である

ことが調査結果から示されている。ただし，文法的な間違いの指摘はまったく役立たないという考え（Truscott, 1996）と，やはり大切であるという主張（Ferris, 1999）に二分されることも確認できた。

　今回の調査で特筆すべき点は，ライティング指導に関する過去の調査・研究では比較的英語力の高い生徒または学生の書いたものが対象となる傾向があったが，「学生の低学力化」が進んでいる昨今，「学力が低い者」とみなされている生徒や学生の指導のあり方についても真剣に考える必要があることが分かったことである。

2.3　ライティング研究

　母語以外の言語を学ぶことは第二言語習得（Second Language Acquisition: SLA）と呼ばれる。対象言語は何語であってもかまわないが，SLAの研究が北米を中心に発展してきた経緯から，特に英語を対象としている場合が多い。移民をたくさん受け入れる米国などの国においては，SLAは外国語としての英語（English as a Foreign Language: EFL）とは区別されて，盛んに研究が行われてきた。その事実ゆえに，第二言語のライティング（Second Language Writing: SLW）においても，英語が主流であった時代が長かった。

　さて，英語のライティング研究の現在の特徴は，従来EFLとESLが混同されてきたが，最近では両者の違いを認めるようになったことである。たとえばNakanishi (2006) のように，ESLのライティングの評価基準が必ずしもEFLのそれには応用できない点が指摘されている。加えてプロセス・アプローチ以降，認知的研究を導入したライティング研究が注目を集めるようになってきた。

　前者をもう少し詳しく言えば，ESL研究はあくまでも英語が母語の環境における英語学習を前提とした研究で，そこで得られた知見が日本のようなEFL環境での研究や学習に対して無条件に当てはまることはない。後者については，「書くこと」自体の解釈が変わってきた。「書くこと」を，その「前史」を捨象し，さらに脱文脈化し，様々な場面に便利に適用させるようなものではなく，書いた文字がシンボルとして意味を持った原初の状況（書き手と読み手が共有する意味に支えられている状況）を引きずりながら，なおかつ新しい場面でその文字を書き，意味を持たせることで，書き手が文字と場面などを上手に利用しながら文脈を作り出していく「再文脈化」であるという考え方が一般的になってきた。

　また日本の英語教育の中で実施されるであろうライティングが，世界のライティング研究に貢献できる要素を多くはらんでいることも確認できた。米国を中心

に展開された研究は，英語を母語とする人たちが，これからアメリカ合衆国という地で生活を志す移民，または学生生活を送ろうとする留学生に必要な語学力を身に付けさせる過程で書かせた英文に基づいた研究が多かったため，アメリカ人のレトリックこそが到達すべきモデルであった。それに対して日本人が外国語として英語を習い，英語によるライティング力を付けていきたいという時に書くべき英語では必ずしもアメリカ人のレトリックが唯一絶対ではなく，多くある選択肢の1つであるという認識が必要である。

（1）　大学で求められるライティング ── アカデミック・ライティング

　語学留学を含む英語圏で実施される海外留学では，従来通りの英語学習に対する厳然たる基準が期待される。意思伝達の対象が欧米型の論理展開を好む場合，あるいはそれしか受け入れない場合は，欧米型のライティング指導，論説文の指導が必要となる。そういう場合には，文句を言うことは許されず，ただ従うことが余儀なくされる。アカデミック・ライティングと言われる「基準」では，この認識がその前提となる。

　大学生は様々な分野で学ぶ。分野により，求められる英語が異なる。それぞれの分野で求められる様式に従い，自分の考えを論理的に明晰にかつ正しい英語で表現できるようになることがもっとも大切である。これは「帰国生」にも当てはまる。英語圏に長らく滞在すれば，「話す」英語の力は育っているかもしれないが，それがアカデミックな分野で求められる「書く」英語のスキル獲得に至っている保証はない。

　アカデミックな文章の特徴の1つは「筋道が通っていること」であり，「論理 (logic) と議論の構造 (argumentative structure) を伴っていることを指す」と言える。ベライターとスカーダマリア (Bereiter & Scardamalia, 1987) はテキストを生み出す際の認知過程に関して2つのモデルを示した。1つは「知識伝達型」(knowledge-telling type) で，もう1つは「知識変形型」(knowledge-transformation type) である。前者の文体的特徴は「語り文」(narrative) に典型的に見られるように，主に自分の体験に基づいた記述である。それに対して，後者の「知識変形型」の文章とは問題解決を目的とするもので，そのために情報を分析したり，読み手の要求を考えて効果的な伝え方を考えたり，ジャンルの様式に従いながら，論理の流れやレトリックに注意を払うなど，内省的に思考を深め，考えを変形させていくことが要求される書き方である。アカデミック・ライティングはこの2つのモデルのうち，「知識変形型」の文章を目指す。

論理構造としては「三段論法」「演繹法」「帰納法」がある。論理学の基礎はアリストテレスが提唱した「三段論法」(syllogism) であると言われる。たとえば,「すべての犬は動物である」という大前提 (major premise) を立てる。これが一般法則である。これを個別のケースである小前提 (minor premise) に当てはめると「これは犬である」となる。「犬はどれも動物である」という一般的な法則があるので,「よって,これが犬なら,それは動物である」という結論 (conclusion) が導き出される。三段論法は「演繹法」の代表的な論理構造である。それに対して,個々の現象を調べていって,総括として結論を出す論理構造は「帰納法」と呼ばれる。アカデミック・ライティングで演繹法が好まれるのは,主張が冒頭に提示されることにより,主張と議論の方向性がより明確に把握されるからである。

(2) ライティング教育の実践例 ── 中学・高校・大学

　学校教育の実践現場ではどんな配慮が必要か。宮田 (2002) は,名古屋市の中学・高校・大学の教員としての経験に基づいて中学・高校の学校現場ではどんなライティング指導が可能かを論じ,具体的な提言を行っている。まず,他の大学教員との共同研究で,生徒の書いた英文のコミュニカビリティ (communicability) を測定した。イギリスとカナダに住む英語のネイティブ・スピーカー6人に高校生の書いた英作文 (150作品) を読んでもらい,どのような意味に理解したか回答してもらったのである。それを分析した結果,6人全員に正しく伝わった文は全体の75.5%であった。この調査結果に基づいて,ライティング活動,ライティング指導のあるべき姿を「accuracy よりも fluency」「和文英訳よりも自由作文」「形式よりも内容」という3点にまとめている。

　英語教員の多くは,生徒や学生に自由に英語で作文させると誤りばかりが多くてその処理に困ると嘆くが,誤りには目をつぶり,積極的に英語で自己表現させることを最優先するべきだという。誤りの発生を少なく抑える指導を「誤文指導」と呼び,導入時の指導・定着のための指導・使わせる指導・まとめの指導・系統的指導・治療的指導・診断的指導の7つのタイプに分けている。「使わせる指導」では自由作文を奨励し,「治療的指導」の具体例は各生徒に対するラブ・レターである。そこでは問題点を1つに絞り,残りは自由作文の内容に関するコメントに当て,そのコメントで一人一人の生徒に対して十分な愛情をそそぎ,親切な指導をしている。

　多くの中学や高校の英語教員がすぐに誤りばかりに目がいき,英語を生徒に積

極的に使わせることができないのは，自分たちも生徒の時にそういう教育を受けてきたからであろう。そこで，教員のライティング指導を少しでも変えるためにも，最近話題となっている教員研修の持ち方に工夫を凝らしたい。ここでは，その一例をあげる。教員研修では，研修を受ける側も教員であることから，上から下へ教える形は危険である。各教員が自分にプライドを抱いているからである。同等の立場で，ともに学び合うライティング指導がよい。各教員にとって学ぶことが常に新鮮なものとなるように，たとえば時事英語などから題材を選ぶ。受講者は事前研修でNHKワールド・ニュースの1月から3月までのニュースのヘッドラインを書き取り，その中からライティングのテーマを6つ選び，ライティング練習をし，最後は1つに絞って，100語程度のミニ・エッセイを書くことが課せられる。

　いったんテーマを選び，ミニ・エッセイを書くと，それを研修担当講師にEメールで送る。すると講師は，最初は内容に関するコメント，2回目は英語に関するコメント，3回目は以上のコメントを基に最終的に修正された英文についてのコメントを記して受講者に送付。そこに至るプロセスで講師と受講者が対話をする。内容を深め，英語を良くし，推敲をする過程でプロセス・ライティングが実行できる。受講者は毎年異なり，様々な地方の出身者で，それぞれの動機づけも異なる。1つとして同じパターンのライティング指導はないが，どの受講者に対しても共通して心がけていることは，「受講者が書く英文」にはどれにも興味を抱き，「すべての受講者の英語力向上」を願い，「すべての受講者と良き人間関係構築」を目指している。その結果，いつも共に「文化的活動に従事している」ことを実感する。

　中学生・高校生対象の指導例，そして中学生や高校生の教員対象の指導例に続いて，最後に大学生対象のライティング指導例を見てみよう。ある大学の教育学部1年の48名の中から入学時に英語力がほぼ同等の学習者12名を対象とした以下のような授業実践を紹介する。

　パラグラフ・リーディングでは，論説型の英文の読解をさせ，そこで英語の論理を学ばせることを狙った。授業ではパラグラフの展開において頻度の高い「原因・理由」の展開パターンに焦点を当て，日本語にはあまり見られない論理展開の特徴を知り，それらをライティングに反映させて，より論理性の高い英文へ近づけることを目標にした。

　プロセス・アプローチでは，文法重視や教師主導型とは異なり，学習者中心で学習者の自由意思に任せて，書き手が伝えたい内容を何度も推敲を重ねて完成さ

せることをねらった。英文の正確性というより，むしろ伝達性を重視したライティング指導を採用した。授業ではタスクによる指示で，授業全体に有機的結びつきをもたらす工夫をした。

学生の書いた英作文の評価については英文の読みやすさ（readability）の等級，テキストの構成，語彙の頻度等を含む Eva Text Analysis（これは京都ノートルダム女子大学のご好意でインターネット上に開設されている http://poets.notredame.ac.jp/cgi-bin/evatext というテキスト分析のサイト）を利用した。

（3） 読みやすい文章を目指すライティング

ライティングにおける「読みやすさ」とは一体何を意味するのか。ライティングを単に書く作業と考えず，読み手を意識した創作行為と捉え，認知プロセスと推論に焦点を当てながら読みやすい文章について考察してみた。

日本の英語学習者の中でも中位のレベルに位置する人たちの文章中に頻繁に見られる問題をもとに展開する。その問題の典型的な例として「物事をあいまいに表現する」傾向をあげた。ただし，それは克服できる。たとえば，村上春樹の文章を読めば，「日本語でも，わかりやすい文章は情景が具体的に記述されている」ことを発見できる。そこで，「良い文章とは具体的で鮮やかな描写表現から構成されていること」と「良い描写とは，右から左へと，上から下へと，またそれぞれの逆の方向に順序立てて描写していくこと」を学ぶ必要がある。

こういう主張の背景にライティングに対する鋭い考察がある。ライティングにおいて，書き手は自分の意図していることのほんの一部を表現できるだけである。書いてあることと，書いていないことのギャップは読み手が推論することによって部分的に埋まるだけである。よって，良いライティングとは，読み手があまり努力しなくても文章の言わんとすることを再構築することを可能にする文章である。

（4） 自己アイデンティティ構築を目指すライティング

最後に，我々が情熱を傾けるライティング教育は何のために行われるのか，という問題を考えたい。

日本の教育現場では暗記や詰め込み中心の学習体験や受験テクニックを「学習」と考え，それに類するテスト結果などを「学力」と誤解している学習者たちが多いが，そのような学習者に，どのようなゆさぶりをかけていくことで，「学

び」ということばの真義と「自己学習能力」の必要性を，自ら腑に落ちる形で理解させることができるだろうか。

元慶応義塾大学塾長の安西（2003）は，自分の発言や文章における言語使用の判断力を「語力」と呼び，次のように問う。それは全人格をかけ，自身の確たる精神的価値観に裏打ちされた証左としての発言や文章構築を行っているのか。自己のあり方や生き方という，人生哲学的，社会倫理的文脈に照らしながら自己表現にむけた言語学習活動を行っているのか。そのような「自己を客体化する力」を意識しながら，自己アイデンティティとしての語力の獲得を目指しているのか。

安西のこの問いに対して我々はこう答える。大学生が到達すべき学習目標とは専門知識や特定スキルの獲得だけではなく，自己の生き方や現実社会での自己存在意義を生涯にわたって考究し，模索していくことである。そして，それを実際の授業の中で学生一人一人が実感できるように教材を用意し，課題を出し，英文を書かせる指導を地道に行いたい，と。

おわりに

Krashen (1993) はインプット仮説を第二言語習得の中心に位置づけ，自由な自主的な読み（free voluntary reading）が言語教育のもっとも有効な手段の1つであるとして，その有効性を指摘している。インプットの量を強調した学習法が注目される中，それをいかにしてアウトプットへと結びつけるかが課題である。学習者が主体的に読んだ教材の内容について，読後活動を行うなら，より深い言語処理を期待できるであろう。つまり，教材内容に関わる読後活動としてライティングにつなげることで，記憶保持を決定する情報処理をより確かなものにすることができる。

主体的な「読み」の活動がそのまま，主体的に「書く」活動のベースになり，言語処理の質が一層高まる。読み手が書き手となって認知知識を定着させる練習に積極的に関わり，リーディングからライティングへ橋渡しをすることが望まれる。

第11章

英語授業デザイン

はじめに

　児童・生徒の学力低下が社会問題となり，高等教育の現場もその影響を受けるようになった。もはや学生に自主的な学びを期待することは難しく，高等教育機関で学ぶための基礎学力すら想定することは困難とも言われる。現在の高等教育や教育全体をめぐるこうした状況は，大学教員に，大学における授業を成立させ，学生の学力形成を促すという課題を提示している。授業者としての役割を強く求めるようになったということである。大学は，研究の成果を教え授けたり，一般教養としての語学教育をこなしたりするだけでは事足りなくなっている。学力低下論とは裏腹に，英語教員に対しては，コミュニケーションや使える英語の指導を求められることが多くなってきた。このような実態と社会的要求の乖離に，大学英語教員も戸惑いを感じるようになって久しい。

　こうした中，新しい学問領域として提起されたのが授業学研究である。授業学研究は，まだ耳慣れない用語であるという印象もあろう。すでに初等・中等教育（小・中・高）の現場では，古くから取り組まれてきた授業研究がある。授業づくりという点では，中・高の授業研究が何十歩も先を行っており，学習者観や教材観，指導技術など，大学教員には到底かなわない分野があることは確かである。大学教員も，自分たちの授業づくりをベースに，自主的創造的な授業学研究を進める時期にきているように思う。

　本章では，まず，小・中・高における授業研究との関係から授業学研究とは何かを提示する。次に，コミュニケーション重視や使える英語という社会的要請の中で，授業学研究が担うべき役割を考察し，取り入れるべき指導法や研究領域を概観する。授業学研究は，教科目全体に共通している内容を多く含むものであるが，本章における授業学研究は，主として外国語（英語）教育におけるものとし

て考える。

1. 授業学研究

　本節の目的は，高等教育における授業学研究の役割と課題を考察することであるが，その前に授業学研究に先行する授業研究について概観し，授業学研究の生成過程および授業学研究を取り巻く社会的背景についてまとめてみたい。

1.1　日本における授業研究の歩み

　高等教育における授業学研究について論じる前に，まず初等・中等教育の現場で繰り広げられてきた授業研究の歴史とその内容について触れる必要がある。なお，本章では初等・中等教育で行われてきた教科目全体にわたる授業実践分析を授業研究と呼び，高等教育における授業学研究と区別しておく。

　「授業研究」「実践分析」という用語は，小・中・高の教育現場では古くから使われている。佐藤（2008：44-46）によれば，日本における授業研究はすでに明治初期に始まっており，大正期の新教育運動を経て「教育実践」「実践記録」などの用語とともに授業研究のスタイルが成立した。こうした授業研究は，第二次世界大戦に至るファシズム教育により一時衰退したものの，1947年以降戦後日本の新教育の中で急速に普及した。これは国際的にみても希有なことであり，その伝統は今も教師たちの実践に残っている。

　行政主導の研修システムも存在する中，教師たちが手弁当で自主的に組織する授業研究組織は，校内研修や教科会など学校内部にとどまらず，様々な教育研究集会における実践交流というように大きなうねりをもって広がっていった。この運動が，戦後直後から90年代前半に中・高の教員になった若い教師を育てるとともに，指導法や教材の共有または情報交換をはじめ多忙な教育現場にあって，教育の質を維持するために大きく寄与したことは現場の教員が身をもって実感したことである。こうした授業研究の流れは，林竹二，大村はま，斉藤喜博など深く鋭い洞察力で授業研究の一領域を確立した偉人的な存在を排出した。のみならず，数多くの研究団体やすぐれた教育実践を生み出した。まさに児童・生徒たちを，多種多様な授業研究が育てたと言えよう。80年代に行われていた教育現場における授業研究は，おおむね次のような基本的視点と内容を持っていた。

1) 現状分析：生徒の家庭環境，地域の特徴，学力の状況など，クラスや生徒の状況を分析し，学習者の実態を把握する（学習者観の視点）。
2) 教材研究と分析：その単元で取り上げる教科書教材は生徒の発達段階に即して妥当なのかどうか，生徒たちの長所を活かし，生徒のかかえる問題に切り込む視点を見出すことができるのかどうか，日常生活に引きつけて教材の内容を考えさせることができるのかどうかなどの視点から，教材が適切かどうかを吟味する。教科書教材にこうした視点が欠けている場合，どのような投げ込み教材を用意すればよいのかを検討する（教材観の視点）。
3) 授業指導案の作成：上記1，2の分析に加え，本時の目標，言語材料とその解説，授業展開，発問や評価のポイント，予想される生徒の反応およびそれに対する教師の対応などを指導案に反映する。
4) 授業実施と省察：こうした教材研究と指導案の作成を経て授業を実施する。それ以降の省察の仕方には次のような種類がある。

研究授業型：授業指導案や教材を同僚の教師が共有しながら授業を参観し，授業者や生徒を観察する。授業者の反省を踏まえ，質疑応答を行い，授業のすぐれた点や課題を明確にし，次へと活かす。

実践報告型：生徒の感想や授業者自身の個人的感想をもとに，授業実践報告を作成して集団で検討する。

ビデオ視聴型：授業をビデオで撮影して検討する。

こうした一連の授業研究のプロセスを経て，教師は指導法や学習者を見る目を養ってきた。また，教材を共有しながら授業や授業者としての力量を発展させてきたのである。授業研究とは，学習者観・教材観を基礎にした授業組織と省察の共有を継続，蓄積，発展させる一連の過程である。

1.2　高等教育における英語授業学研究

前節では，様々な科目の授業で取り組まれてきた授業研究の歩みを外観したが，ここでは我が国の英語授業学研究の歩みを振り返ってみることにする。

JACETでは，1980年代から，現在に至るまで英語教育の実態調査を実施してきた。その調査結果に基づき，当時の文部省や現在の文部科学省に対して，外国語教育の改善を進言し，我が国の英語教育の改善や向上に向けて提言を続けてきた。全国大会では「私の授業」として，ビデオによる授業公開を実施してきたが，会員からは授業内容改善を指摘する意見が多く，授業実践の分野で本格的な

研究が求められた。こうした要望に応える形で，2004年4月にJACET特別委員会として，全国組織の授業学研究委員会が発足した。このプロジェクトの取り組みは，大学英語教育学会授業学研究委員会編著（2007）として結実した。全国から公募により集まった200を超える授業実践事例を厳正に吟味し，最終的に107の事例を収録した。大学英語教育の現状認識と授業実践事例の分類分析を通し，大学英語教員の指針を12ヶ条でまとめた。授業実践事例はフォーマットに基づき作成した。その項目は，科目目標，授業の特色，学生の特色，使用教材，授業・教室形態，評価，授業の展開，省察となっており，授業研究と重なる部分が多い。2010年度からは，第二次授業学研究委員会が発足し，学生の実態に応じた授業改善を目指していく。『JACET通信』でも「私の授業紹介」や「特色ある大学英語教育プログラム」が取り上げられ，JACETにおいては，英語教育改善や英語授業改善に向けての取り組みを幅広く継続している。

　こうしたJACETの取り組みと並行して，高等教育における英語授業の改善を唱える書籍もいくつか刊行された。若林（1983: 186-187）は「授業学的アプローチ」という形で，「徹底的に具体的な，教室的な，授業的なもの」をまとめ，大学における教科教育法に反映させようとした。その後授業学をタイトルに冠する書籍は，若林他共編（1984），若林俊輔教授還暦記念論文集編集委員会編（1991）と続くが，いずれも授業を通じて得られた経験的な知見や指導技術を網羅し，現場の授業改善を促すという意図が読み取れる。英語教育理論がトップダウン的アプローチであるとすれば，これらの授業学的アプローチは日本の英語教育におけるボトムアップの試みであると言える。この時期，松畑（1991: 24-25）は，「名人芸的教師の授業力を科学し，その授業力の構成要素と養成過程を明らかにして，よりすぐれた授業創造をめざして研究し実践してゆくのが英語授業学の進むべき道である」「授業論は英語教育法的で，現実の枠内での授業づくりの意義・内容・方法が中心課題であり，授業学は英語教育学的で，理想的な枠組みを構築する中での授業創造の問題が中心課題となる」と述べている。

　このような一連の授業学研究の流れを受けて，JACETにおける授業学研究の動きは2001年に顕在化する。田辺洋二JACET会長（当時）による『「英語教育の推進について」の検討素案』がそれである。この素案の中で，英語による基礎的なコミュニケーション能力育成を重視し，総合的な英語運用能力を効果的に指導できる教師の役割について言及した。つまり，「真の教育者としての技量を兼ね備えた，誰の目から見ても模範となる教師」の重要性を唱えたのである。さらに2004年の「田辺メモ：大学英語教育の在り方を考える」（報告）は，授業学研

究をFD研修の項目に位置づけた。大学英語教育において，授業をより効果的なものへと改善する推進者となるべき教師像の提起を行ったのである。

こうした流れを引き継ぐ形で，前述のJACET授業学研究委員会が発足し，教育の根幹は授業であるとの共通したコンセプトに基づき，授業改善に結びつく英語授業学の理論と実践の構築を目指し3年以上にわたって活動を継続したのである。授業記録の分析は，授業の中に散りばめられた教育的なエッセンスを抽出し，すぐれた授業とはどのような内容を兼ね備えたものであるかを整理し，一般化することにつながる。授業実践そのものが，授業者に研究の素材を提供し，授業における研究成果が，授業の発展や深化へとフィードバックするのである。考えてみれば高等教育における授業学研究成立は，初等・中等教育における授業研究と比べれば，大幅に遅れた。そんな中で授業学研究委員会の取り組みは，高等教育においても自らの授業や授業者を分析・研究の対象としたという点では先駆的な取り組みの1つであろう。

1.3 授業学研究を生み出した社会的背景

日本の児童・生徒の学力低下が指摘されて久しい。学力低下を引き起こしている原因は複合的でありきわめて根が深い。（東京大学大学院教育研究科基礎能力研究開発センター，2006）全国の公立小・中学校を対象にした調査によると「20年前に比べて子どもの学力が下がった」と答えた教師は47.1％おり，「上がった」（10.5％）との声を大きく上回っている。学力論争は様々な形で繰り広げられてはいるが，学力低下が高等教育でも顕著になり，授業学研究委員会（当時）としては「もはや実態調査の段階ではない」という認識をもってプロジェクトを開始した。学力低下の波に対して，まさに「なす術」を探しての船出というところであった。

こうした状況を検証するために，ここ四半世紀の間に日本の教育に起こった象徴的な出来事について振り返ってみたい。この四半世紀を振り返ってみると，表1の★印に示したように大学新入生の英語基礎能力低下が感じられる周期がある。6年とは中学・高校の6年間を指す。

「校内暴力や家庭内暴力，あるいは不登校」などが社会問題となる中で，知識偏重の詰め込み教育もしくは偏差値教育と呼ばれるシステムは，多くの批判を受けた。「シャケは切り身のまま海を泳いでいる」と考える小学生の事例が驚きをもって報道されたものである。こうした実状に対して，様々な議論の末，「生きる力」を培い，児童・生徒の主体的な学びを促進するという目的で生活科や総合

表1 学力低下をもたらしたと考えられる象徴的出来事

年代	●は教育全般　□は英語教育関係の出来事
1980年度	●詰め込み教育批判と「ゆとり」教育
1981年度	□英語週3時間体制開始
1987年度	★1981年「中学英語週3時間」実施の6年後
1993年度	□高校に「オーラル・コミュニケーションA, B, C」が新設（その後英語学力向上には結びつかず）
1994年度	●教育機関の大規模な調査結果で，小・中・高生の不登校の増加が判明
1998年度	●「生きる力」が話題に。「総合的な学習の時間」の新設。日本の高校進学率が全国平均で97％となり，高校生の多様化が加速
2000年度	★1989年版指導要領［中学］が実施された1994年から6年後
2002年度	●学校完全週5日制が実施され，学習内容が3割前後削減された。
2004年度	●OECDの学習到達度調査で日本の児童・生徒の学力低下が判明
2005年度	●学習指導要領見直し開始
2008年度	★1998年版指導要領［中学］が実施された2002年から6年後
2009年度	●小・中・高の全国的な学力調査が実施され，学力低下の指摘

的な学習の時間が新設された。教師は「教え込み」を控え，児童・生徒が自主的に取り組む調べ学習が奨励された。知識重視ではなく，学習技能を重視した考え方であると言える。「ゆとり」のもう1つの側面は家庭教育の見直しと充実であった。ここで考えなければならないのは，現在，大学に在籍している学生の保護者は，詰め込み教育や偏差値教育真っただ中で育った世代であるということだ。その時期日本は高度経済成長期にあったため，親が不在であった家庭も少なくない。こうした世代に「家庭の教育力復権」を説くことが適切なのかどうか疑問は残る。

　小・中・高の教育において，知識だけではだめだということになれば学習技能を重視する。その段階で知識をどうするかという論議は蚊帳の外に置かれてしま

った。本来知識の獲得と学習技能の習得は，相補的に進むべきものであろう。知識を獲得し定着させるために学習技能の獲得があり，獲得した学習技能を駆使することでより高度な知識を獲得することができる。一般の教科目で身に付ける知識と，学習技能の獲得という性格を持つ「調べ学習」が並行して進む，つまり，調べながら知識を獲得するというようにはならなかったのである。

これは英語教育に関しても同様である。中等教育で6年間，高等教育機関で4年間英語を学んでもまったく話せるようにならないという批判があれば，オーラル・コミュニケーションや場面中心の英会話が導入されたりする。JETプログラム導入直後は，日常的な授業で学習したこととALTと学ぶ授業がリンクせず，定着に結びつきにくいという実態もあった。教育現場は授業以外の要因で多忙をきわめ，新しく導入される課題に対応するのが精一杯というのが現状である。日本における英語教育は，切り口の合わないジグソーパズルのピースを組み上げるかのようである。外資系企業の日本進出や日本企業の海外進出が増加するのに伴い，経済界からも「英語が話せる日本人」の育成を望む声が高まっている。まさに日本の教育システムは，場当たり的な発想に振り回されていると言っても過言ではない。

2. 学力と学習の発展プロセス

本節の目的は，こうした現状を改善する授業づくりの視点を，授業学の視点で提案することである。それは，とりもなおさず学習者観からアプローチするということである。したがって，改善の視点を提起する前提となる，授業における学習の発展プロセスや授業学が目指すべき人間形成の視点について触れておきたい。

2.1 人間の持つ知的能力の諸相 —— 学力論争と学力の視点

人間の持つ知的能力には，記憶を中心とした知識の獲得とその習得技能，知識を分析する思考力，知識を組み立てて次の新しい発想を生み出すための批判的思考能力，そして創造力という様々な側面がある。これらは人間の脳が持ついくつもの機能の反映であり，脳を分割することができないのと同じように，別々のものとして考えることが不自然のように思われる。すでに述べたように，せっかく知識偏重の教育を脱し，「調べ学習」に代表される学習技能の習得に関心が向か

ったのに，知識と学習技能の連携を想定したカリキュラムにならないまま，その見直しが検討されている。測定はもっぱらこれまでのペーパーテストであり，学習技能が習得できたのかどうかは測定されていない。知識や学習技能の習得，評価・評定の方法が一体となるような形で学力論争を進めることが，人間の多面的な学力形成を保障する上で重要ではないだろうか。

2.2 学習の発展プロセス

それでは，人間の知的能力の側面と学習活動（授業）がどのように関わっているかを考えてみたい。一般の授業では，授業者の説明を聞き，理解することから始まる。理解した内容は練習を繰り返すことにより，たとえばテストの得点等に反映される。学習者は，獲得した学力をベースに，今度はさらに発展した内容が理解できるようになる。より発展した内容を理解することにより，最終的に身のまわりのことに考察を加えたり，批判的に考えたり，新しい考えを生み出したりすることができるようになる。学習内容が分かり，できるようになることで，学習動機が継続する。いわば，「分かる」「できる」「好きになる」を繰り返しながら学習は発展するわけである。こうした学習のプロセスを示せば次のようになる。

中学や高校における「分かる(1)」「できる」の段階は，学習者が丁寧な指導を必要とする時期である。説明の丁寧さもさることながら，どのように学ぶのかという学習技能の指導が不可欠である。学習技能は，ノートの取り方・まとめ方から始まり，資料の保管の仕方や検索の仕方など多岐にわたる（次頁図1・図2参照）。

大学ではよく見かける例として，「持ち込み可」とするテストをあげることができる。日常的に授業の中でこうしたテストに慣れていなければ，いくら「持ち込み可」であっても出題者が期待した答えを書いてこないということになる。要するに，どこを調べれば何が分かるという検索能力が身に付いていなければ，資料は役に立たないということになる。つまり，「検索能力」という学習技能が身に付いていなければ，「持ち込み可」はあまり意味をなさないわけである。

2.3 外国語（英語）教育における学習プロセスと人間形成モデル

外国語（英語）学習に関しては，図1のプロセスとは若干異なる。学習技能の他，教材や授業者という学習発展プロセスを促進する要素を加えると，図2のようになろう。外国語（英語）はコミュニケーションのツールという側面を持つ。

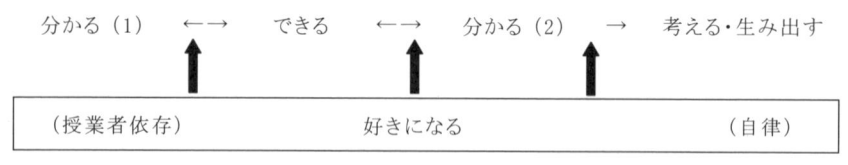

```
分かる（1） ←→   できる   ←→  分かる（2）  →  考える・生み出す
   ↑              ↑              ↑
（授業者依存）        好きになる              （自律）
```

図1 一般の授業にみる学習発展プロセス例

授業者の構え　　授業者の指導技術　　　　コミュニケーション技能の習得　　　人間形成
教材　　　　　　学習技能の習得・教材　　仲間の存在・教材

```
                                         使いこなす
                              使ってみる    社会貢献
                            ↗              国際貢献
分かる(1) ←→ できる ←→ 分かる(2)            自己実現
                            ↘
                              考える・表現する
   ↑          ↑          ↑                    ↑
（授業者依存）   好きになる    （自律）              自立
```

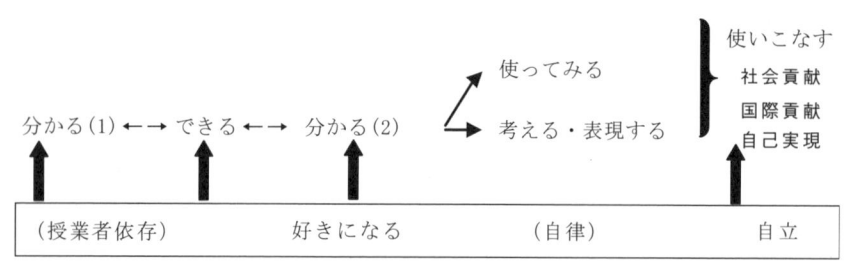

図2 外国語（英語）教育における学習発展プロセス例

したがって，教科目として「分かる」「できる」だけではなく，外国語（英語）を使い，考え，表現するという段階を当然想定しなければならない。教室環境で授業者の指導に依存する段階から，指導に依拠しつつも自分で試行錯誤しながら使ってみる授業内での自律のプロセスを経て，実社会で使ってみる自立の段階に至る。学校教育では授業者依存の段階から，授業における自律までが指導の対象となる。その際注意しなければならないのは，学校教育としての英語教育は，他の教科目と同様，人間形成という重要な側面を持っているということである。

単に英語を使いこなすことだけでなく，英語を使うことで自分がどのように社会に貢献し，自らを高めるのかを視野に入れてこそ，人間形成に資するという目的を果たせるのである。

外国語（英語）は，教室で「使ってみる」中で，そしてまた，社会に出て「使いこなす」中で，人間形成を目指すという役割を持つ。異言語を通じた人間的なやりとりや交流は，多様性を認め合い尊重し合うという点で，様々な国際交流を実現することが可能だ。これは，大学英語教育学会授業学研究委員会編著(2007: 2)で「複眼的思考や国際的視野の涵養など，学生の人格形成にも資するべきものである」と言及したところである。

3. 大学英語教育改善につながる授業学の視点

　図2の,「考える・表現する」という段階に進むにしたがい,学習者の自律が求められる。高等教育機関ではこの段階から学びを始めたいところであるが,近年「分かる(1)」からスタートせざるを得ないところも多いのではないだろうか。今日こうした学生を取り巻く否定的な現状は多岐にわたる。それは学力低下だけではなく,対人関係が結べないというところにまで及ぶ。学力低下に対しては様々な捉え方があり,学力そのものが低下したと言うより,全般的な学習意欲の低下が根本的な原因であるという意見もある。少子化による,大学入試の形骸化がその原因であるとも言われる。いずれにしても,配布したプリントの管理ができない,テキストを購入しない,レポートの書き方はおろかノートの作り方も分からないという学生の例は,多くの教員が経験していることであろう。以前の高等教育は,義務教育と後期中等教育（高校）で培ってきた学力を前提として成り立ってきた。しかし,現在もこれからも高等教育の門をくぐろうとする学生たちにそれを期待することはますます難しくなる。こうした状況に鑑み,授業学研究で取り入れるべき大学英語教育改善に必要な指導法の視点をいくつかまとめてみたい。

3.1　コミュニケーションに関わる指導法の視点

　ことばとは,人と人とを結びつけるものであり,そういう意味でことばの学習においてコミュニケーションは必要欠くべからざるものであることは自明であろう。コミュニケーション重視の指導法で代表的なものはコミュニカティブ・アプローチである。コミュニカティブ・アプローチと呼ばれる指導法には,いくつかの流れがあり,その総称として使われている用語である。コミュニケーション重視の指導法が,英語学力形成や運用能力に結びついていないとすれば,その原因を究明することが必要である。そのために,コミュニカティブ・アプローチの内容を史的に概観し整理した上で,これらの理論がもたらした成果と課題を整理し,今日どのような方向で発展させるべきかを提案すべきであろう。その上で,コミュニカティブ・アプローチの,何をどのように授業実践事例に反映させるのかを検討しなければならない。

　コミュニカティブ・アプローチの発展型とも言われる指導法に,タスク中心のアプローチ（task-based approach）がある。これは,教授目標に合わせたタス

ク設定と配置，授業者・学習者の役割や評価方法を整理している。こうした海外のタスク学習モデルをもとに，日本人学習者のレベルとニーズに合わせた授業実践事例へと発展させることも，コミュニケーション重視の授業に貢献すると考えられる。教授内容に関しては，内容中心のアプローチ（content-based approach）が知られている。英語以外の教科を英語で教えるという指導法である。これは教材の指導過程，到達目標の設定などの点で参考となる。

図2で示したように，「使ってみる」に至るためには，「分かる」という段階を経る必要がある。コミュニケーション重視の授業を成立させるために，理解と定着を促進する指導を並行して進めなければならない。その中には，コミュニケーション重視の授業を支える家庭学習の方法であるとか，コミュニケーション重視の授業ではタブー扱いされることもある文法指導にも光を当てることが必要となろう。これらは言ってみれば古典的な指導であり，しばらく影に隠れていた領域である。しかし，外国語を使う前に，外国語を理解し，理解した内容を定着させるためにはどうしても必要なことである。

3.2 個々の学習者を把握する指導法の視点

授業研究における学習者観にみられるような，個々の学習者を把握し，学習者を学びの世界に誘うこと。教科目の1つとして授業を捉えるだけでなく，学習者と授業者，学習者同士，学習者と社会をどのように結びつけるのかという視点が必要となる。その際，第二言語習得理論や従来の英語科教育法以外の知見も取り入れていくことが必要となろう。

たとえば，中・高生にはよくみられるが，教科担当が別の先生になることにより，嫌いだった科目が好きになることがある。学習者に共感や信頼の気持ちを示したり，学習者をよく観察して理解しようとする授業者に出会ったりすることで，多くの学習者は「もう一度学び直してみよう」という，新たな学習動機を得ることができる。言ってみれば「第2の入門期」とでも言うべき瞬間があるのだ。学習者の現状を把握し，共感的理解を示す，いわば学習者観がしっかりしている授業者の授業は，学習者に受け入れられやすい。こうした「教師の構え」については，パフォーマンス学という学問領域がある。ここでは，話の聞かせ方や話し方，表情，ほめ方や叱り方など，授業における教師の対人的な表現技法は，学習者との信頼関係づくりや授業コミュニケーションを促進するという視点からのアプローチである。最近脚光を浴び始めたコーチング理論とも関連している。コーチングとは，人間の可能性を信じ，それぞれの個性を尊重しながら信頼関係

を築き，自律型人間を育てるスキルを大系づけた研究領域である。

　学習者をどう把握するかという点では，多重知能理論（Multiple Intelligences Theory，以下 MI 理論）という考え方がある。MI 理論は，アメリカの心理学者であるハワード・ガードナーが提唱した理論である。ガードナーは，知能テストやペーパーテスト中心に人間の能力が測定されるアメリカ社会のあり方に対し，人間にはいくつかの潜在能力（知能）が存在することを示した。その知能は，8つの領域（言語的知能，論理数学的知能，音楽的知能，身体運動的知能，空間的知能，対人的知能，内省的知能，博物的知能）に分類される。どの人間も，このうちの複数の知能特性を有しており，その中にはすでに顕在化しているものと，本人も気づかない潜在的なものがある。知能特性に応じた学び方をすることでより効果的に学ぶことができること，そして隠れた能力を引き出すことが教育の目的であるとする立場である。これまで「学習者に応じた指導」という視点での授業実践は，勘と試行錯誤の繰り返しの中で生み出されることが多かった。MI 理論は，教師の勘で手間隙かけて把握してきた学習者の実像を，知能特性という具体的な視点から解明しようとしている。

3.3　協同学習のための指導法の視点

　外国語教育におけるコミュニケーションは，授業や教材の内容に限定されるべきではない。コミュニケーションを重視した授業は，実際に人間関係を結ぶ場面を豊富に含んでいる。こうした授業の中で行われるやりとりを，人間関係を身に付ける場とするという意味で，協同学習の持つ意義は大きい。協同学習は学習者同士の協力と協同により，より安心して学習ができる環境を創ることを目的とし，日本国内でも注目され始めた指導法である。もう古い標語となってしまった観のある，「ひとりはみんなのために，みんなはひとりのために」という考え方をその原理の1つとしている（価値としての協同）。協同学習は単なる助け合い学習やグループ学習とは異なる。学習者個人個人が，それぞれの立場で学習に役割と責任を持ち，互恵的な支え合いの関係を築く中で学習を進めるのである。そういう点で学習者の自立（律）を促すという側面も強く持っている。協同学習では教科目の内容定着だけでなく，協同の技能の定着も重視している点に特徴がある。意見や意見の述べ方，待ち方，やりとりの仕方などに代表される，授業中のルールの守り方など，安心してお互いのやりとりを進めるための約束事にも指導の重点を置く。

　学習技能と言うと，先にも述べたノートの取り方など技術的な面ばかりが想定

されるが，協同学習においては，協同の技能という概念を定式化し，従来の授業づくりではあまり知られていないか，無意識のうちに行われていたことを明示的に示している。授業という学びの中で，学習者に人間形成の知恵と技を身に付けることを可能としているという点で，是非とも日本の外国語教育にも応用したい領域である。

おわりに

　「英語教育学大系」第11巻では，授業学の視点からコミュニケーション重視の授業を再考することを目的としている。コミュニケーションを重視した授業を，英語学力形成だけでなく，授業者と学習者，学習者同士を結びつけるものであるという視点からも探求する。その具体的内容は，コミュニカティブ・アプローチ，タスク中心の指導法，内容中心のアプローチなど，コミュニケーション重視に関わる指導法の再検討である。さらに，授業者の学習者観形成につながるパフォーマンス学と多重知能理論，学習者相互の結びつきを促進する協同学習に言及する。

　第11巻の構成は，まずこれらの指導法の理論的側面を総論として，そして指導法理論に基づく実際の授業実践事例を各論として配置し，理論と実践の融合を実現することを基本的なコンセプトとしている。

　これらは個々の授業のデザインを中心にしたものであるが，こうした取り組みを結実させるべき例として，全学共通のカリキュラム開発を実現し，実施した事例も紹介する。学生の否定的な現状ばかりが強調されることが多い中，高校までの勉強から解き放たれた学生が，学習意欲を再燃させる姿を報告する大学における授業実践も増えてきた。人間の持つ脳の機能が，社会の動きや状況によって退化するなどということは考えにくい。むしろ，日本の子ども・青年たちが，限りない可能性を開花する環境にないと考えるべきであろう。子ども・青年たちの可能性を開花させるために，学校教育においては授業がその要となる。学力低下を嘆くばかりでなく，向上を図るための方策を考え行動を起こす時期はもうすでに始まっているのである。第11巻では，授業を学びの空間として捉え，その中で指導法や授業の果たす役割を考察検証し，学生たちが学びに向き合うようにするための処方箋を提供したいと考えている。

第12章

大学英語教育におけるメディア利用

はじめに

　第12巻では大学におけるメディアを利用した外国語教育について考える。学習環境においてメディアの存在を認識したのはテープレコーダが授業に用いられるようになって以来で，メディアを利用した外国語教育は比較的若い分野である。

　大学英語教育学会では早くからその重要性に着目してきた。たとえばコンピュータ講習会を開催して利用法や指導法について研修を行った。またwebを利用しての学会からの情報の伝達や，新入会員の登録やAILA99国際大会での研究発表の申し込みを行うなど，コンピュータを積極的に利用し，会員のICT (Information and Communication Technology) 利用を推進してきた。

　また，2009年現在，大学英語教育学会にはICT特別委員会が設置され，定例の研究発表会を行い，年度ごとの研究報告書が作成されている。

　メディア利用はテープレコーダから始まり，CDプレイヤーやビデオレコーダの利用に発展し，現在ではコンピュータを中心としたICTの利用が中心となっている。本巻ではコンピュータ利用の教育をメディア教育として扱っていく。

1. 情報メディアの教育理論

　メディア利用の教育では通常の講義や，演習で必要とされる教育知識と異なる知識が必要となる。この章ではまだ一般的には正しく認識されていない点や問題点を扱う。技術，リソース，人的リソース，プライバシー保護，セキュリティ，著作権，研究と教育の区別等に関してである。これらを基本的な問題として捉えて論じた後，LMS (Learning Management System), CALL (Computer Assisted Language Learning),テレビ会議,携帯電話利用のような新技術利用等,個々のシステムについて利用法,問題点,これからの展開等の考察を行う。

1.1 基本的理論・問題・展望

メディア利用の教育を論じる場合にまず知らなければならないのは,スタンドアロンつまり1台で使うPC (Personal Computer)の活用法や問題点である。何ができるのか,どう扱うのか。余り知識がなくても利用することはできるが,多くの知識があればできることが多くなることは間違いない。

学習メディアを利用することとPCを利用することは同義と言ってよい。昔はCMI (Computer Managed Instruction), CAI (Computer Assisted Instruction)と言えば1つの研究分野と考えられた。今はCALLの場合はCALLを使って何をするのかを明確にしなければ何も論じることはできない。コンピュータ利用の学習は「何を,どのように」学習するかでその内容は大きく異なる。

PCをCAI的に利用するのは後に述べる。先にCMI的に利用する場合を考えると,教材作成のためのワードプロセシング,データ管理のためのリレーショナルデータベース,音声教材作成のための編集機器,映像教材作成のための編集機器としてPCを利用し,さらに成績管理のためにも利用できる。

現在ではPCは他のPCとの文字・音声・映像データを送受信するための機器として使われることが多い。その場合の利用法としてはメールの送受信,web作成・ブラウジング,ストリーミング等のデータ転送等を行っている。

大学教員のほとんどが現在メール送受信,webのブラウジングを行っていると思われ,大学内でも当然のように公文書がメールやweb上で配信されている。

PCはすでに特殊な機器でも,特殊な人が使用する機械でもなくなっている。おそらくほとんどの大学で,教員に個人用のPCを貸与していると思われるし,大学からの教員への連絡等も電子メールを通じて行っているものと考える。

このような一般的な利用法で生じる問題点や将来の活用法について,本章では考察する。これらは本巻の先の議論をするのにも必須であり,大学教員が知らなければならない最低限の知識だと思われる。

1.2 セキュリティ

セキュリティは,外からのネットワークを介した攻撃を防ぐ目的で構築されなければならない。セキュリティの内容をよく理解できない場合には,授業や課外での利用を妨げられることもある。外部からのシステム攻撃に備えて,不要なポ

ートはできるだけ使えなくすることが多い。大学で PC を利用する場合には web-base でデータの送受信を行うことが多いが，これは基本的なセキュリティを確保し，外部からの攻撃を防ぐという理由である。

利用するアプリケーションによっては使用するネットワークのポート等が異なる。授業中に開放すべきポートの打ち合わせや，開放した場合にセキュリティをどう確保するか管理者と打ち合わせる必要がある。当然ネットワーク管理者はポートを開いている時の攻撃を恐れるのでなかなか自由には使わせてもらえない。

セキュリティは外からの攻撃を防ぐように考えられているが，内部からの攻撃には弱い。授業等で利用する教員や学生が中からセキュリティを弱めたりしないようネットワーク管理者は考える。しかし教員は利用することを中心に考え，ネットワーク管理者と意見が一致しないこともある。

大学全体として PC 利用を行う場合にネットワーク管理者と教員の連携は欠かすことができない。教員はネットワーク管理の一部分を了解してネットワーク管理者に迷惑を掛けないようにすべきである。ネットワーク管理者も授業者にセキュリティの重要性や確保するための方法などを伝えて，お互いに友好的な関係を築くように努力をしなければならない。

1.3 著作権

授業で使用する教材については著作権所有者がいる。映像の場合はかなり大人数の著作権所有者がいる。この著作権を保護しなければならない。

授業外で不特定多数の人が利用する形態では，学校教育で認められている著作権の例外規定は適用されない。そこで教材使用の範囲を限定しなければならない。教材をサーバ等にプールして授業や授業外学習に利用する場合に，著作権の知識は必須であり，本巻でも著作権保護の最低限のルールを押さえておきたい。

1.4 ICT 教育者と ICT 教育研究者

大学は2つの顔を持っている。研究機関としての大学と教育機関としての大学である。大学で授業をする教員も2つの顔を持っている。研究者と教育者である。この2つは相反するものではないので通常は問題ないが，大学での ICT を利用した教育を見ていく場合にはこの2つの切り分けが必要である。

ICT 教育研究者は授業を行う場合でも研究の一部として授業を見ている。つまり新しい機器や，新しいシステムを授業にどう生かしていくかを考えている。

当然教室の設備,システムにも高い要求をすることになる。

　教育者としての大学教員の中には,研究者としてはICTに関係がない者が含まれる。したがって大学で行われるICT教育は,ICT研究者とICT研究に関しての素人が混じっていると考えなければならない。ただし素人といってもICT利用教育に関わる高いポテンシャルを持っている。両者の間では行われる教育の中身も変わってくるし要求される設備も変わってくる。ICT研究者が教室設備に要求する内容は,必ずしも全教員が教室に求める設備ではない。

　そこで大学の多くは全教室を同じ設備にするのではなく,一部の教室をICT研究者の要求に応えるレベルにし,その他の教室はそこそこの設備に押さえることになる。大学は費用をかけた設備が使われなかったり「無駄に」投資することを嫌う。一般の教員から見るとICT研究者が要求している設備が「不必要にお金をかけ」「特殊で」「近づきがたく」見えてしまうことは否定できない。

　大学教員はファカルティ・デベロップメント (FD) が導入される前は,自らの授業手法を研鑽する場が欠けていた。研鑽ができるのは,自分が普段使わないある設備を見た時に,何に使うのか,どう使うのかをICT研究教員に尋ねる時である。利用法が分かればその設備を使う人が出てくる。教室が授業技術の研鑽の場となる。自分が使わなければ,自分が授業をする教室に,ある設備がなくても設備がないことに気がつく機会はほとんどない。多くの教室に必要な設備がすべて整っているべきである。そうすれば利用する教員の数も増える。ICT設備は「あったら便利な」設備ではなく,常にそこにあるべき設備である。

　FDが行われている現在でも,FDの一環で教室にある機器設備の利用法等を積極的に取り入れていないと状況は同じである。教室が教員にとって授業方法の研鑽の場となっている。ICT設備を利用することは一部の教員の趣味ではない。多くの教員が活用すべきものであることを理解していかなくてはならない。

　また大学間でICT教育に関わる教員数にはアンバランスがある。教員の中にICT教育研究者数が占める比率が少ない場合は,要求される設備が備わった教室数が少なくなったり,極端な場合は費用がかかりすぎるなどの理由で要求された設備が導入されないこともある。またICT設備は見た目ですぐに分かるので,多くの大学で学校説明のパンフレットに載せる写真になりやすい。そこで1教室だけは設備が導入される。しかし高価な設備を壊されては大変とばかりに管理が厳しく,気軽に活用できないといった例も見られる。

　ICT教育ではアプリケーションの購入やメンテナンスに費用がかかる。よく使われるアプリケーションほど頻繁にアップデートが行われ,使用者側でもイン

ストールなどの作業が必要となる。そのため ICT の利用に不慣れな教員のためには補助員，指導員といった補佐役も必要となる。大学全体の予算規模が小さい場合にはこのような部分への出費が膨らみ，支えきれなくなる場合がある。

　大学で ICT 利用をする場合，スムーズな運用ができるようにぜひ考えておきたい問題である。

1.5　教育研究補助としてのデータ処理

　ICT 利用の多くは直接教育に関わるものであるが，中には研究をサポートする手段として用いられることがある。たとえば言語データ処理である。

　現在自然言語をデジタル化した膨大なコーパスができあがっている。これはいくつかに分類される。話しことばのコーパスや，書きことばのコーパス，学習者が作成した誤文のコーパス（Abe, 2007）などが存在する。言語をコンピュータ上にデジタル化することでその特徴や統計を計測することが容易となった。

　何万語にも及ぶ言語データを1つずつ調べていくには膨大な時間と手間が必要となる。過去にはカードに書き取り，分類して処理をしてきた。辞書を作成するには語法の違ったデータをプールして分類する必要があり時間も手間もかかった。

　しかしコーパスがあれば同じ綴りの単語を探すとか，ある単語の前後にくる決まった単語を探すといった表面上の統計データは一瞬でできる。また意味を含む複雑なデータ処理をする場合にも大幅な時間短縮が可能である（後藤，2007）。

　言語データを処理した結果については本巻では扱わないが，データ処理そのものに関わる問題については本巻で扱う。この部分は大学の教育部分に関連するものではなく，研究部分に大きく関わりを持ってくるものと思われる。

　また CALL や LMS (Learning Management System) を使うことによって効果的な学習方法を考案することができる。

　CALL や LMS では様々な学習履歴が取れる。この学習履歴には学習者が入力した解答も記録される。誤答を入力した場合にどんな誤答を入力したか，どのくらいの時間でその誤答に到達したのかといった履歴が収集可能である。こういった履歴から学習者の学習経路，思考過程を知ることで教授法の修正や教授内容の修正を行うことができる。またこのような履歴から自動的に修正を加えることも可能となる（Ueno, 2008）。学習者の個人要因としては，学習ストラテジー，学習動機，学習性向，教室不安，発言不安などが研究されており，学習者の個人要因を検査し，アドヴァイスシステムを出力し，授業科目のガイダンスにも利用す

ることができる．今後はモジュール化された学習教材を個人要因に合わせて出力し，個人要因によりカスタマイズされた学習ができるようになると思われる．

2. コンピュータとシステム開発

2.1 学習管理システム

コンピュータを教育に用いるのに様々なアプリケーションを用いると，データの受け渡しやセキュリティの面から制御をすることが難しくなる．そこで総合型のシステムが必要になる．

学習管理システム（Learning Management System: LMS）は，その名称ができる前から，機能の一部はコンピュータのアプリケーションとして使われていた．電子掲示板（Bulletin Board System: BBS），ファイル転送，学習記録，メーリングリストがある．現在のLMSは問題作成やアンケート調査といった機能も含まれた総合的なシステムとなっている（岩崎他，2008）．

LMSの特徴はwebを利用してデータのやりとりをする点にある．web以外でデータの受け渡しをしようとすると通常使われていないポートを利用する．するとセキュリティの管理が難しくなる．そこでデータの受け渡しはすべてweb上で行う．

たとえばメーリングリストを利用した学習者と教授者の意見交換を考えた場合には，メーリングリストの設定を行わなくてはならない．この設定のコントロールやメール送信も一括しているシステムがLMSである．

またLMSは多くはパッケージとなっていて，1つ1つのソフトウェアをインストールしたり，設定したりする手間がかからない．管理者に最初に大きなプログラムをインストールして設定してもらえば，ほとんど設定を変更する必要がない．また設定する場合にもアイコンをクリックするだけで行える．

LMSは学習用といっても，通常のwebと見かけ上はまったく同じである．最初にIDとパスワードを入れるとトップページに入る．そのトップページの目立つところに掲示板として，教授者からのメッセージを提示することができる．学習者がログインするたびに，教授者からの新しい情報を伝えることができる．

2.2 LMSの機能

用意されたBBSを利用することで学習についての注意，学習方法，学習内容

を学習者に知らせることができる。また，不明な点があれば学習者は教授者に問い合わせることもできる。またそのやりとりは公開であるので他の学習者が参考にすることもできる。BBS も特にシステムを作成する必要はない。LMS を構築した時点ですでに完成している。教授者や学習者はそれを利用するだけである。

　一般の BBS やメーリングリストでは発言者や送り主を詐称したり，匿名にすることができる。しかし LMS ではログインしてから種々の機能を利用するようになっている。登録時に学習者の名前などを確認してから ID を発行するので本人確認ができ，意見交換の発言者名や教材やメッセージの送り主名に匿名性はない。ログインからログアウトまで，学習者が行ったことはすべて記録される。

　ある授業を履修している学習者に一斉にメールを送ることも可能である。またそのメールの送信についても学習記録として管理できる。学習者同士でメールのやりとりを可能にすることで発表等の共同作業をサポートすることもできる。

　ファイル転送では課題のファイルを受け取ったり，学習した課題の提出ができる。ファイル転送もすべて管理されているので，送った課題が教員に届かないとか，教員が送ったファイルが届かないといった事故を防ぐことができる。提出した課題に講評をつけて戻したり，採点をして，学習者に戻すことも簡単にできる。

　テスト作成やアンケート作成の機能を持ったものもある。テストの成績も一元管理されているので個人の成績を入れていくだけで平均点などの統計データも自動的に提示してくれる。

　さらに学習者のグループ化ができる。授業ごとや学年ごとにグループ化をすることができる。グループ化した場合には特定のグループだけにファイルを送ったり，メールを送ったりできる。設定にもよるが，たいていは学習者間でもお互いにこのシステムを通して連絡することができる。授業を欠席した場合の授業内容の確認や，宿題の確認等で連絡を取りたい時にもこのシステムを使って行うことができる。新学期に学習者を一括登録してしまえば，個々の教員が学生の連絡先が不明で困るというようなことはない。

　また履修登録システムと連動してしまえば，履修登録の締め切りから短時間で LMS の利用登録が行える。単独のシステムでなく，学校教育全体のシステム化を含めて構築していくことが望ましい。学校全体で構築している場合はさらにこのシステムと連動させ，新入生の段階からメールによる連絡や，web による履修等と組み合わせて，さらに大きな学習支援システムを構築することができる。

2.3 LMS の管理と運用

　LMS 利用にはきちんとしたシステム構築・管理が必要となるので少数の教員だけで利用するのは効率が悪い。そこで教員が多く集まって利用するか，学校全体，学部，学科等でまとまって利用することになる。大きな集団で利用すれば効率的である。メンテナンスは専門の人員に頼める。少数で利用する場合には，利用者がメンテナンスまで行わなくてはならず，利用の敷居が高くなる。

　LMS ではこのような学習環境を簡単に作成できる。そこで授業内で協同学習コミュニティを作成して，学習者間での意見交換等を行う場合にも利用しやすい。学習者間で評価を行わせるといった，ピア・エバリュエーションも行えるので学習者の自立学習の場の構築が容易となる。しかし，個人で作成できるシステムではないので，大学全体としての整合性の問題もある。市販のシステムもあるし無料のシステムもある。どのように使うのか，誰が管理するのか，誰がサポートするのか，誰が使うのかといった利用法について本項で考えていきたい。

3. CALL と教授法

3.1 CALL 機器

　CALL は Computer Assisted Language Learning（コンピュータ支援言語学習）のアクロニムである。以前は CAI (Computer Assisted Instruction) と呼んでいたが視点が学習者へと移り，Instruction が Learning へと変わって CAL (Computer Assisted Learning) となった。言語学習に特化した場合は CALL と呼ぶ。これが CALL の広義の定義である。しかし現在ではいろいろなタイプの授業がコンピュータを使う。CALL と言っただけではあまりにも漠然としている（湯舟，2007）。そこでたいていは狭義の定義を用いる。

　日本では LL (Language Laboratory) が語学学習に用いられていた。LL では音声と映像の教材を教員から学習者に送ることができ，学習中の音声をモニターし，学習後の音声を教員に送ることができる。さらにペアレッスン，グループレッスン機能がある場合は学習者同士で音声の交換ができる（大八木，1986）。

　LL 機器が発展していくのと呼応して，急速に集積回路（IC）の回路規模と性能が向上してきた。LL ではいろいろな機器を LL コンソールからコントロールして動かしていた。これをアナログで制御するよりデジタルで制御する方が正確に行えるため IC が機器の部品として使われるようになった。LL で使われてい

る機器についても部品としてデジタル機器が用いられるようになり，最後にはLLのすべてが音声系を残してデジタル化されるようになった。

　デジタル化が進むと機器の制御をデジタルデータの送受信で行うようになっただけでなく，音声系のデータもデジタルで送るようになった。PCでネットワークを組み，音声のデータの交換をすることが可能となった。そこでLLで使っていた各種の機器を，コンピュータのアプリケーションとして1台のPCの上に載せて，旧来のLLの顔を持ちながら制御とかデータはすべてデジタルにしたシステムができあがった。教員が利用する場合には旧来のLLと同じである。

　すべてがデジタル化されたのでPCで用いる教材も学習者に送ることが可能となり，学習者一人に1台のPCを設置し，PC教材を教員から学習者に送ったり，学習したPC教材を教員に送り返したり，学習者がペアやグループを組んでその中で教材を共有できる機能が追加された。

　このシステムを狭義のCALLと呼ぶ。この定義であればLLを利用したことがある人には「コンピュータの機能が利用できるLL」と説明すれば，だいたい授業で利用できる機能が分かる。

3.2　CALL 授業と管理

　CALLを利用した大学の授業は基本的にLLで行われていた授業形態と同じである。教材の提示（音声の再生，映像の再生，プリントの配布），教材を利用した学習活動（録音しながらのリピート，Q&A，比較のための教材と学習者の音声の同時再生），活動後の教材の回収（配布プリント，リピートやQ&Aを録音した音声）がシステム上で行われる。紙での教材配布は行わず，デジタルメディアを用いることで管理が容易になる。映像や音声を使った教材も必要な部分だけを配布することができる。時間を短縮したい場合には，音声や映像を再生しないで配布することができる。従来のアナログの場合は再生したものを録画・録音することしかできなかったため，5分の教材の受け渡しには5分かかっていた。回収教材も一括して管理することができ，物理的な空間も極端に少なくてすむ。

　多くの大学では，語学学習用に設備されていたLLを機器更新する場合に，CALLに更新していくことが多い。音声系もデジタル化することで今まで使っていたテープレコーダやMDプレーヤの代わりを，コンピュータのアプリケーションにすることができた。これによりネットワーク化したコンピュータ教室がCALLへと変わる。映像教材や音声教材は教員が意識することなくデジタル化して転送してくれる。

アナログ系（音声）のメンテナンスを行う必要もなくなる。情報系のアシスタントがいれば運用することができる。このアシスタントは情報系の設備のアシスタントを兼ねることができる。

LLの更新が行われていくとCALLはスタンドアロンPC，ネットワークPC教室についてもっとも多く大学で見られるICT設備ということになる。それだけに実際の運用の仕方とか授業方法の知識がない人が中心になって導入すると，実際の授業には相応しくないようなシステムとなる恐れがある。いくつか既存のCALLシステムもあるが，アナログの時代とは異なり，授業で行う動作はすべてプログラム化しておかなくてはならない。導入時に仕様書を作成するが，授業に必要な仕様を網羅しておかないととんでもないシステムとなってしまう。

CALLは，メディア利用の中でももっとも多く大学で用いられていて，もっとも問題となりそうなものなので，しっかりとした知識が要求される。

4. 情報ネットワークと教育

4.1 ネットワーク

古くからアメリカの大学を中心に大型コンピュータはネットワークを組み，それがインターネットへと発展した。ネットワークにデータを流したり，遠隔地からデータを取り寄せることができることは大学教育の上で大きなメリットである。

ネットワーク利用だけでは教育メディアを利用しているとは考えられないかもしれない。しかし現在のメディア利用の場面を思い起こしてみると，ほとんどがネットワーク活用の場面である。前述のCALLを考えても以前はLLのように音声をアナログ音声ケーブルでつないでいた。今はデジタルのネットワークで接続し音声データを送受している。ネットワークを利用しているのだから，CALLでさえもデジタルネットワークを延長すれば，教室外に延長することができる。

授業内でのネットワークは，企業のネットワークとはデータ転送のトラフィックの集中の仕方が異なる。企業では，利用者がそれぞれ自分の仕事に合わせて自律的にネットワーク接続をすることが多い。大学の授業では，教員の指示に従ってPCを操作するために「一斉に」アクセスすることが多い。「一斉に」ネットワークにアクセスすると待たされるPCの台数が増えてくるため，ネットワークのパイプを太くする必要がある。以前は費用がかかるためなかなか実現しなかった。また，一人で接続した場合には快適に利用できても，授業で学習者が一斉に

使うと転送が遅く授業が立ち往生した。これがスピードが上がって解消することで，ネットワークの授業内での利用は格段に利用しやすくなった。

1大学内に止まらず，転送スピードの上がったネットワークを介して情報のやりとりができる。今まで大学で行っていた外国語学習は，「社会に出てからの練習」を前提としていたが，今や「社会で実際に使われている外国語」を教材として使うことができるように変化した。練習と実際では対応の仕方も異なる。この変化についても大学教育としてどうするのか考えていく必要がある。

4.2 遠隔教育

遠隔教育については，古くは学校に通えない学習者が自宅で学習するための手段と考えられた。たとえばアラスカやオーストラリアの一部で自宅の周りに学校がないような環境での教育手段である。放送を使った教育が中心となっていた。しかし現在では自宅から外国にアクセスするような利用法になり，初期の利用とは違った利用の仕方が行われている。

放送大学では，授業を担当する教員が内容についての企画や放送内での解説も行う。授業者は同じ教室にいるのではなく，放送を介して遠隔地にいる学習者に学習内容を届けている。教科書を利用したり，授業を視聴した後の課題等をまとめて印刷したものを合わせて利用することで効果的な運用ができる。

同様のことを衛星を使ったり，ネットワークを介して行うことができる。最近のこういったブロードキャスティング型の授業では，学習者側からのフィードバックがすぐに行われる点が今までの一般的な放送と異なる。旧来の番組では放送内容そのものにリアルタイムでフィードバックをすることはない。新しいシステムでは授業中にメールやBBSを介して質問ができたり，放送した内容の課題の提出をリアルタイムで行うことができる。

このように放送の形態を両方向にすることで，テレビ会議システムのような授業ができる。複数の場所に学習者が集まって情報交換をする形態について本節では考えていく。放送とは異なりそれぞれの場所から映像・音声・文字データを送りそれに対する反応もすぐに送る。インタラクティブな授業展開が可能となる。

大掛かりな映像配信の場合は衛星などを介して行うが，簡単にインターネットを介して行うことも可能である。大学での利用の場合にはビデオ会議システムのような機器を利用することができる。

このような双方向コミュニケーションの場合は，同時間帯に双方の学習者（または学習者と教授者）が集まることが前提となる。遠隔地の学習者同士が集まる

場合に時差の問題が出てくる可能性がある。通常のインターネット利用の学習の場合は，転送した内容をサーバーにプールする。学習者は自分の利用可能な時間帯に利用すればよい。この双方向コミュニケーションの場合は同時間帯という拘束がかかる。テレビ電話と同様にこの時差を乗り越える工夫が必要となってくる。

　大学ではすべての授業をこのブロードキャスティングを用いて行うのではない。教員の移動が時間的，金銭的な制約で学習者のもとに行けないような場合に用いることが多い。大学で複数のキャンパスが離れているとか，海外の提携校との交流とかに利用されている。大学の国際化の中で，異なる文化や視点を持った人たちとの意見交換で新たな切り口を作っていくことができる。

4.3　新技術と教育拡大

　手軽にデジタルデータを送信できるようになったために，素材だけをブロードキャスティングすることも考えられる。授業の一部として教師の説明・解説は授業内で行い，家庭や，大学での授業時間外の学習に必要な素材はブロードキャストされたものを使うことができる。単一のサーバーにデータを蓄積して，教員はそこへデータを貯める。学習者は授業でも家庭でもその同じサーバーからオンデマンドで視聴することができる（芝崎，2007）。課題の提出等もネットワーク経由で行うことができる。

　ブロードキャスティング形式は，同一の場所に集まって授業するのが困難だから行うのではなく，授業として設定された時間枠の外の学習（たとえば家庭学習等）を補助するために行われることが多い。

　教材はライブラリーとして蓄えておけば，必要な時にいつでも利用することができる。家庭にいて学校で利用するものと同じものが利用できるので非常に効果的な運用ができる。メディアを利用して授業時間外の学習，特に家庭学習をサポートするシステムを構築することができるようになった。

　学外から学内のネットワークへのアクセスについても変化した。以前は電話でダイアルアップして，デジタルデータをモデムでアナログに変換し電話で送り，またモデムでデジタルに変換するという方法でネットワークにつないでいた。このような利用法はほとんどなくなり，直接家庭から光ファイバー回線で接続する方法が中心となってきた。

　このような変化と並行して利用度が上がってきたのが携帯電話からのアクセスである（石川，2008）。以前は大量のデータ転送ができなかったため，通常のイ

ンターネットとは別の利用法が考えられてきた。データ転送速度もあがり携帯電話から学内 LAN に接続することも大きな問題はなくなってきている。携帯電話を使ってのネットワーク利用については，キーボードが使いにくい，英語の入力がしにくい，入力を1指だけで行う，画面が小さいなどの欠点があり，有効利用のためにはまだ研究の余地がある。しかし特別に新しい機器を購入する必要がなく，手持ちの機器で利用できることは大きなメリットである。転送速度が上がり，特別なアプリケーションやコンバータなしに「直接に接続される」方向に動いているのでこれからもその利用が拡大されるものと考えられる。

　学習の時間は大学で授業している時間内だけではない。学外から利用することによって，学生は自分が利用できる時間帯に自由に行うことができる。学内で利用できたものは自宅からも利用できる。学生が自分の時間を拘束されることなく学習することで，さらに学習効率を上げることができる。授業の拡大，時間の有効利用といった点で考察していくことが重要である。

おわりに

　メディア利用の分野は，技術の進歩に伴い内容が日々更新されていく。この原稿を書いている段階でも新しい技術が開発されたり，古い機器が利用できなくなっている。数年前まで授業ではカセットテープを使った LL システムを利用していた。今では学習者が自宅にテープレコーダを持っていないために使えなくなっている。学生が音声教材を持ち帰るのに共通のメディアを使うことができずコンピュータのファイルで配布したり，CD を焼いたり，web に貼り付けて受け取らせたりいろいろな手段が必要となっている。この巻では現時点での情報をできるだけコンパクトにまとめて，新しいメディアの利用法について情報提供をしていく。

　今後も社会から ICT が消えていくことはない。私たちが ICT を特別な道具としてではなく身近な教育機器として利用できるよう考えていきたい。大学英語教育学会はそのための情報を提供し，大学での施設整備，カリキュラム，授業方法に新しい提案をし，授業に貢献していきたいと考えている。

第13章

テスティングと評価

はじめに

　日本の英語教育は，中学校・高等学校・大学とそれぞれの教育機関で実施されているが，一貫性に欠ける面が多く，常に中・高・大の連携の必要性が指摘されている。特に英語学習の最終段階にある大学は，中・高での英語学習体験者を受け入れ，人材を社会に輩出する責務を持っているが，大学生がどのような英語学力をつけ，能力を開発して卒業していくのか，常に検証していかねばならない。入学時から卒業時までの継続的なデータの収集と分析がカリキュラムの見直しや，教授法の改善につながり，全体として教育効果が高まるからである。

　テストと評価は有機的な関係にあってこそ，はじめて意味を持つ。テスト以外の方法，たとえば，アンケート調査や面接，観察などによってデータを集め，それを評価活動に使うことは可能であるが，テストがもっとも広範囲に利用されている測定法である。テストのためのテストはあり得ず，評価など何らかの目的があって使用される。

1. 変わりゆく大学での評価

　1991年の大学設置基準の大綱化以降，多くの試みが行われてきているカリキュラムやシラバスなどの改善は，大学に強く求められている説明責任の一例である。それは，組織としての大学のみならず，大学の構成員である教師にも課せられている責任でもある。英語の評価やテストについて，従来どのような意識が教師にあり，どのような意識改革が必要なのか，また，評価方法が多様化する中で，外部テストの意義を考える。

1.1 評価の重み

　大学の英語教員は入試を除き,学生の成績評価やテスト方法に強い関心を抱いていなかった。大学英語教育学会実態調査委員会(2003)の報告によると,回答した英語教員(787人)が今後改善すべき点としてもっとも多く選択したのは「クラスサイズ」(42.8%)であり,もっとも少なかったのは「評価・テスト法」(8.8%)である。また,同委員会報告(2007)では,学生が大学教員にもっとも強く望むものは,「授業の工夫」であり,学生全体(4,386名)の52%を占め,「妥当な成績評価」と答えた学生は全体の6.5%であった。この数字を見る限り,教員も学生も評価やテスト法には,関心が薄いことが分かる。大人数の授業では「工夫」は容易ではなく,教師の授業負担も大きいことから「クラスサイズ」の適正化が教員に強く意識されるのは当然であろう。これに比べて,テストや評価に関しては,大学では,中学や高校ほど頻繁に行われておらず,大学教師はこの問題の重要性をさほど強く意識してこなかったのではないだろうか。
　しかし,大学を取り巻く今日の社会状況はきわめて厳しい。「外部評価」「自己点検評価」「学生授業評価」などによって,大学と教員が研究や教育の面で評価される時代となり,評価の問題が大学教育全体に大きな位置を占めるようになってきている。また,入試にしても,「一般入試」に加えて,「AO入試」「推薦入試」,帰国子女・社会人を対象とした「特別選抜」などの多様な選抜方法が求められるなか,方法や内容など入試のあり方を検討する必要に迫られている。一方,全入時代の到来により,入試の選抜機能はますます弱体化する傾向にある。その結果,多様な学力を持つ学生が入学するようになり,習熟度別のクラス編成や補習クラスを設けるなどして,その対応に追われる大学もある。大学卒業生の学力低下に対して,文部科学省は「大学は,学修の成果に係わる評価及び卒業の認定に当たっては,客観性及び厳格性を確保するため,学生に対してその基準をあらかじめ明示するとともに,当該基準に従って適切に行うものとする」との通達(文部科学省令22号平成19年7月31日)を出し,成績評価基準の明示と厳格な成績評価を実施するよう求めている。

1.2 外部テストの導入

　大学入試の学力検査に,面接・小論文・実技検査などが加わるようになり,多元的な評価尺度により,受験者の能力や適性などを多面的に判定するようになった(文部科学省,2008b)。この多元的評価尺度は,入試の代用や入学後の単位認定用に外部テストを使用することに拍車を掛けている。国際ビジネスコミュニ

ケーション協会（2009）によれば，調査実施校1,774校（大学院600校，4年制大学724，短大388，高専62）のうち，入学試験にTOEICを活用している学校は，全体で536校（30.2%）である。内訳は，大学院が149校（24.8%），4年制大学が284校（39.2%），短大が78校（20.1%），高専が25校（40.3%）となっている。単位認定にTOEICを利用している学校数（単位認定活用状況の調査対象外の大学院を除く）は454で調査実施校全体の25.6%，4年制大学では331校（45.7%），短大では76校（19.6%），高専では47校（75.8%）である。

　国際教育交換協議会（CIEE）日本代表部TOEFL事業部（2008）によると，入試にTOEFLのテストスコアを利用している大学は，有効回答数426校中の43%の185校で，国立大学37校，公立大学14校，私立大学134校と，私立大学の数が多くなっている。利用方法は，私費外国人留学生入試が多く，AO入試，推薦入試にも使われている。複数回答による使用理由は，全体の64%が「英語運用能力を客観的に測定できる試験であるから」，34%が「世界的に普及している試験だから」，33%が「学生に対して客観的な評価基準を示せるから」，32%が「信頼性の高い試験だから」となっている。単位認定については有効回答数293校中，48%の141校，国立大学43校，公立大学10校，私立大学88校で実施されている。認定する理由として，87%が「英語運用能力を客観的に測定できる試験であるから」，59%が「学生に対して客観的な評価基準を示せるから」，43%が「信頼性の高い試験だから」となっている。この結果を見る限り，TOEICやTOEFLを活用している大学がかなり多いこと，また，このような外部テストを，客観的に英語運用力を測定でき，明確な評価基準を持つ信頼性の高い試験と見なしている大学があることを考えると，外部テストの大学英語教育に与える影響は無視できない。

　ここに，テストにとってもっとも重要な信頼性と妥当性の問題が出てくる。特に入試の判定結果は受験者の将来を左右することもあり，その決定を翻すことは困難である。受験生にとっては，高いリスクを伴う入試であるがために，高い信頼性と妥当性が求められる。また，大学入試の内容と形式は，高校の英語教育に波及することもあり，その内容と方法に影響を与える。大学入試センター試験にリスニングが採用された結果，高校では音声英語が重視されるようになってきたのはその一例であろう。

2. テストの概念・種類とテストの開発

入試の作成や採点にあたっては信頼性と妥当性を慎重に検討しなければならない。試験内容が高校での学習内容に沿っているか，制限時間内に解答可能か，既習の知識や技能を測っているか，採点者の間で採点結果に大きな差が生じないかなどである。しかし，このような検討はなされても，信頼性や妥当性を統計的に処理し，そのデータを蓄積して次回の入試に役立てるような試みは依然少ない。これは我々が持っているテストの概念が学力検査のような狭い概念からきているからではないだろうか。そこには測定という考えが入っていない場合が多い。

2.1 テストの概念・種類

テストは試験を意味することが多いが，テストの専門家は，大学入試は合否に関わる受験者の学力・適性などをテストという形によって，測定することであると教えてくれる。テストとは，「パフォーマンスの特定なサンプルを引き出すことに関心のある測定の一種」であり，測定（measurement）とは，「明確な規則と手順によって，対象とする特性を数量化するプロセス」である。アセスメント（assessment）はさらに広い概念であり，「体系的かつ実質的な根拠に基づいた手順によって，ある目的のために情報を収集するプロセス」である（Bachman 2004: 6-9）。言語テストは，受験者に解答すべき問題を与え，彼らの学力や能力をサンプルとして引き出し，テスト後に個々の反応を点数化することである。

テストはその目的や用途によって区別される。アチーブメントテスト（到達度テスト）は，一定期間に習得した英語学力やスキルを測ることを目的にしている。熟達度テストは，TOEFL，TOEIC，英検のように，受験者がどのような学習経験をしたかに関わりのない現状の英語のレベルを測定する。集団基準準拠テストは，受験者の得点を，受験したグループの中に位置づけ，他の受験者との相対的な関係において評価するテストである。目標基準準拠テストは，受験者が設定された基準に達しているかいないかを測定するテストであり，他の受験者の成績には左右されない。プレイスメントテストは，受講者を適切なコースに配置するテストであり，現在多くの大学で実施されている習熟度別クラス編成は，何らかのテストデータや個人の申請などに基づいて行われている。診断テストは，受験者の文法・語彙・技能のうちどこが強く，どこが弱いのかを判断し，以後の学習にその結果を活かしていくものである。

学校教育でのテストの使用目的は，期末テスト・中間テストのように，一定の期間実施された学習の効果がどの程度学習者に見られるかを知るためであり，総括的評価につながるテストである。一方，学習過程において学習者からのフィードバック情報を得て，指導方法，使用材料などの改善を目的とする形成的評価にもテストは有用である。

2.2 テスト開発

JACET のテスト研究開発委員会は長年にわたり，テストの開発研究を行ってきた（大学英語教育学会，2002）。現在，英語聴解標準テスト（Form A & B）をはじめ，英語基礎コミュニケーション能力テスト（Basic A & B），英語中級聴解標準テストの3種類のテストが利用できるようになっている。

一般にテスト開発はテストの作成と使用に関わる全過程を指し，基本設計，操作化，実施の3段階からなると言われている（Bachman & Palmer, 1996）。これらの一連の流れの中で，基本設計および測定内容の定義とその構造化はテスト開発の基本と言える。テスト開発者は，テストの利用目的や場面に合わせて，測定内容・形式・実施方法・手続き・結果の利用方法・対象者の範囲などを明確に定め，基本設計を行い，さらに，測定しようとする能力・学力・性格などの特性を明確に定義し，それが表現できるような適切な尺度を構成する（日本テスト学会，2007）。このような理論的知見を踏まえながら，より具体的にテスト作成における総合的重要項目である，テストの目標・種類・形式・内容・所要時間・実施方法などを述べ，その際にテストタスク，プレイスメントテスト，診断テスト，アチーブメントテストなどテスト開発に関する理論と方法を検討する。

2.3 英語能力・検定テスト

TOEFL／TOEIC／英検／ケンブリッジ英検などの外部テストは，社会的認知度の高いテストであるため，留学などの個人による対外的利用のほかにも大学内のクラス分けや単位振替認定，さらには，入学時の受験代替資格要件として用いられている。しかしながら，いずれのテストも項目内容および受験者の項目ごとの解答データが大学側に提供されないため，ブラックボックスとしての合計（もしくは部分）得点，あるいは級のみの利用に限定され，細かい学習項目に立ち入って診断を下すことができない。従来，授業内容とリンクした外部テストの利用はいかにあるべきかが，十分論じられてこなかった。また，いずれのテストも，近年，CEFR（外国語の学習・教授・評価のためのヨーロッパ共通参照枠）など

に見られる絶対能力基準の考え方を取り入れ始めており，単一尺度のスコアもしくは級で評価を出すことに無理が生じている。したがって，多元的言語能力観の立場から，これら外部テストの内容および利用形態のあり方を検討しなければならない。

3. 英語学力の評価論と測定論

英語学力を測定し，評価するためには，その対象を明確に規定する必要がある。学力を構成する要因は何かというテスト理論の発展は，測定値であるテスト得点の解釈にどのような新しい視点をもたらしたのか。

3.1 英語学力評価論

言語テストは言語能力を測定するための１つの手段である。優れた言語テストには他のテストと同様信頼性と妥当性が要求される。信頼性は測定値の安定性を示す。一方，妥当性はテスト得点と測定対象能力との関連で捉えられ，テストが測定の対象とした受験者の学力や能力をどの程度推測できるかを示す。妥当性はテストが満たすべきもっとも重要な要件である。テストで何を測定したいのかが分かっていなければテストには意味がないからである。そのためには，英語のテストでは英語力とは何かがはっきりと定義されていなければならない。英語の能力を問うことは，すなわち構成概念（construct）を定義することである。しかし，構成概念は必ずしも実証的に検証されているとは限らず，時代とともに変化する。そして，その変化は文部科学省の意向であったり，英語教育関係の有識者の議論の結果であることがむしろ普通である。

学力とは何かに答えるためには，英語学力論争，英語の知識と運用能力から「使える英語」の構造，学力観の変遷（個別学力と統合的学力など）を通して，我が国では英語力，すなわち構成概念をどのように定義してきたのかを歴史的に検討する必要がある。評価基準と評価規準の観点から学校教育における英語能力テストと外部テストを比較して，言語評価研究における言語能力の構成概念とその定義を明確にする。英語学力評価は英語力を知るために行われているのか，さらにこのような流れとは別に実証研究においては言語能力がどのように定義されてきたのかを検討する。テスト研究における言語能力と我が国で行われてきた英語能力とを比較検討し，我が国における英語能力のあり方を整備する。

3.2 英語学力測定論

　テスト理論は，古典的理論に始まり，一般化可能性理論，項目応答理論へと発展してきた。古典的理論はもっとも歴史があり，英語教育においても標準偏差，標準得点，項目困難度，項目弁別力，キューダー・リチャードソン信頼係数，などの測定法として使われてきた。しかし，大友（1996）によれば，この測定結果は受験者集団や実施するテストに左右され，個人間の学力差や異なるテスト間の比較が困難である。これに対して，項目応答理論には，異なるテストを用いても共通の尺度の上で学力を測定でき，異なる集団に実施しても共通の項目特性に関する値を求めることができる，などの利点がある。一般化可能性理論では，測定誤差を多枝選択，ディクテーション，面接などのテスト技術，テスト用のパッセージ（医学や科学など異なる材料）や評定者などに細分化して，それぞれが測定値に及ぼす影響を調べることが可能である。

　英語学力測定値としてのテスト得点の解釈について，実践的立場から検討する。まずはじめに，テスト得点の統計量について解説する。続いて古典的テスト理論による項目分析について説明し，その意義と限界について述べる。項目応答理論に関しては，その必要性および基本的な考え方について概説し，応用例を紹介する。信頼性とその推定方法については，古典的テスト理論，一般化可能性理論，項目応答理論，それぞれの立場から説明する。最後に最近の妥当性の考え方を紹介し，テスト得点の解釈や使用の適切性を評価する妥当性確認のプロセスについて述べる。

4. 英語教育評価論

4.1 観点別評価

　2002年4月に中学校に，その翌年の4月に高等学校に「目標に準拠した評価」が導入された。実践的コミュニケーション能力の養成など学習指導要領に示されている目標を，コミュニケーションへの関心・意欲・態度，表現の能力，理解の能力，言語や文化についての知識・理解の4つの観点に分け，この観点に何を評価するのか，評価の対象である評価規準を設定して，どの程度達成したかの評価の基準を定めるようになった。

　一方，従来，大学においては，評価や単位の認定は授業担当者の自由裁量に任された部分が多く，担当者が「単位を与える」という考えが蔓延していたため，

主観的絶対評価が行われやすく，指導の目標や評価の規準と基準も教師個人の中で完結していた。いわば，カリキュラムというシステムとしての評価機能が欠如して，評価の結果も教師の間で大きな差が生じやすく，評価の透明性にも問題があった。このような事態を受けて，大学の中には評価規準と評価基準を設定して，学生の到達度を測る試みも見られる。広島大学外国語教育研究センター (2008) では，各授業のシラバスに示された評価の観点に基づいた評価規準と評価基準を作成している。例えば，1年生のスピーキングの授業では，1) インタラクションとしての会話，2) 自己表現，3) 語彙・文法，4) コミュニケーションへの積極的な態度を評価の規準として定め，1) については，発話がどの程度自然かつ明瞭であり，相手に必要な情報を与えているか，2) については，自己の考えや意見をどの程度明瞭に表現しかつ，論理的で説得力があるか，3) については，広範な語彙と文法を正確に使用しているか，4) については，コミュニケーション活動に対してどの程度積極的でコミュニケーションの継続を試みているか，などの評価基準を活用して，スピーキングの到達度を評定している。

4.2 英語学力の評価と教育評価

多くの大学生が1～2年次に受講する教養英語の授業に関わる学力の評価 (assessment) と，教育活動の評価 (evaluation) の具体的な指針が必要である。そのためには，次のような課題を解決しなければならない。第1に，この授業で伸長される到達度に関して，継続的評価をどのように実施すれば，受講生の学習支援に活用できるか，第2に，一括的評価をどのように実施すれば，受講生の成績決定に活用できるか。また，受講生の学習開始時の熟達度をどのように評価して習熟度別クラス編成に活用するか，受講生の学習終了時の熟達度をどう評価して，就職・進学時の英語力の証明に活用するか。第3に教育活動の評価のうち，授業評価をどのように実施して，個々の授業の改善に活用するか，教育課程評価をどう実施して，全学の教養英語の教育課程の改善に活用するかである。

5. 英語入学試験

大学入試センター試験問題と二次試験にはどのような相違があるのか，受験生にとって入試の難易度とはなにか，リスニング導入はどのような問題を提起しているか。

5.1 難易度の問題

大学入試で受験者にとってもっとも関心があるのはテストの難易度である。センター試験の主たる目的は、「大学（短期大学を含む）に入学を志願する者の高等学校段階における基礎的な学習の達成の程度を判定すること」（大学入試センター，2008: 4）であるが、各大学が実施する二次試験は、大学によっては予備校へ通う受験者と中高一貫6年制出身者が有利であると言われるほど、難易度が高い場合がある。共通一次試験が始まるまでは、入試問題の出題範囲が指導要領から逸脱しているなど、問題の難しさについて高等学校関係者から抗議の声があがっていたが、最近は、センター試験は高等学校、二次試験は予備校と守備範囲のすみわけが進んでいるとも言われている。また、国立や私立の難関大学と、学生定員の確保を優先せざるを得ない大学では、入試の意義も異なっている。このような大学入試の現状を踏まえ、JACET8000の語彙レベルを参照して、入試問題を分析して、難易度を検討する。

5.2 入試におけるリスニング

センター試験にリスニング問題が取り入れられたことで、高校の授業に負担が増えている。リスニングには内容の把握のみならず聴覚の訓練という運動系のトレーニングも要求され、この訓練には相当な時間を要する。リスニング問題がどのように高校の授業に負担を掛けているか、その影響を検証する必要がある。一方、リスニングの導入により、音声面の評価が可能となったが、センター試験には、依然として紙面を用いた音声問題などが出題され、作問には発想の転換が行われていないなど、リスニング問題作成技術の見直しも必要である。

入試問題の作成の観点から見ると、作成者側の作問能力を疑問視せざるを得ない問題もあり、入試問題としての妥当性が低い場合もある。作問者は、問題作成のknow-howを身につけておくべきである。入試が狭き門と広き門に二極化した現状を分析し、あるべき入試問題を大学の視点のみならず、高校の視点からも捉え、英語学力測定試験として満たす条件を考察することが重要である。

6. 英語技能と語彙力の測定・評価

コミュニケーション志向の英語教育には4技能の養成が不可欠である。構造主義の言語観では、音声情報・文字情報、受信・発信の2つの視点から4技能を分

類し，その特徴が明らかになった。その後コミュニケーション言語観により，口頭での発信技能であるスピーキングが強調され，発話の適切さ・流暢さ，コミュニケーション方略の使用などの要素を入れた教室活動が行われるようになった。ライティングにおいても，従来行われてきた和文英訳のように伝える情報が与えられている活動ではなく，書き手が伝える情報を自分で探し，内容を整理し，読み手を想定して適切な表現を用いて，読み手に伝える活動へと変わってきている。文字情報を理解するリーディングでは，英文和訳はしだいに姿を消し，必要とする情報を読み取り，内容を精査し，批判する活動が多くなっている。リスニングでは，音素・イントネーション・アクセントなどの言語要素の判別よりも，談話における内容の把握理解が強調されている。

プランニングやモニタリングなどのメタ認知能力は，4技能習得の基盤をなす重要な要素である。どのような情報を必要としているのか，また発信しようとするのか，事前に計画を立て，4技能の活動の目的や目標を明確にし，情報の関連性を前もって整理する。モニタリングでは，自分の理解度をチェックして，必要であれば，読み返したり，聞き直した上で，書き直したり，言い直したりして，所期の目的が達成できたかを判断する。

6.1 リスニングとスピーキングの測定と評価

どのようにすれば，信頼性と妥当性の高いリスニングやスピーキングのテストを作成できるか。まず，その能力や技能を測定する前段階としてきわめて重要なことは，リスニングやスピーキングの能力や技能の構成概念や要素を規定し，リスニングとスピーキングの特徴を特定することである。その際，特に音声英語の測定に伴う困難点（注意点）も十分認識しておかねばならない。そのためには，リスニングやスピーキングの代表的な測定方法を検討して，その有効性と限界を理解し，データを首尾よく収集する準備が重要である。リスニングとスピーキングのテストの開発に当たっては，開発の手順を明らかにし，各段階での留意点を記述することによって，信頼性と妥当性の高いテストにつながる。

6.2 ライティングとリーディングの測定と評価

文字情報のライティングとリーディングのテストについても，基本的には，スピーキングやリスニングの測定と評価と同様な手順が必要である。まずは，先行研究を精査することで，この分野でこれまでどのような教育および研究の蓄積があったのかを十分検討することから始まる。たとえば，リーディングでは，読解

力評価に関するこれまでの研究の中で,特に,L1の読解力とL2の読解力の関係,読解用パッセージの特徴が読解に及ぼす影響などに関する研究が特に重要である。くわえて,様々な形式による読解力テスト問題例を批判的に吟味し,読解力を評価するためのテスト項目作成における留意点を考える。その上で,ライティングとリーディングの測定と評価を改善するための方策となる,より信頼性や妥当性の高い測定・評価方法が求められる。また,開発したテストによる測定・評価の結果をどのように,ライティングとリーリングの指導に有効に結びつけるのか,活用するための方策をそれぞれ議論する。

6.3 語彙力の測定と評価

語彙力はすべての技能にわたって基本となる要素である。Koizumi (2005) は,中学3年生と高校1年生のスピーキング能力の半分以上は,発表語彙知識によって,また,その5分の1は語彙知識を使う運用能力によって予測が可能であると報告している。リーディングにおいては,未知語数がパッセージ全体の語彙数(トークン)の2%を超えると文脈からの意味推量が困難であると言われている。

このように語彙力が英語技能の中核をなすことを確認して,英語学習者の語彙力の測定に関して,サイズ・深さ・連想等の問題を概括するとともに,語彙力を受容的側面と発表的側面に分け,それぞれの側面で学習者の語彙力を評価する基準や語彙テストを取り上げ,それらの特徴や問題点について考察する。また,近年注目されている語彙的豊かさに対する計量的な評価指標を取り上げ,これらの指標の統計的特徴や指標間の相関関係について述べるとともに,これらの指標を用いた研究例を示す。

おわりに

以上,テストと評価に関する一般的な説明に加えて「英語教育学大系」第13巻の内容を概略記述したが,この巻の特徴は, 1)英語学力の理論と実証的な研究を踏まえ, 2)英語学力の測定・評価の理論とその結果処理の方法を示し, 3)大学英語教育をサポートする測定と評価法を提示することである。

[Abstract in English]

A Series of Studies on English Education (13 Volumes)

Volume 1

A Study on University English Education
—Its Perspectives and Areas—

Part One
Perspectives of University English Education

Chapter 1
Overview of Discussion Points and Analyzed Areas

This chapter provides an overview and some perspectives of university English education in Japan. The former is explored in terms of the purposes, goals and means English education as a whole. The latter can be roughly divided into three areas: 1) coordination and collaboration within the related fields and a review of language policies from overseas; 2) relevant issues, including internationalization and computerization, industry-university cooperation and popularization of university English education; and 3) discussions of aims, viewpoints of language and culture, and liberal art principles of English education.

Chapter 2
Coordination of University and Elementary/Secondary English Education

This chapter argues that the progression in English education from elementary to junior high to senior high school, and ultimately to university must be uninterrupted and cohesive. In this connection, elements of special interest in the new Courses of Study for Elementary, Junior High, and Senior High Schools will be discussed. It also takes a particular grammatical construction for example and considers how it should be taught at schools of various levels. It finally points out challenges to achieving the desired degree of cohesion in English education across levels of study.

Chapter 3
Inter-disciplinary Research

English education at the university level is informed by research in applied linguistics and related fields such as the teaching of first, second and foreign languages, pragmatics, and language and communication. This chapter reviews such inter-disciplinary research activities which are essential for the development of effective language teaching methods and practices. Also presented are the activities of governmental institutions and other academic organizations related to English and language education within Japan. Finally, projections are made of prospective activities of such entities.

Chapter 4
Language Policy and University English Education

English has become the universal language of our planet. What are the implications of this development for Japan and the Japanese? Let's take a look at the two contrasting language policies of the world. From 1999, Singapore has adopted the policy of monolingualism. The Ministry of Education of Singapore is encouraging the use of Standard English. In contrast, the European Union is pursuing the policy of plurilingualism, encouraging the citizens of member-states to attain plurilingual and pluricultural competence. Japanese government should adopt the mild version of bilingual language policy. As for the aim of university English education in Japan, it should be English for Academic Purposes and English for Special (Specific) Purposes.

Chapter 5
Internationalization of University English Education

University English education in Japan has gradually been internationalized through faculty and student exchanges and ICT-assisted instruction conducted jointly with overseas institutions. As a result, the model has gradually changed from native speaker English to English as an International Language (EIL), an amalgamation of American English, Indian English, and other varieties which have high international intelligibility but keep local identities. Cultural literacy to be acquired along with English is no longer limited to that of Anglo-American alone. EIL users are bilingual and bicultural in that they interact across nations and cultures.

Chapter 6
Challenges and Opportunities of the Educational ICT

The explosion of global communication tools such as the Internet has created unprecedented opportunities for teachers of English in Japan, since English is at the heart of a new generation of international exchanges. English teachers are being challenged like never before to produce new approaches in this information age.

Abstract in English 265

This chapter addresses a variety of challenges university language educators face today, related to the classroom use of ICT (Information and Communications Technology).

Chapter 7
Academic-Industry Cooperation

Globalized economy has created a new environment for Japanese universities, serving as a catalyst of structural changes at the institutional level and in the English curricula. Universities have begun to introduce ESP in the hope of revitalizing EFL teaching. Specialized courses and content-based English instruction have also been increasing. These curricula innovations require additional resources and closer collaboration between universities and industry.

Chapter 8
Popularization of University English Education

With the introduction of 'Non-Competitive College Admission' in Japan, educators have noticed an increase of 'weaker students' in motivation and ability to successfully pursue university education. English competences of some students are equal to that of junior high school students. In this chapter, this issue is discussed in terms of the realities teachers face, causes of this phenomenon and possible countermeasures. The analysis presented is two-fold: the problem in the tertiary education as a whole, and the problem particular to English education. The discussion concludes with a call to reverse today's difficult circumstances in college and university classrooms into positive opportunities to experience a genuine delight in 'education' itself.

Chapter 9
Aims of University English Education as Seen in JACET Publications

This chapter considers the past aims of university English education in Japan by analyzing various publications JACET has produced since its establishment in 1962. These include *JACET Newsletters 1972-1975*, *JACET General Survey Reports 1983 and 2003*, and *The JACET Handbook 1992*. According to these publications, the proper balance was generally maintained between educational and practical aims of English language teaching. The chapter also explores the idea that this balance is now in danger of shifting too far toward the practical side and that the future aims of university English education should be carefully and autonomously considered by JACET to ensure that the equilibrium of educational and practical aims is not distorted.

Chapter 10
University English Textbooks from the Viewpoint of Language and Culture

The aim of this chapter is to compare and analyze five reading textbooks for university students. The textbooks dealt with here were complied by JACET 1980 and 1987, *Language and Culture* (Book One & Book Two, respectively), and those available in 2009, with the words 'language' and 'culture' in the title. Though language and culture are largely inseparable, there are only three textbooks commercially available with both words in the title. Compared with the books written in 1980s, recent books can be characterized as monism, rather than pluralism, from the viewpoint of language and culture. As a conclusion, it is desirable for JACET to compile new reading textbooks combining the concept of language and culture in the near future.

Chapter 11
Liberal Arts and English Education in Higher Education

Liberal Arts education has been one of the key features in the university curriculum reform after the announcement of 'the Amendment of the Standards for the Establishment of Universities and the Reform of English' in 1991. This chapter defines liberal arts as 'education that fosters responsible citizens' and discusses the role of English education within the liberal arts context. Reviewing conceptualization of liberal arts at various universities in Japan, the chapter introduces three common qualities that 'responsible citizens' have: cognitive capabilities, such as critical thinking, understanding and acceptance of diversity, and a sense of responsibility as a global citizen. It will then introduce ways to foster such qualities in English lessons.

Part Two
University English Education and Its Areas

Chapter 1
A Brief Outline of *A Series of Studies on English Education*

Part Two constitutes an abbreviated version of the series: *A Series of Studies on English Education* and this chapter represents a further condensed synopsis. The explanation of Volume 1 is omitted, because a copy of this volume is already widely available and many are familiar with its outline. As for Volumes 2 through 13, the introductions are given immediately following this chapter, hence only the theme of each volume is named here: 2. English Education Policies; 3. English Education and Culture; 4. ESP Theory and Application; 5. Second Language Acquisition; 6. Learner Development; 7. Pre-service/In-service Teacher Training; 8. English Studies and English Education; 9. Listening and Speaking; 10. Reading and

Writing; 11. English Lesson Designs; 12. Use of Media; 13. Testing and Assessment.

Chapter 2
English Language Teaching Policies
With the rapid progress of globalization in our highly information-oriented society, English is already a global language and has produced a large variety of World Englishes. Braj Kachru in 1985 classified the English-speaking world into three concentric circles as the inner circle, the outer circle, and the expanding circle. In view of the fact that all the countries that we are going to classify on the basis of Kachru's framework have adopted a coherent English teaching system, we are going to adopt 'coherence' as a key concept and discuss the English language education of each country. Finally, a coherent English teaching system for Japan will be presented as a possible language policy model.

Chapter 3
English Education and Culture
Language is a communication tool used in a specific speech environment, commonly referred to as 'culture.' This is the main reason why we need to incorporate the cultural dimension into foreign language teaching. In this chapter, critical cultural issues related to language learning and teaching are explored. Among them are cross-cultural communication, international understanding, acculturation, discourse analysis, gender issues, world Englishes, multilingualism and pragmatics. Also, the relationship between social, ethnic, and political issues and English education in a Japanese context are investigated.

Chapter 4
ESP Theory and Application Today
This chapter presents an overview of ESP (English for Specific Purposes) history, theory and its development and application in the Japanese educational environment. ESP offers a theoretically sound and practical approach to dealing with the urgent need for professional communication on a global scale today. The concept of patterns of language (genres) used by discourse communities for efficient and effective mutual communication makes it possible to conduct needs analyses to determine these genres and examine their features. Corpora, or databases of such genres, can be examined to identify recurring patterns for teaching and learning. An English teacher becomes an ESP practitioner who facilitates learner autonomy to lay the basis of a lifelong engagement with language experiences.

Chapter 5
SLA and University English Education in Japan
This chapter provides an overview of SLA research, and its possible implementation into classroom practice at the university level. The first section defines the term SLA; describes a research framework, and then introduces major approaches to SLA research. The following section illustrates major characteristics of learner language, such as variability and pragmatic features. The final section explores how the research findings can be integrated into the practice of English language teaching and learning.

Chapter 6
Learner Development in English Education
English language teaching (ELT) in Japan seems to be in the midst of a paradigm shift from being teaching-centered to becoming learning-centered, where notions of learner autonomy and self-directed learning need to be promoted in the communicative classroom, taking into consideration a variety of learner characteristics. The first section provides an overview of learning-centeredness in university teaching and ELT. In light of the integration of theory and practice, the second section discusses good language learners, learner factors (such as styles, motivation, strategies, and autonomy), new approaches to autonomous learning, and teachers as collaborative lifelong learners.

Chapter 7
English Education and Pre-service/In-service Teacher Training
This chapter provides background information concerning pre-service and in-service English teacher training at colleges and universities. We first describe the status quo of initial teacher education and the recent education reform movement in Japan. Secondly, we introduce innovative examples of teacher education systems implemented overseas, which may serve as potential models for improving teacher education in Japan. Thirdly, on the basis of the analyses of several nationwide surveys on the present state of teacher education we focus on areas where urgent action is required. Lastly we propose the establishment of concrete guidelines for continuing professional development and an appraisal framework for English teachers.

Chapter 8
English Studies and English Education
This chapter examines the relationship between research in language more broadly, and English in particular, and English language teaching, and goes on to consider how the results of studies of English in various disciplines, such as grammatical, lexical, and lexicographic research, as well as literature studies, can and should be

used to enhance English language teaching. Finally, this chapter considers what types of grammar research findings can be useful, while pointing out that findings which help elucidate the meanings of particular grammatical constructions, are especially valuable for university-level EFL instruction.

Chapter 9
Theory and Practice in Listening and Speaking
This chapter consists of three main sections; English pronunciation instruction, listening, and speaking, each of which has four subsections, respectively. In these subsections, firstly, we attempt to define each term of pronunciation, listening and speaking. Secondly, we focus on various factors affecting these skills and their development by providing a succinct literature review. Thirdly, we seek to construct a framework for teaching these skills with concrete examples. Finally, we look at possible assessment instruments focusing on their reliability, validity, and practicality.

Chapter 10
Theory and Practice in Reading and Writing
Why is it considered so important to nurture learner autonomy, particularly with regard to reading and writing skills? To answer this question, the present chapter summarizes an ongoing academic debate about reading and writing teaching methodologies. Input and output hypotheses, as they pertain to reading and writing, respectively, are discussed. Reading and writing are highly interdependent. It is, therefore, necessary to explore how linked training in both skills can be effectively implemented, with particular focus on the process of learning, rather than only on the outcomes.

Chapter 11
Lesson Design for Learning EFL
The decline in academic standards of students has become a serious social problem in Japan, affecting all levels of education including the tertiary segment. The authors introduce classology: a new area of study which is based on the accumulated experiences and wisdom of teaching practices to cultivate and nurture learners' learning motives to formulate the perspectives on Japanese tertiary education. From this point of view, this chapter aims at clarifying and suggesting the mechanisms and techniques to enhance learners' motivation, especially in classroom settings to promote the skill of good communications in lessons. The previous teaching methodologies, concrete examples of lesson planning, and practices are reexamined on the basis of the related approaches.

Chapter 12
Media Use in English Education

In this chapter we first define the notion of media based teaching. The basic knowledge of the ICT needed to be an effective practitioner of this teaching style, CALL, computer assisted language learning, elaborated system of LL, language laboratory and related issues are then discussed. And considering current computer network security system, we will discuss the concept of LMS, learning management system. Other media tools which can be effective instruments in the language classroom are examined as well.

Chapter 13
Testing and Assessment

Language testing and assessment are crucial issues in contemporary schools in Japan because schools accept a very heterogeneous student pool. Language tests thus should be as fair as possible and sufficiently rigorous to differentiate students' linguistic competencies. This chapter looks at the teachers' social accountability in the area of language evaluation and discusses both recent theoretical innovations in testing and assessment mechanisms in the Japanese EFL context. The purpose of this chapter is to engage the reader in a more sophisticated discussion on language testing and evaluation as these issues pertain to university English education in Japan.

引用文献

Abe, M. (2007) A corpus-based investigation of errors across proficiency levels in L2 spoken production. *JACET Journal*, 44, 1-14.
Allen, J. P. B., & Widdowson, H. (Eds.) (1974 and later) *English in focus series*. Oxford: OUP.
天野郁夫他(訳)(1976)『高学歴社会の大学——エリートからマスへ』東京大学出版会. (Trow, M. (1976) *The university in the highly educated society: From elite to mass higher education*. Berkeley: University of California)
安西祐一郎(2003)「語力教育とは何か」『三田評論』1063, 30-40.
青山学院大学総合研究所(2002)『AML Ⅱ プロジェクト』(特別プロジェクト) 青山学院大学総合研究所.
有本章・北垣郁雄(2006)『大学力』ミネルヴァ書房.
Austin, J. L. (1962) *How to do things with words*. Oxford: OUP. (坂本百大(訳)(1978)『言語と行為』大修館書店)
Backman, L. F. (1990) *Fundamental considerations in language testing*. Oxford: OUP.
Bachman, L. F. (2004) *Statistical analyses for language assessment*. Cambridge: CUP.
Bachman, L. F., & Palmer, A. S. (1996) *Language testing in practice*. Cambridge: CUP.
Baker, C. (1993) *Foundations of bilingual education and bilingualism*. Clevedon, England: Multilingual Matters. (岡秀夫(訳・編)(1996)『バイリンガル教育と第二言語習得』大修館書店)
Benesse教育研究開発センター (2009)「第1回中学校英語に関する基本調査(教員調査)・速報版」ベネッセコーポレーションBenesse教育研究開発センター.
ベルトン, クリストファー (2008)『英語は多読が一番!』ちくまプリマー新書.
Bereiter, C., & Scardamalia, M. (1987) *The psychology of written composition*. New Jersey: Lawrence Erlbaum Associates.
Bhatia, V. K. (1993) *Analysing genre: Language use in professional settings*. London: Longman.
Brown, P., & Levinson, S. (1987) *Politeness: Some universals in language*. Cambridge: CUP.
Burrows, J. (1992) No unless you ask nicely: The interpretative nexus between analysis and information. *Literary and Linguistic Computing*, 7(2), 91-109.
Canale, M., & Swain, M. (1980) Theoretical bases of communicative approaches to second language teaching and testing. *Applied Linguistics*, 1(1), 1-47.
Chew, P. G. L. (2007) Global and local languages: Pragmatic sustainability in Singapore. In 中華民国英語文教師学会 (Ed.) *Selected papers from the 16th internation-*

al symposium on English teaching (pp. 357-366). 中華民国英語文教師学会.

Chomsky, N., & Halle, M. (1968) *The sound pattern of English*. New York: Harper & Row.

中央教育審議会 (2006) 「今後の教員養成・免許制度の在り方について (答申)」文部科学省.

―――― (2008)「学士課程教育の構築に向けて(答申)」http://www.mext.go.jp/component/b_menu/shingi/toushin/__icsFiles/afieldfile/2008/12/26/1217067-001.pdf (2009年8月19日引用)

Commission of the European Communities. (2007) Communication from the commission to the European Parliament, the Council, the European Economic and Social Committee and the Committee of the Regions. Commission of the European Communities, Brussels. Retrieved December 20, 2007 from http://ec.europa.eu/avpolicy/media_literacy/docs/com20070833final.pdf

Conrad, R. M. (2009) Assessing collaborative learning. In P. Rogers, et al. (Eds.). *Encyclopedia of distance learning* (pp. 89-93). Hershey, PA: Information Science Reference.

Corder, S. P. (1967) The significance of learners' errors. *International Review of Applied Linguistics*, 5(4), 161-170.

Council of Europe. (2001) *Common European framework of references for languages: Learning, teaching, assessment*. Cambridge: CUP. (吉島茂・大橋理枝他 (訳) (2004)『外国語の学習,教授,評価のためのヨーロッパ共通参照枠』朝日出版社)

Crystal, D. (2003) *English as a global language*, 2nd ed. Cambridge: CUP.

大学英語教育学会 (2002)『創立40周年記念誌』大学英語教育学会 (JACET).

―――― (2003)『大学英語教育学会全国大会要綱』大学英語教育学会 (JACET).

―――― (2004)『大学英語教育学会全国大会要綱』大学英語教育学会 (JACET).

―――― (2005)『大学英語教育学会全国大会要綱』大学英語教育学会 (JACET).

―――― (2006)『大学英語教育学会全国大会要綱』大学英語教育学会 (JACET).

―――― (2007)『大学英語教育学会全国大会要綱』大学英語教育学会 (JACET).

―――― (2008)『大学英語教育学会全国大会要綱』大学英語教育学会 (JACET).

―――― (2009)『社団法人大学英語教育学会 (JACET) 会員名簿2009年度』大学英語教育学会 (JACET).

大学英語教育学会バイリンガル研究会 (2003)『日本のバイリンガル教育――学校の事例から学ぶ』三修社.

大学英語教育学会大学「一般英語」教育実態調査研究会 (1983)『大学英語教育に関する実態と将来像の総合的研究 (I) ――教員の立場』大学英語教育学会 (JACET).

大学英語教育学会ハンドブック作成特別委員会 (編) (1992)『大学設置基準改正に伴う外国語 (英語) 教育改善のための手引き (1)』大学英語教育学会 (JACET).

大学英語教育学会実態調査委員会 (2002)『わが国の外国語・英語教育に関する実態の総合的研究――大学の学部・学科編』丹精社.

―――― (2003)『わが国の外国語・英語教育に関する実態の総合的研究――大学の外国語・英語教員個人編』丹精社.

―――― (2005)『わが国の外国語・英語教育に関する実態の総合的研究―大学の外国語・英語教員個人編』大学英語教育学会実態調査委員会 (JACET).
―――― (2007)『わが国の外国語・英語教育に関する実態の総合的研究――学生編』大学英語教育学会 (JACET).
大学英語教育学会授業学研究委員会 (2007)『高等教育における英語授業の研究――授業実践事例を中心に』松柏社.
大学英語教育学会教育問題研究会 (1998)『英語科教育法――全国調査報告書』大学英語教育学会 (JACET).
―――― (2000)『新時代の英語教員養成――現状と展望』大学英語教育学会 (JACET).
―――― (2003)『中等教育英語科教員養成カリキュラムの諸問題』大学英語教育学会 (JACET).
大学英語教育学会教育問題研究会 (2005)『新英語科教育の基礎と実践』三修社.
―――― (2006)『教員免許制と教員教育・評価システムの研究』(平成18年度早稲田大学「特定課題研究助成費」成果報告).
―――― (2008)『英語教育の質的向上を目指した養成・研修・評価・免許制度に関する総合的研究』(平成19年度科学研究費補助金研究成果報告書).
―――― (2009)『英語教育の質的向上を目指した養成・研修・評価・免許制度に関する総合的研究』(平成20年度科学研究費補助金研究成果報告書).
大学英語教育学会理事会・研究企画委員会 (1972)「1972年度年間計画」『JACET 通信』第11号, 2-3.
大学英語教育学会SLA研究会 (編著) (2000)『SLA研究と外国語教育――文献紹介』リーベル出版.
―――― (編著) (2005)『文献からみる第二言語習得研究』開拓社.
大学英語教科書協会 (2009)「書名検索」http://www.daieikyo.jp/ (2009年3月15日引用)
大学入試センター (2008)『2008 (平成20) 年度独立行政法人大学入試センター要覧』http://www.dnc.ac.jp/dnc/gaiyou/pdf/youran.pdf (2009年3月15日引用).
de Bot, K. (1992) A bilingual production model: Levelt's "Speaking" model adapted. *Applied Linguistics*, 13(1), 1-24.
Dudley-Evans, T., & St. John, M. (1998) *Developments in English for specific purposes*. Cambridge: CUP.
英語教員研修研究会 (2002a)『現職英語教員の教育研修の実態と将来像に関する総合的研究』(平成13年度科学研究費補助金研究成果報告書).
―――― (2002b)『全国現職英語教員アンケート調査』(平成14年度科学研究費補助金研究成果報告書).
―――― (2003)『英語教員が備えておくべき英語力の目標値についての研究 (1)』(「『英語が使える日本人』の育成のための行動計画」の「英語教育に関する研究」の第3委嘱研究グループ電子報告書) http://www.cuc.ac.jp/~shien/terg/ishoku.htm (2009年3月20日引用).
―――― (2004a)『英語教員が備えておくべき英語力の目標値についての研究 (2)』(「『英語が使える日本人』の育成のための行動計画」の「英語教育に関する研究」の第3委嘱研究グループ電子報告書) http://www.cuc.ac.jp/~shien/terg/ishoku.htm

(2009年3月20日引用).
———(2004b)『現職英語教員の教育研修の実態と将来像に関する総合的研究』(平成15年度科学研究費補助金研究成果報告書).
Ellis, R. (1994) *The study of second language acquisition*. London: OUP.
———(2008) *The study of second language acquisition*, 2nd ed. London: OUP.
Ferris, D. R. (1999) The case for grammar correction in L2 writing classes: A response to Truscott (1996) *Journal of Second Language Writing*, 8(1), 1-11.
Feyten, C. M. (1991) The power of listening ability: An overlooked dimension in language acquisition. *Modern Language Journal*, 75(2), 173-180.
深尾暁子・渡辺敦子 (2006)「ELPの概要」富山真知子編 (2006)『ICUの英語教育——リベラル・アーツの理念のもとに』(pp. 25-47) 研究社.
———(2008)「地球市民を育てるICUの英語教育」学習院フォーラム グローバル時代の教育 知の探究者を育てるカリキュラムの構築講演資料.
福井希一他（編）(2009)『ESP的バイリンガルを目指して——大学英語教育の再定義』大阪大学出版会.
船橋洋一 (2000)『あえて英語公用語論』文芸新書122, 文芸春秋.
Gibbons, P. (2005) Writing in a second language across the curriculum. In P. A. Richard-Amano & M. A. Snow (Eds.) *Academic success for English language learners* (pp. 275-310). White Plains, NY: Pearson Education.
後藤一章 (2007)「英語コーパス解析に基づく類似名詞と共通共起動詞の検出——コロケーション辞典への活用」*Language Education & Technology*, 44, 43-60.
Griffiths, C. (Ed.) (2008). *Lessons from good language learners*. Cambridge: CUP.
Halliday, M. A. K., MacIntosh, A., & Strevens, P. (1964) The linguistic sciences and language teaching. London: Longman. (Cited in Bloor, M. (2002) The history of ESP: Theory and practice. In H. Terauchi, S. Saito, & S. Sasajima (Eds.) *Annual Report of JACET-SIG on ESP* (Vol. 4, pp. 17-31). Tokyo: JACET-SIG on ESP.
長谷川寿一 (2008)「日本のリベラル・アーツの歩みとこれから」『学術の動向』2008年5月号, 16-21.
Hewings, M. (2002). A history of ESP through 'English for Specific Purposes'. *English for Specific Purposes World* (*Web-based Journal*) Retrieved September 19, 2009 from http://www.esp-world.info/Articles_3/Hewings_paper.htm
広島大学外国語教育研究センター (2008)『教養教育外国語科目（英語）シラバスおよび評価規準・基準一覧』広島大学.
Holmes, D. (1992) A stylometric analysis of Mormon scripture and related texts. *Journal of the Royal Statistical Society, Series A*, 155(1), 91-120.
Howatt, A. P. R. (1984) *A history of English language teaching*. Oxford: OUP.
Hunston, S. (2002) *Corpora in applied linguistics*. Cambridge: CUP.
Huntington, S. P. (1996) *The clash of civilization and the remaking of world order*. New York: Simon & Schuster.
Hymes, D. (1972) The ethnography of speaking. In J. Fishman (Ed.) *Readings in*

the sociology of language (pp. 97-137). The Hague: Mouton.
市河三喜（監修）(1976)『英語教授法事典』開拓社.
今津孝次郎（2009)『教員免許更新制度を問う』岩波書店.
石川勝博（2008)「大学生のパソコンとケータイの利用形態とデジタル・デバイドに関わる要因」『教育メディア研究』15(1), 17‐28.
岩崎千晶・久保田賢一・冬木正彦（2008)「LMSの活用事例からみる授業改善の試みと組織的支援」『教育メディア研究』14(2), 1‐10.
JACET SLA 研究会（2005) Japanese university students' receptive pragmatic competence. *JACET Journal*, 40, 117-133.
Jenkins, J. (2007) *English as a lingua franca: Attitude and identity*. Oxford: OUP.
Johnson, D. W., Johnson, R. T., & Smith, K. A. (1991) *Active learning: Cooperation in the college classroom*. Edina, MN: Interaction Book Company.
Kachru, B. B. (2005) *Asian Englishes beyond the canon*. Hong Kong: Hong Kong University Press.
梶木隆一（1992)「JACET30周年に当たって」大学英語教育学会創立30周年記念誌編集委員会（編)『大学英語教育学会創立30周年記念誌』(p.1.) 大学英語教育学会（JACET).
垣田直巳（編）(1979)『英語教育学研究ハンドブック』大修館書店.
片山嘉雄（1973)「英語教育の目的は何か」『JACET 通信』第14号, 12‐13.
河原重清・松本佳子（1969)「大学英語教育の目標とカリキュラム」『JACET 通信』第3号, 6‐10.
川村亜紀（2006)「高等学校でのスピーキング指導に関する研究」http://www.kochinet.ed.jp/center/research.paper（2009年1月31日引用).
絹川正吉（2002)「序章ICU〈リベラル・アーツ教育〉」絹川正吉（編)『ICU〈リベラル・アーツ〉のすべて』3‐8, 東信堂.
規制改革会議（2008)「規制改革推進のための第3次答申——規制の集中改革プログラム」http://www8.cao.go.jp/kisei-kaikaku/publication/2008/1222/item081222_20.pdf (2009年8月18日引用)
工学院大学（2009)『グローバルエンジニアリング学部機械創造工学科』工学院大学.
小池生夫（1993)「外国語教育（英語）の意義と目的」大学英語教育学会内英語教育実態調査研究会（編)『21世紀に向けての英語教育』42(4), 18‐24, 大修館書店.
―――― (1996ａ)「ハンドブック第2集刊行にあたって」JACETハンドブック作成特別委員会編『大学設置基準改正に伴う外国語（英語）教育改善のための手引き（2)』(pp.1-2) 大学英語教育学会（JACET).
―――― (1996ｂ)「大学英語教育論」『慶応義塾大学日吉紀要』28, 29（合併号), 1‐20.
―――― (編集主幹)（2003)『応用言語学事典』研究社.
Koizumi, R. (2005) Predicting speaking ability from vocabulary knowledge. *JLTA Journal*, 7, 1-19.
国際ビジネスコミュニケーション協会（2009)「TOEIC®テスト入学試験・単位認定における活用状況——大学院・大学・短大・高等専門学校」

http://www.toeic.or.jp/school/school_sort.php（2009年3月14日引用）.
国際教育交換協議会（CIEE）日本代表部TOEFL事業部（編）（2008）『TOEFL®テストスコア利用実態調査報告2008年度版』http://www.cieej.or.jp/toefl/toefl/score_report2008.pdf（2009年1月31日引用）
Krashen, S. D. (1993) *The power of reading: Insights from the research.* Colorado: Libraries Unlimited, Inc.
京都ノートルダム女子大学（2008）Eva Text Analysis
http://poets.notredame.ac.jp/cgi-bin/evatext
Lackstrom, E., Selinker, L., & Trimble, P. (1972) Grammar and technical English. *English Teaching Forum.* 15, Reprinted in Swales, J. (1985). *Episodes in ESP.* Oxford: Pergamon.
Lakoff, G., & Johnson, M.(1980) *Metaphors we Live by.* Chicago: The University of Chicago Press. （渡部昇一・楠瀬淳三・下谷和幸訳（1986）『レトリックと人生』大修館書店）
Lave, J., & Wenger, E. (1991) Legitimate peripheral participation in the communities of practice. In R. McCormic & C. Paechter (Eds.) *Learning and knowledge.* (pp.21-35). Thousand Oaks, CA: SAGE Publications.
Lenz, P. (2004) The European language portfolio. In K. Morrow (Ed.) *Insights from the common European framework* (pp. 22-31). Oxford: OUP.
Levelt, W. (1989) *Speaking: From intention to articulation.* Cambridge, MA: The MIT Press.
Long, M., & Robinson, P. (1998) Focus on form. In C. Dougherty & J. Williams (Eds.) *Focus on form in classroom second language acquisition* (pp. 15-41). Cambridge: CUP.
マーハ，ジョン・C／八代京子（1991）『日本のバイリンガリズム』研究社.
牧野武彦（2005）『日本人のための英語音声学レッスン』大修館書店．
松畑煕一（1991）『英語授業学の展開』大修館書店.
松野和彦（2005）「リスニング力が『総合力』と言われるわけ」『英語教育』53(13)，8 - 10.
松澤弘陽（1999）「座談会ICUのリベラル・アーツ教育」松岡信之（編）『行動するリベラル・アーツの素顔――ICUのリベラル・アーツ教育』(pp. 10-59) 国際基督教大学.
Mendelsohn, D. J. (1994) *Learning to listen: A strategy-based approach for the second-language learner.* San Diego: Dominie Press.
深山晶子（2007）「ジャンル分析――理論から実践へ」日本ESP協会『ESP News』No. 3, 1-4.
宮田学（編）（2002）『ここまで通じる日本人英語――新しいライティングのすすめ』大修館書店.
水村美苗（2008）『日本語が亡びるとき』筑摩書房.
文部科学省（2003）「『英語が使える日本人』の育成のための行動計画」
http://www.mext.go.jp/b_menu/houdou/15/03/03033102.pdf（2009年9月16日引用）
――――（2007）「高等学校教育の改革に関する推進状況（概要）について」

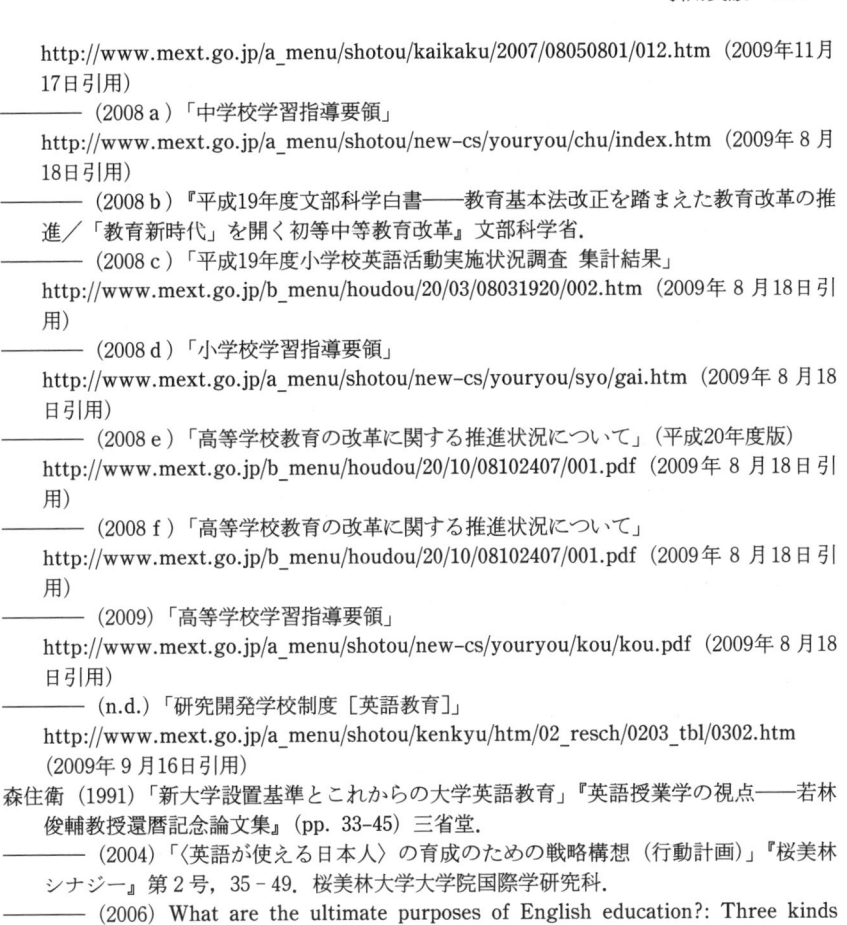

http://www.mext.go.jp/a_menu/shotou/kaikaku/2007/08050801/012.htm（2009年11月17日引用）
―――――（2008 a）「中学校学習指導要領」
http://www.mext.go.jp/a_menu/shotou/new-cs/youryou/chu/index.htm（2009年 8月18日引用）
―――――（2008 b）『平成19年度文部科学白書――教育基本法改正を踏まえた教育改革の推進／「教育新時代」を開く初等中等教育改革』文部科学省．
―――――（2008 c）「平成19年度小学校英語活動実施状況調査 集計結果」
http://www.mext.go.jp/b_menu/houdou/20/03/08031920/002.htm（2009年 8月18日引用）
―――――（2008 d）「小学校学習指導要領」
http://www.mext.go.jp/a_menu/shotou/new-cs/youryou/syo/gai.htm（2009年 8月18日引用）
―――――（2008 e）「高等学校教育の改革に関する推進状況について」（平成20年度版）
http://www.mext.go.jp/b_menu/houdou/20/10/08102407/001.pdf（2009年 8月18日引用）
―――――（2008 f）「高等学校教育の改革に関する推進状況について」
http://www.mext.go.jp/b_menu/houdou/20/10/08102407/001.pdf（2009年 8月18日引用）
―――――（2009）「高等学校学習指導要領」
http://www.mext.go.jp/a_menu/shotou/new-cs/youryou/kou/kou.pdf（2009年 8月18日引用）
―――――（n.d.）「研究開発学校制度［英語教育］」
http://www.mext.go.jp/a_menu/shotou/kenkyu/htm/02_resch/0203_tbl/0302.htm（2009年 9月16日引用）
森住衛（1991）「新大学設置基準とこれからの大学英語教育」『英語授業学の視点――若林俊輔教授還暦記念論文集』（pp. 33-45）三省堂．
―――――（2004）「〈英語が使える日本人〉の育成のための戦略構想（行動計画）」『桜美林シナジー』第 2号，35 - 49．桜美林大学大学院国際学研究科．
―――――（2006）What are the ultimate purposes of English education?: Three kinds of education imposed on TEFL in Japan. In L. Yiu-nam, et al. (Eds.) (2006) *New aspects of English language teaching and learning* (pp. 6-17) Taipei: Crane.
―――――（2008）「中・高英語教育の来し方・行く末――戦後60年の教育課程と学習指導要領の総括の試み」『桜美林シナジー』第 6号，73 - 97．桜美林大学大学院国際学研究科．
―――――（2009）Japanese English for EIAL: Its standpoints, substance and introduction in the textbooks. In K. Murata & J. Jenkins (Eds.) *Global Englishes in Asian contexts: Current and future debates* (pp. 73-93). London: Palgrave-Macmillan
Munby, J. (1978) *Communicative syllabus design*. Cambridge: CUP.
村上陽一郎（1999）「私のリベラル・アーツ・カレッジ論 教養学部での学び」松岡信之

(編)『行動するリベラル・アーツの素顔――ICUのリベラル・アーツ教育』(pp. 60-79) 国際基督教大学.
中村和夫 (2004)『ヴィゴーツキー心理学――完全読本』新読書社.
中村敬 (1972)「特集:英語教育の目的は何か 誌上討論開催の弁」『JACET通信』第12号, 1-2. 大学英語教育学会 (JACET).
――― (1973)「誌上討論:英語教育の目的は何か――中間的統括」『JACET通信』第16号, 1-2. 大学英語教育学会 (JACET).
Nakanishi, C. (2006) *A teaching approach to Japanese college students' EFL Writing*. Tokyo: Keio University Press.
奈良先端科学技術大学大学院大学AGIP21研究会 (編) (1998)『産官学連携戦略』化学工業日報社.
Nault, D. (2006) Going global: Rethinking culture teaching in ELT contexts. *Language, Culture and Curriculum*, 19(3), 314-328.
Newmark, L. (1970) Grammatical theory and the teaching of English as a foreign language. In M. Lester (Ed.) *Readings in applied transformational grammar* (pp. 210-218). New York: Holt, Rinehart and Winston.
日本テスト学会 (編) (2007)『テスト・スタンダード――日本のテストの将来に向けて』金子書房.
西堀ゆり (2007)「情報技能と指導」高梨庸雄・高橋正夫『新・英語教育学概論』(pp. 91-104) 金星堂.
Noguchi, J. (2003). Teaching ESP writing; OCHA in a CALL class『サイバーメディア・フォーラム』4, 40-48. 大阪大学サイバーメディアセンター.
野口ジュディー (2005)「ESPとジャンル分析」鈴木良次他 (編)『言語科学の百科事典』(pp. 254-255) 丸善.
――― (2009)「ESPのすすめ――応用言語学からみたESPの概念と必要性」福井希一・野口ジュディー・渡辺紀子 (編著)『ESP的バイリンガルを目指して』(pp.2-17) 大阪大学出版会.
OECD. (2005) Education and training policy teachers matter: Attracting, developing and retaining effective teachers. Retrieved December 20, 2009 from http://lysander.sourceoecd.org/vl=13018854/cl=14/nw=1/rpsv/ij/oecdthemes/99980029/v2005n6/s1/p11
小川芳男 (1964)「英語教育の目的」『英語教育論』(現代英語教育講座第1巻) (pp. 46-51) 研究社出版.
――― (1978)『英語に生きる』英潮社出版.
小川芳男・原沢正喜・羽鳥博愛・渡部昇一・中村敬 (1973)「シンポジウム:大学の英語は選択か必修か」『JACET通信』第14号, 142-145.
岡田伸夫 (2001)『英語教育と英文法の接点』美誠社.
――― (2005)「言語理論と言語教育」大津由紀雄・坂本勉・乾敏郎・西光義弘・岡田伸夫『言語科学と関連領域』(岩波講座「言語の科学」第11巻) (pp. 129-178) 岩波書店.
――― (2007)「小中高大の文法指導の連携」『英語教育』56(2), 32-34. 大修館書店.

岡秀夫（訳・編）(1996)『バイリンガル教育と第二言語習得』大修館書店（Baker, C. (1993). *Foundations of bilingual education and bilingualism*. Clevedon, England: Multilingual Matters.）
岡本敏雄・伊東幸宏・家本修・坂本昂（2006）『ICT活用教育』海青社.
大谷泰照（2007）『日本人にとって英語とは何か——異文化理解のあり方を問う』大修館書店.
大友賢二（1996）『項目応答理論入門——言語テスト・データの新しい分析法』大修館書店.
大八木廣人（1986）「LL教室の設計」『LL教育機器活用ハンドブック』(pp. 51-57) 愛育社.
Orr, T. (Ed.) (2002) *Case studies in TESOL practice series: English for specific purposes*. Alexandria, Virginia: TESOL, Inc.
Richards, J. C., & Schmidt, R. (2002) *Longman dictionary of language teaching & applied linguistics*. London: Longman.
Robinson, P. (2005) Aptitude and second language acquisition. *Annual Review of Applied Linguistics*, 25, 46-73.
Rogers, C. R. (1961) *On becoming a person*. Boston: Houghton-Mifflin.
Rost, M. (2002) *Teaching and researching listening*. Harlow: Pearson Education.
Rubin, J. (1975) What the 'good language learner' can teach us? *TESOL Quarterly*, 9(1), 41-51.
Sack, H., & Schegloff, E. (1974) Opening up closings. In R. Turner (Ed.) *The Ethno-methodology* (pp. 233-64). Harmondsworth and Baltimore: Penguin.
佐伯胖（1984）『「わかる」ということの意味』(p. 118-125) 岩波書店.
酒井邦秀・神田みなみ（2005）『教室で読む英語100万語』大修館書店.
Sakai, K. L., Nauchi, A., Tatsuno, Y., Hirano, K., Muraishi, Y., Kimura, M., Bostwick, M., & Yusa, N. (2009) Distinct roles of left inferior frontal regions that explain individual differences in second language acquisition. *Human Brain Mapping*, 30(8), 2440-2452.
坂本百大（訳）(1978)『言語と行為』大修館書店（Austin, J. L. (1962) *How to do things with words*. Cambridge, MA: Harvard University Press.）
佐藤学（1999）『教育の方法』放送大学教育振興会.
——（2005）「市民的教養への形成へ——大学教育の二十一世紀」神戸女学院大学文学部総合文化学科（編）『教養教育は進化する』(pp. 16-41) 冬弓舎.
——（2008）「日本の授業研究の歴史的重層性について」秋田喜代美・キャサリン・ルイス（編著）『授業の研究教師の学習——レッスンスタディへのいざない』(p. 43-46) 明石書店.
Scarcella, R. C., & Oxford, R. L. (1992) *The tapestry of language learning: The individual in the communication classroom*. Boston, MA: Heinle & Heinle.
Scardamalia, M., & Bereiter, C. (1994) Computer support for knowledge-building communities. *The Journal of the Learning Science*, 3 (3), 265-283.
Schrer, R. (2007) *ELP: Interim report*. Strasbourg: Council of Europe, Language

Policy Division.
Selinker, L. (1972) Interlanguage. *International Review of Applied Linguistics*, 10(3), 209–231.
芝崎順司（2007）「ストリーミングビデオを利用したオンライン個別学習を支援するシステムの開発と評価――インターアクティブ・ストリーミングREASの開発と評価」『教育メディア研究』14(2), 1-10.
白井恭弘（2008）『外国語学習の科学――第二言語習得論とは何か』岩波書店.
靜哲人（2002）『英語テスト作成の達人マニュアル』大修館書店.
朱牟田夏雄（1967 a）「大学の英語教育について」『言語教育の問題点』（言語教育学叢書第1期・6巻）（pp. 190-194）文化評論出版.
――――（1967 b）「夏季セミナーの前と後」『大学教育学会会報』1-3.
Sinclair, B. (2000). Leaner autonomy: The next phase? In B. Sinclair, I. McGrath, & T. Lamb (Eds.) *Learner autonomy, teacher autonomy: Future directions* (pp. 4-14). London: Longman.
Smith, F. (1971) *Understanding reading: A psycholinguistic analysis of reading and learning to read.* New York: Holt, Rinehart & Winston.
鈴木孝夫（2001）『英語はいらない!?』PHP研究所.
鈴木敏之（2009）「国際コミュニケーション能力の強化について」『ESP News』No.5, 3. 日本ESP協会懇話会講演資料.
Swain, M. (1993) The output hypothesis: Just speaking and writing aren't enough. *The Canadian Modern Language Review*, 50(1), 158–164.
Swales, J. M. (1990) *Genre analysis: English in academic and research settings.* Cambridge: CUP.
――――(2004) *Research genres: Explorations and applications.* Cambridge: CUP.
田部滋（1999）「発表された論文瞥見」『JACET通信』第120号, 16-17.
田地野彰・水光雅則（2005）「大学英語教育への提言――カリキュラム開発へのシステムアプローチ」竹蓋幸生・水光雅則（編）『これからの大学英語教育』(pp. 1-46) 岩波書店.
高田康成（編）(2004)『21世紀に相応しい大学英語像の創出と実現へ向けた意識調査〈アンケート集計・中間報告〉』（文部科学省「英語教育に関する研究事業計画」大学英語教育に関する学際的戦略研究会）東京大学大学院総合文化研究科英語研究室.
高橋恒一（2009）「ドイツから見た冷戦後の欧州情勢――ドイツ統一と欧州連合を中心に」甘楽経営同友会講演資料.
竹蓋幸生（1989）『ヒアリングの指導システム』研究社.
武井昭江（編）(2002)『英語リスニング論』河源社.
田辺洋二（2004）「田辺メモ――大学英語教育の在り方を考える」http://www.jacet.org/2004/040620tanabe_memo.html（2009年6月20日引用）
田中慎也（1994）『どこへ行く？大学の外国語教育』三修社.
――――(2007)『国家戦略としての「大学英語」教育』三修社.
田崎清忠（編）(1995)『現代英語教授法総覧』大修館書店.
寺崎昌男他（編）(2005)『大学基準協会55年史――通史編』財団法人大学基準協会.

寺内一（1999）「ESPを知る」深山晶子（編）『ESPの理論と実践——これで日本の英語教育が変わる』(pp. 9-32) 三修社.
東京大学大学院工学系研究科工学教育推進機構国際化推進室（2008）『大学院共通講義「科学・技術英語A，B」2003‐2007年度実施報告書』. 東京大学
富山真知子（2006 a）「ICUのリベラル・アーツ教育」富山真知子（編）『ICUの英語教育——リベラル・アーツの理念のもとに』(pp. 1-9) 研究社出版.
――――（2006 b）『ICUの英語教育——リベラル・アーツの理念のもとに』研究社出版.
Tomlinson, B. (Ed.) (1998) *Materials development in language teaching.* Cambridge: CUP.
鳥居次好他（1975）『英語科教育の研究』大修館書店.
Truscott, J. (1996) The case against grammar correction in L2 writing classes. *Language Learning,* 46(2), 327-369.
土持ゲーリー法一（2007）『ティーチング・ポートフォリオ——授業改善の秘訣』東信堂.
Tudor, I. (1996) *Learner-centeredness as language education.* Cambridge: CUP.
Ueno, M. (2008) Intelligent LMS with an agent that learns from log data. *The Journal of Information and System in Education,* 7(1), 3-14.
植野真臣・永岡慶三（2009）『ｅテスティング』培風館.
Urquhart, S., & Weir, B. (1998) *Reading in a second language: Process, product and practice.* London: Longman.
Vygotsky, L. S. (1978) *Mind in society.* Cambridge, MA: Harvard University Press.
若林俊輔（1983）『これからの英語教師——英語授業学的アプローチによる30章』大修館書店.
若林俊輔教授還暦記念論文集編集委員会（編）(1991)『英語授業学の視点——若林俊輔教授還暦記念論文集』三省堂.
若林俊輔・森永誠・青木庸效（編）(1984)『英語授業学［指導技術論］』三省堂.
Warschauer, M., & Kern, R. (Eds.) (2000) *Networked language teaching: Concepts and practice.* Cambridge: CUP.
Wenger, E. (1998) *Communities of practice: Learning, meaning and identity.* New York: CUP.
Widdowson, H. (1978) *Teaching language as communication.* Oxford: OUP.
―――― (1979) *Explorations in applied linguistics.* London: OUP.
Wright, M. (1996) The cultural aims of modern language teaching: Why are they not being met? *Language Learning Journal,* 13, 36-37.
Yano, Y. (2001) World Englishes in 2000 and beyond. *World Englishes,* 20(2), 119-31.
―――― (2007) English as an international language: Its past, present, and future. In M. Nakano (Ed.) *On-demand course book: World Englishes and miscommunications* (pp. 27-42). Tokyo: Waseda University International.
矢野安剛（2008）「英語教育におけるネイティヴ志向は有益か」日英言語文化研究会（編）『日英の言語・文化・教育：多様な視座を求めて』(pp. 253-264) 三修社.
――――（2009 a）「英語教育へのICTの活用は時代の要請」大学英語教育学会ICT特別委員会『Information, Communication, Technology Practice & Research 2008 ——

2008年度ICT授業実践報告書』(pp. 293-300) 大学英語教育学会（JACET）.
———— (2009b) The future of English: Beyond the Kachruvian three circle model? In K. Murata & Jenkins, J. (Eds.) *Global Englishes in Asian contexts: Current and future debates* (pp. 208-225). London: Palgrave Macmillan.
横溝紳一郎（2000）『日本語教師のためのアクション・リサーチ』凡人社.
吉田文他（編）（2007）『人間情報科学とeラーニング』放送大学教育振興会.
吉田晴世・上村隆一・野澤和典・松田憲（2008）『ICTを活用した外国語教育』東京電機大学出版局.
吉島茂・大橋理枝他（訳）（2004）『外国語の学習，教授，評価のためのヨーロッパ共通参照枠』朝日出版社（Council of Europe (1991) *Common European framework of reference for languages: Learning, teaching and assessment.* Cambridge: CUP.）
吉岡元子（2002）「英語でリベラル・アーツ」絹川正吉（編著）『ICU〈リベラル・アーツ〉のすべて』(pp. 9-56) 東信堂.
湯舟英一（2007）「音声認識を用いた英語発音プログラムによる授業」*Dialogue*, 6, 11-23.
弓谷行宏（2005）「リスニングに役立つ音声指導」『英語教育』54(10), 22-24.
Yuzawa, N. (2007). Five problems with phonetic symbol usage in English-Japanese dictionaries. *Tohoku University Linguistics Journal*, 16, 117-127.

［引用教科書］
大学英語教育学会教材研究委員会（1980）*Language and Culture* (Book One) 英潮社新社.
———— (1987) *Language and Culture* (Book Two) 英潮社新社.
McConnell, J. (1981) *Language and Culture*. 成美堂.
———— (2000) *Language and Culture in 21st Century*. 成美堂.
Ueno, Y., et al. (2001) *Understanding Languages and Cultures*. 英宝社.

索引

【あ】

アカデミック・ライティング (academic writing) 221-222
アチーブメントテスト (achievement test) 255
1言語主義 (monolingualism) 32
一貫制 (coherence) 114
一般的な目的のための英語 (English for general purposes: EGP) 81-82, 122, 139
異文化理解 (cross-cultural understanding) 126
異文化間コミュニケーション (intercultural communication) 127
意味論 (semantics) 192
インターネット (the Internet) 50, 54, 248
インプット (input) 158, 160
「英語が使える日本人」のための行動計画 (An Action Plan to Cultivate 'Japanese with English Abilities') 12
英語教育学 (English education study / studies on English education) 21-22
英語史 (history of English) 193
英語授業学 (English 'classology' / study on English classroom instruction) Ⅱ-11
英語帝国主義 (English imperialism) 126, 132
英語能力テスト (proficiency test) 256
遠隔教育 (distance learning / distant education) 249
応用言語学 (applied linguistics) 21, 23, 190, 193
音韻論 (phonology) 191
音声学 (phonetics) 191
オンデマンド (on demand) 52-53, 250

【か】

外国語としての英語 (English as a foreign language: EFL) 20, 190-191
学習管理システム (learning management system: LMS) 244
学習指導要領 (the Course of Study) 14-16, 72-73
学習者オートノミー／学習者の自律性 (learner autonomy) 169-170
学習者言語 (learner language) 150, 155
学習者コーパス (learner corpus) 194
学習者要因 (learner factors) 162, 166
学習スタイル (learning style) 167
学習ストラテジー (learning strategy) 168
学問のための英語 (English for academic purposes: EAP) 34, 122, 145-146
カリキュラム (curriculum) Ⅰ-11
関連性理論 (relevance theory) 193
気づき (noticing / awareness) 153, 158, 160
教育・学習英文法 (pedagogical English grammar) 192, 197
教員研修 (in-service training for teachers) 180-181
教員の成長 (teacher development) 181
教員評価 (teacher appraisal) 176-177
教員養成 (pre-service teacher training) 178-180
教師オートノミー［自律性］(teacher autonomy) 172-173
教師教育のスタンダード (standards for

teacher education) 177-178
共通語としての英語 (English as a lingua franca: ELF) 46
協同学習 (cooperative & collaborative learning) 237
句構造 (phrase structure) 188
グローバル化 (globalization) 40, 113
言語活動 (linguistic activities) 6
言語観 (language viewpoint / linguistic sensitivity) 6
言語権 (language rights) 131
言語材料 (linguistic materials) 5
言語政策 (language policy) 113, 128, 131
言語と民族 (language and ethnicity) 130
言語の学習・教授・評価のためのヨーロッパ共通参照枠 (Common European Framework of Reference for Languages: Learning, teaching, assessment: CEFR) 34, 184
言語文化観 (viewpoints of language and culture) 84
言語文化教育 (language and culture education) 88
言語変化 (language change) 131
言語理論 (linguistic theory) 189-190
現地語 (local language) 31
語彙密度 (lexical density) 218
高等学校学習指導要領 (the Course of Study for High School) 15-16
高等教育 (higher education) 12
項目応答理論 (item response theory: IRT) 258
公用語 (official language) 32, 36
コーパス (corpus) 149, 243
コーパス言語学 (corpus linguistics) 194
語学演習室 (language laboratory: LL) 246
国語 (national language) 31
国際英語論 131, 133

国際語としての英語 (English as an international language : EIL) 40, 45
国際的理解度 (international intelligibility) 46
古典的テスト理論 (classical test theory) 258
コミュニカティブ・アプローチ (communicative approach) 235
コミュニケーション・スタイル (communication styles) 127
コミュニケーション・ストラテジー (communication strategy) 169
コミュニケーション能力 (communicative competence) 200
語用論 (pragmatics) 192-193
コンコーダンス (concordance) 148
コンピュータ支援言語学習 (computer assisted language learning: CALL) 52, 239

【さ】
産学連携 (collaboration between industry and university) 58
辞書学 (lexicography) 195
辞書指導 (teaching of dictionary use) 195-196
実践コミュニティ 172-173
実用目的 (practical aims) 77
ジャンル (genre) 144-145
授業のデザイン (lesson design) 238
小学校学習指導要領 (the Course of Study for Elementary School) 15
受容の技術 (accommodation skills) 46
情報技術 (information and technology: IT) 50
情報通信技術 (information and communication technology : ICT) 50, 239, 250
初等教育 (elementary education) 12
自律学習 (autonomous learning) 170
人格形成 (character-building) 83
信頼性 (reliability) 204

スピーキング (speaking) 200, 208
スピーキング指導 (teaching speaking) 211
生成文法 (generative grammar) 192
世界英語 (world Englishes: WE) 113
セルフ・アクセス (self-access) 171

【た】
大学英語教育学会 (Japan Association of College English Teachers: JACET) 23, 25
大学英語教育と関連諸分野との連携 (collaboration between university English education and the related fields) 24-25
大学英語教育の国際化 (internationalization of university English education) 40-44
大学教育の大衆化 (popularization of university education) 66
第二言語習得 (second language acquisition) 150-151, 157-158
第二言語としての英語 (English as a second language: ESL) 191
多言語主義 (multilingualism) 32-33
多重知能理論 (multiple intelligence theory) 237
タスク (task) 210
タスク中心の指導法 (task-based teaching) 235
妥当性 (validity) 204
多読 (extensive reading) 218
談話 (discourse) 206
談話分析 (discourse analysis) 129
地球語としての英語 (English as a global language) 113
チャット (chat) 51, 53
中学校学習指導要領 (the Course of Study for Junior High School) 15
中等教育 (secondary education) 12
ディスコース・コミュニティ (discourse community) 142, 145

テスト開発 (test development) 262
伝達性 (communicability) 222
動機づけ 167-168
トーイック・テスト (Test of English for International Communication: TOEIC) 61, 254
トーフル・テスト (Test of English as a Foreign Language: TOEFL) 61, 254
特別な目的のための英語 (English for special / specific purposes: ESP) 38, 48, 58, 61, 81, 122, 137-138

【な】
内容中心の指導法 (content-based approach) 236
ニーズ分析 (needs analysis) 142, 144
2言語主義 (bilingualism) 32
日本人英語 (Japanese English) 133
認知 (cognition) 152, 163
認知言語学 (cognitive linguistics) 193
脳科学 (neuroscience / brain science) 152

【は】
バイリンガリズム (bilingualism) 154, 164
発音 (pronunciation) 201, 203
発音指導 (teaching pronunciation) 201, 203
パフォーマンス学 236
非言語コミュニケーション (nonverbal communication) 127
批判的思考能力 (critical thinking) 95, 99
評価 (assessment) 204
標準英語 (standard English) 32
フォーカス・オン・フォーム (focus on form) 197, 159
複言語主義 (plurilingualism) 33-34
複言語能力 (plurilingual competence) 34
複文化能力 (pluricultural competence)

34
プレイスメントテスト (placement test) 255
文学教材論 (literature teaching materials) 197
文学テクスト (literary text) 196
文化別英語 (English for specific cultures: ESC) 48
文体論 (stylistics) 192
文脈 (context) 206
方法 (methods) 6
ポートフォリオ (portfolio) 179
母語獲得 (first language acquisition) 153
母語話者症候群 (native-speaker syndrome) 47

【ま】
学び中心 (learning-centeredness) 163
学びの共同体 (learning community) 172-173
マルチメディア (multimedia) 52
メタ言語能力 (metalinguistic abilities) 20, 188, 192
メタファー (metaphor) 193
免許更新制 (teacher certification renewal system) 176
メンタルレキシコン (mental lexicon) 217

【や・ら・わ】
ユビキタス (ubiquitous) 49, 52
ヨーロッパ言語ポートフォリオ (European language portfolio: ELP) 34
読みやすさ (readability) 224
ラン (local area network: LAN) 50, 53
リーディング (reading) 88-89
リスニング (listening) 200, 205
リスニング指導 (teaching listening) 205, 207
リベラルアーツ (教養教育) (liberal arts) 95, 97-98
リメディアル教育 (remedial education) 14
流暢さ (fluency) 210
レジスタ・スタイル (register and style) 134
ワーキングメモリー (working memory) 218

e-learning 63
JACET 実態調査 (JACET General Surveys) 78-79
JACET 通信 (JACET Newsletters) 76-78
JACET ハンドブック (JACET Handbooks) 79-80

■英語教育学大系　第1巻　大学英語教育学
　執筆者一覧　　　　　　　　　　　　　　　　　　　（＊は編者）

　石田 雅近（清泉女子大学教授）　　　　　　第Ⅱ部第7章（共同執筆）
＊岡田 伸夫（大阪大学教授）　　　　　　　　第Ⅰ部第2章，第Ⅱ部第8章
　岡　 秀夫（目白大学教授）　　　　　　　　第Ⅱ部第5章（共同執筆）
　小栗 裕子（滋賀県立大学准教授）　　　　　第Ⅱ部第9章（共同執筆）
　金子 朝子（昭和女子大学教授）　　　　　　第Ⅱ部第5章（共同執筆）
　河内千栄子（久留米大学教授）　　　　　　　第Ⅱ部第9章（共同執筆）
　木村 友保（名古屋外国語大学教授）　　　　第Ⅱ部第10章（共同執筆）
　木村 博是（近畿大学教授）　　　　　　　　第Ⅱ部第10章（共同執筆）
　木村 松雄（青山学院大学教授）　　　　　　第Ⅱ部第2章（共同執筆）
　小嶋 英夫（弘前大学准教授）　　　　　　　第Ⅱ部第6章
　酒井 志延（千葉商科大学教授）　　　　　　第Ⅱ部第7章（共同執筆）
　佐野富士子（横浜国立大学教授）　　　　　　第Ⅱ部第5章（共同執筆）
　塩澤　 正（中部大学教授）　　　　　　　　第Ⅱ部第3章
＊神保 尚武（早稲田大学教授）　　　　　　　第Ⅰ部第4章
　鈴木 政浩（西武文理大学専任講師）　　　　第Ⅱ部第11章（共同執筆）
　高橋 貞雄（玉川大学教授）　　　　　　　　第Ⅱ部第11章（共同執筆）
　田中 慎也（瀋陽師範大学客員教授）　　　　第Ⅰ部第7章
＊寺内　 一（高千穂大学教授）　　　　　　　第Ⅰ部第3章，第Ⅱ部第4章
　冨田かおる（山形大学教授）　　　　　　　　第Ⅱ部第9章（共同執筆）
　西田　 正（広島大学教授）　　　　　　　　第Ⅰ部第13章
　西堀 ゆり（北海道大学教授）　　　　　　　第Ⅰ部第6章
　拝田　 清（東京外国語大学非常勤講師）　　第Ⅰ部第10章
　久村　 研（田園調布学園大学教授）　　　　第Ⅱ部第7章（共同執筆）
　本名 信行（青山学院大学名誉教授）　　　　第Ⅱ部第2章（共同執筆）
　見上　 晃（拓殖大学教授）　　　　　　　　第Ⅱ部第12章
　水島 孝司（南九州短期大学准教授）　　　　第Ⅰ部第9章
＊森住　 衛（桜美林大学教授）　　　　　　　第Ⅰ部第1章，第Ⅰ部第8章，第Ⅱ部第1章
　矢野 安剛（早稲田大学名誉教授）　　　　　第Ⅰ部第5章，第Ⅱ部第2章（共同執筆）
　山岸 信義（日本教育大学院大学客員教授）　第Ⅱ部第11章（共同執筆）
　遊佐 典昭（宮城学院女子大学教授）　　　　第Ⅱ部第5章（共同執筆）
　渡辺 敦子（国際基督教大学専任講師）　　　第Ⅰ部第11章

英語教育学大系　第1巻
大学英語教育学──その方向性と諸分野
©大学英語教育学会, 2010　　　　　NDC375／xv, 287p／22cm

初版第1刷──2010年2月1日

監　修	大学英語教育学会
編　集	森住　衞／神保尚武／岡田伸夫／寺内　一
発行者	鈴木一行
発行所	株式会社　大修館書店

〒101-8466　東京都千代田区神田錦町3-24
電話 03-3295-6231（販売部）／03-3294-2357（編集部）
振替 00190-7-40504
［出版情報］http://www.taishukan.co.jp

装　幀────鳥居　満
印刷・製本──図書印刷

ISBN978-4-469-14231-0　ISBN978-4-469-14230-3（全13巻）
Printed in Japan

Ⓡ本書の全部または一部を無断で複写複製（コピー）することは，著作権法上での例外を除き禁じられています。